Kündigungen und Kündigungsschutz im Franquismus

Rechtshistorische Reihe

Band 344

Peter Lang
Frankfurt am Main · Berlin · Bern · Bruxelles · New York · Oxford · Wien

Martin Klaus Römermann

Kündigungen und Kündigungsschutz im Franquismus

Peter Lang
Europäischer Verlag der Wissenschaften

Bibliografische Information der Deutschen Nationalbibliothek
Die Deutsche Nationalbibliothek verzeichnet diese Publikation in der Deutschen Nationalbibliografie; detaillierte bibliografische Daten sind im Internet über <http://www.d-nb.de> abrufbar.

Zugl.: Würzburg, Univ., Diss., 2005

Diese Arbeit wurde von
Herrn Prof. Dr. Jürgen Weitzel
zur Aufnahmen in diese Reihe empfohlen.

Umschlagabbildung:
Justitia – Sinnbild der Gerechtigkeit.
Dieser Bildausschnitt wurde einem Buch
aus dem 17. Jahrhundert entnommen.

D 20
ISSN 0344-290X
ISBN-10: 3-631-55674-8
ISBN-13: 978-3-631-55674-0

www.peterlang.de

Meinen Eltern

Vorwort

Die vorliegende Arbeit wurde von der rechtswissenschaftlichen Fakultät der bayerischen Julius-Maximilians-Universität zu Würzburg im Wintersemester 2005/2006 als Dissertation angenommen.

Mein besonderer Dank gilt meinem Doktorvater, Herrn Professor Dr. Jürgen Weitzel, der mein Promotionsvorhaben betreut und gefördert sowie das Erstgutachten erstellt hat. Er ließ mir viele Freiheiten, unterstütze mich aber immer dann, wenn ich seinen Rat benötigte. Herzlich danken möchte ich auch Herrn Professor Dr. Christoph Weber, der das Zweitgutachten erstattet hat.

Die spanischen Gewerkschaften (CCOO) und deren Stiftung „fundación de 1°mayo“ haben mich dankenswerterweise bei der Literaturrecherche ausgiebig unterstützt. Dem Dekan der Universidad Complutense de Madrid, Herrn Professor Alfredo Montoya Melgar, sowie Herrn Professor Juan Antonio Sagardoy Bengoechea der Universidad Complutense de Madrid gilt mein Dank für die Möglichkeit, ihre Spezialbibliotheken nutzen zu dürfen. Sie verschafften mir zudem Zugang zu der Bibliothek des Spanischen Arbeitsministeriums und standen mir bei Fragen beratend zur Seite. Der Madrider Rechtsanwalt J. Manuel López López half mir besonders mit seinen spannenden Berichten zu Prozessen, die er selbst unter Franco geführt hatte und gab mir sehr wertvolle Anregungen. Die Treffen mit ihm waren ein besonderes Erlebnis. Ebenso halfen mir Herr Professor Antonio Baylos Grau von der Universität Castilia La Mancha sowie Herr Professor Dr. Klaus Adomeit von der Freien Universität Berlin und das Max-Planck-Institut für Europäische Rechtgeschichte. Ich bedanke mich herzlich für die Unterstützung.

Schließlich will ich mich bei meinen Eltern Dr. jur. Klaus Römermann und Monika Römermann für die intensive und großzügige Unterstützung und die rege Anteilnahme bei dem langen Weg bis zur Entstehung des Buches und während der Arbeit daran besonders bedanken. Ihnen habe ich dieses Buch gewidmet. Sie standen mir immer zur Seite und mein Vater hat zudem gewissenhaft und sorgfältig das Buch korrigiert und wertvolle Anregungen gegeben.

Abschließend bedanke ich mich bei allen Freunden, Corpsbrüdern und Bekannten, die mich teils durch Mithilfe, Zugeständnisse, Ablenkung, Anregungen, Vorbilder oder aufmunternde Worte unterstützten.

Köln, im September 2006 Martin Klaus Römermann

Inhaltsverzeichnis

Quellen- und Literaturverzeichnis

1. Gedruckte Quellen

Alle zitierten Gesetze, Dekrete und Anordnungen sowie die meißten Gerichtsurteile des Tribunal Supremo sind, soweit Urteile nicht mit gesonderter Quellenangabe versehen sind, der spanischen Sammlung **„Editorial Aranzadi“** entnommen. Es handelt sich um eine Sammlung, in der die spanischen Gesetze und Gerichtsurteile der höheren Instanzen seit der ersten Auflage im Jahre 1929 in Jahresbänden unter der Angabe des Datums der Verkündung chronologisch archiviert sind.

2. Literatur

Aguila, Juan José del: El TOP, la represión de la libertad (1963-1977), Barcelona 2001

Aguila, Juan José del: El Tribunal de Orden Público, 1963-1976, trece años de represión política en España, in: Javier Tussel, Alicia Alted, La oposición al régimen de Franco, estado de la gestión y metodología de la investígación, Tomo 1, Volumen II, Madrid 1990, S. 426 ff.

Aguinaga Telleria, Antonio de: Derecho disciplinario del Trabajo, in: Revista de Trabajo 7 (1952), S. 14ff.

Almansa Pastor, José M.: Efectos de la huelga sobre las relaciónes individuales de trabajo y de seguridad social, in: Revista de Trabajo 49 (1975), S. 9ff.

Almansa Pastor, José M.: El despido nulo, Madrid 1968

Alonso García, Manuel: Derecho Procesal del Trabajo, Tomo I (Conflictos Colectivos), Barcelona 1963

Alonso García, Manuel: Curso de Derecho del Trabajo, Tercera Edición, Barcelona 1971

Alonso García, Manuel: Notas sobre el Fuero del Trabajo, in: Revista de Derecho del Trabajo 6 (1963), S. 72ff.

Alonso Olea, Manuel: Derecho Procesal del Trabajo (II), in: Revista de Trabajo 1 (1968), S. 10ff.

Alonso Olea, Manuel: El despido disciplinario, su caracter causal, in: Dieciséis lecciónes sobre causas de despido, profesadas por Gaspar Bayón Chacón ...(et al.), Madrid 1969, S. 41ff.
Alonso Olea, Manuel: La materia contenciosa laboral, extensión y límites de la jurisdicción de trabajo (un comentario al art. 1 del Texto Refundido de Procedimiento Laboral), Sevilla 1959
Alonso Olea, Manuel: El despido, un estudio de la extinción del Contrato de Trabajo por voluntad del empresario, Madrid 1957
Alonso Olea, Manuel: Sobre la historia de los procesos de trabajo, in: Revista de Trabajo 3 (1968), S. 9ff.
Amer Amer, Narciso: Los Jurados de Empresa, in: Revista de Trabajo 4 (1954), S. 390ff.
Apalategui Asúa, Antonio de: El despido laboral, Málaga 1958
Aparicio, Miguel Antonio: El sindicalismo vertical y la formación del estado franquista, Barcelona 1980
Babiano Mora, José: Emigrantes, cronómetros y huelgas: Un estudio sobre el trabajo y los trabajadores durante el Franquismo (Madrid 1951-1977), Madrid 1995
Bastida, Francisco J.: Jueces y Franquismo, El pensamiento político del Tribunal Supremo en la Dictadura, Barcelona 1986
Baylos, Antonio/Terradillos, Juan: Derecho Penal del Trabajo, Madrid 1990
Bayón Chacón, Gaspar: La indemnización expropiatoria en el despido sin causa, in: Revista de Trabajo 13 (1966), S. 55ff.
Bayón Chacón, Gaspar: Significado económico y social del despido, in: Dieciséis lecciónes sobre causas de despido, profesadas por Gaspar Bayón Chacón ...(et al.), Madrid 1969, S. 27ff.
Bayón Chacón, Gaspar: El despido, concepto y clases, significación jurídica y social, in: Dieciséis lecciónes sobre causas de despido, profesadas por Gaspar Bayón Chacón ...(et al.), Madrid 1969, S. 9ff.
Bayón Chacón, Gaspar: La protección del Interes Social en los supuestos de fuerza mayor, crisis laboral y reconversión de empresas, in: Diecisiete lecciónes sobre fuerza mayor, crisis de trabajo, reconversión y desempleo, profesadas por Gaspar Bayón Chacón ...(et al.), Madrid 1970, S. 41ff.
Bayón Chacón, Gaspar: La interpretación dinámica del Fuero del Trabajo, in: Revista de Derecho del Trabajo 4 (1963), S. 31ff.
Bayón Chacón, Gaspar/Pérez Botija, Eugenio: Manual de Derecho del Trabajo, quinta edición, Madrid 1964
Benitez de Lugo: Extinción del Contrato de Trabajo, disolución de la relación laboral, Madrid 1945

Benito del Pozo, Carmen: La clase obrera asturiana durante el Franquismo (1937-1962), Madrid 1990

Bernecker, Walther L.: Gewerkschaftsbewegung und Staatssyndikalismus in Spanien, Frankfurt/Main 1985

Bernecker, Walther L.: Die Historiographie zur Arbeiterbewegung im Spanischen Bürgerkrieg, in: Forschungen zur Arbeiterschaft und Arbeiterbewegung in Spanien, herausgegeben von Holm-Detlev Köhler und Rainer Tossdorff, Bochum 1996, S. 78ff.

Bernecker, Walther L.: Spanische Geschichte, Vom 15. Jahrhundert bis zur Gegenwart, 2. Auflage, München 2001

Bernecker, Walther L./Collado Seidel, Carlos: Spanien nach Franco, der Übergang von der Diktatur zur Demokratie 1975-1982, München 1993

Bernecker, Walther L./Pietschmann, Horst: Geschichte Spaniens, Von der frühen Neuzeit bis zur Gegenwart, 2., überarbeitete und erweiterte Auflage, Stuttgart 1997

Brenan, Gerald: Die Geschichte Spaniens, Über die sozialen und politischen Hintergründe des Spanischen Bürgerkrieges, „The Spanish Labyrinth", 2. Auflage, Berlin 1978

Brösse, Ulrich: Wirtschaftsordnung und Arbeitsrecht in Spanien, dargestellt anhand eines Vergleichs mit dem Recht der Bundesrepublik Deutschland, Stuttgart 1965

Brugarola, Martín: La evolución del sindicalismo y la reglementación del trabajo, in: Revista Razón y Fe, 146. Band, 654-655 (1952), S. 90ff.

Cabrera Claver, José María: Concepto y naturaleza jurídica del despido, in: Revista Jurídica de Cataluña, julio-augusto 1950, S. 325ff.

Carro Igelmo, Alberto José: La disminución del rendimiento como causa de despido, in: Revista de Derecho del Trabajo 1 (1957), S. 11ff.

Carro Igelmo, Alberto José: Los malos tratamientos y las faltas de respeto consideracón como causa justa de despido, in: Boletín de divulgación Social 117 (1956), S. 323ff.

Carro Igelmo, Alberto José: Las causas del despido-sanción en las Reglamentaciónes Nacionales de Trabajo, in: Boletin de divulgación Social 104 (1955), S. 201ff.

Carro Igelmo, Alberto José: Las causas justas de despido en la doctrina del Tribunal Central de Trabajo, in: Revista de Derecho de Trabajo 10 (1955), S. 81ff.

Carro Igelmo, Alberto José: El despido justo, Doctrina-Legislación-Jurisprudencia, Barcelona 1957

Casas, José Ignacio/Carricajo, Julia/Castaño, Cecilia/Cortés, Gonzalo: GETAFE, lucha obrera bajo el franquismo, Madrid 1977

Castan Tobeñas, José: Los principios filosófico-jurídicos y jurídico-políticos del Régimen Español, Madrid 1963

Castejón, Frederico: Del delito de huelga al delito contra la economía nacional a través del delito contra la libertad de trabajo, in: Revista de Trabajo 2 (1944), S. 259ff.

Corniero Suarez, Alejandro/Alvarez de Miranda, J. M.: El Tribunal Central de Trabajo y su doctrina, 600 sentencias inéditas, sistematizadas y comentadas, Barcelona 1959

Costa Font, José/L. T., José: El Movimiento Obrero Español durante la dictadura franquista (1939-1962), in: Javier Tussel, Alicia Alted, La oposición al Régimen de Franco, Estado de la gestión y metodología de la investígación, Tomo 4, Madrid, 1996, S. 655ff.

Cremades, Bernado María: El despido en España, in: Revista de Trabajo 39-40 (1972), S. 5ff.

Cremades, Bernado María: El despido en España, in: Boletim da Faculdade de Direito, Universidad de Coimbra, Vol. XLVIII, 1972, S. 209ff.

Cuello Calón, Eugenio: Derecho Penal, Tomo I, Barcelona 1948

De Mingo Blasco, José Antonio: La Conflictividad Individual en Madrid bajo el Franquismo (1940-1975), in: Alvaro Soto Carmona (Dir.): Clase obrera, conflicto laboral y representación sindical (evolucion social-laboral de Madrid 1939-1991), Madrid 1994, S. 123ff.

Erbler, Hans: El Fuero del Trabajo, in: Archiv des öffentlichen Rechts (AÖR) 30 (1939), S. 274ff.

Erbler, Hans: Spaniens nationalsyndikalistischer Verfassungs- und Sozialbau, el Fuero del Trabajo und das Programm der nationalsyndikalistischen Bewegung (Schriften des Instituts für Arbeitsrecht an der Universität Leipzig, 42.Heft) Weimar 1939

Eugenio Blanco, Juan: El delito extralaboral como causa justa de despido, in: Revista de Trabajo 7 (1957), S. 541ff.

Fernándes Miranda, Torcuato: El Fuero del Trabajo en la Constitución del estado español, in: Revista de Derecho del Trabajo 2 (1963), S. 11ff.

Fernández González, Victor: El despido en los conflictos colectivos, in: Dieciséis lecciónes sobre causas de despido, profesadas por Gaspar Bayón Chacón ...(et al.), Madrid 1969, S. 209ff.

Fernández Héras, Amado: Crisis de trabajo, suspensiónes y despidos de personal, establecimiento de turnos y jornadas reducidas, Zaragoza 1949

Frühbeck Olmedo, Guillermo: Das Prinzip der Beschäftigungsförderung im Arbeitsrecht, Burgos 1996

Fusi, Juan Pablo: Franco, Spanien unter der Diktatur 1936-1975, München 1992

Galán García, Agustín: La intervención pública en las relaciónes laborales durante el primer tercio del siglo XX en España, in: Intervención pública en las relaciónes laborales, coordinador: Agustín Galán García, Madrid 2000, S. 24ff.

Gallart y Folch, Alejandro: Derecho Español del Trabajo, Barcelona 1936

Gallart y Folch, Alejandro: Los principios fundamentales del Fuero del Trabajo, Barcelona 1939

García Abelan, Juan: Derecho de conflicos colectivos de trabajo, Madrid 1969

Garrígues, Joaquín: Tres conferencias en Italia sobre el Fuero del Trabajo, Madrid 1939

González Encabo, Julian: El fraude, la deslealtad o el abuso de confianza, in: Dieciséis lecciónes sobre causas de despido, profesadas por Gaspar Bayón Chacón ...(et al.), Madrid 1969, S. 125ff.

González Ortega, Santiago: Kollektivverhandlungen im spanischen System der Arbeitsbeziehungen (1939-1978), in: Wolfgang Däumler (Hrsg.), Arbeitsbeziehungen in Spanien, Köln 1982, S. 86ff.

González Posada Martínez, Elias: El Derecho del Trabajo: Una reflexión sobre su evolución histórica, Valladolid 1996

Granda, Antonio de la: La productividad en relación a precios y salarios (en un sistema de Justicia Social), in: Revista de Trabajo 6 (1952), S. 614ff.

Guidotti, Franco: El Fuero del Trabajo Spagnolo, in: L`Assistenza Sociale 9 (1938), S. 762ff.

Guilarte, Alfonso María: Manual de Derecho del Trabajo, Santiago, Valladolid 1960

Hachtmann, Rüdiger: Industriearbeit im „Dritten Reich", Untersuchungen zu den Lohn- und Arbeitsbedingungen in Deutschland 1933-1945, Göttingen 1989

Heitmann, Steffen: Arbeitsrecht im Systemwandel, in: Die Arbeitsgerichtsbarkeit, Festschrift zum 100jährigen Bestehen des Deutschen Arbeitsgerichtsverbandes, Jürg Arnold u.a. (Hrsg.), Neuwied 1994, S. 39ff.

Hernáinz Márquez, Miguel: Las excepciónes al decreto de 26 de octubre de 1956, in: Revista de Trabajo 2 (1957), S. 93ff.

Hernáinz Márquez, Miguel: El problema del despido en España, in: Revista de Trabajo 1 (1960), S. 29ff.

Hernáinz Márquez, Miguel: Tratado Elemental de Derecho del Trabajo, 10.a edición, Madrid 1969

Hernáinz Márquez, Miguel: Tratado Elemental de Derecho del Trabajo, 4.a edición, Madrid 1949

Hernández Martín, Dario: LCT, Art. 77.Apart G): Hacer negociaciónes de comercio o de industria, por cuenta propia o de otra persona, sin autorización por empresario, in: Dieciséis lecciónes sobre causas de despido, profesadas por Gaspar Bayón Chacón ...(et al.), Madrid 1969, S. 161ff.

Hueck, Alfred: Deutsches Arbeitsrecht, Ein Grundriss, 2. Auflage, Berlin 1944

Hueck, Alfred: Die Arbeitsgerichtsbarkeit, Sonderdruck aus Hueck-Nipperdey, Lehrbuch des Arbeitsrechts, 6.Auflage, 1.Band, Frankfurt/Main 1959

Hueck, Alfred/Nipperdey, Hans-Carl/Dietz, Rolf: Gesetz zur Ordnung der nationalen Arbeit, Kommentar, 4. Auflage, München, Berlin 1943

Jackson, Gabriel: Annäherung an Spanien (1898-1975), Aus dem Englischen von Hildegard Janssen und Hartmut Bernauer, Frankfurt am Main 1982

Kasten, Christopher: Spanisches Arbeitsrecht im Umbruch, Von der Franco-Diktatur zur Demokratie, Baden-Baden 1999

Köhler, Holm Detlev: Spaniens Gewerkschaftsbewegung, Demokratischer Übergang-Regionalismus-Ökonomische Modernisierung, Münster 1993

Kranig, Andreas: Das Gesetz zur Ordnung der nationalen Arbeit (AOG), Grundgesetz der nationalsozialistischen Arbeitsverfassung?, in: Wege zur Arbeitsrechtsgeschichte, herausgegeben von Harald Steindl, Frankfurt am Main 1984, S. 441ff.

Krotoschin, Ernesto: Instituciónes de Derecho del Trabajo, Buenos Aires 1947

Legaz y Lacambra, Luis: Historia de una idea nacional-sindicalista, in: Revista de Organización y Acción Sindical (R.O.A.S.) 3 (1939), S. 445ff.

Lopéz Medel, Jesús: Declaración XIII del Fuero del Trabajo y Ley Sindical, in: Revista de Estudios Políticos 182 (1972), S. 5ff.

Lozano Montero, Manuel: El despido y el abandono de trabajo, in: Revista de Legislación Social 190 (1959), S. 235f.

Mansfeld, Werner/Pohl, Wolfgang: Das Gesetz zur Ordnung der nationalen Arbeit (AOG), Kommentar, Berlin 1934

Maravall Casesnoves, Héctor: La política de empleo, una rama del Derecho del Trabajo (su importancia para españa), in: Revista de Trabajo 35 (1971), S. 5ff.

Maravall, José María: Dictadura y disentimiento político, obreros y estudiantes bajo el Franquismo, Madrid 1978

Martin, Claude: Franco: eine Biographie, aus dem Französischen von Romain Baulesch, Graz 1995

Mayer-Maly, Theo: Nationalsozialismus und Arbeitsrecht, in: Ulrike Davy, Herbert Fuchs, H. Hofmeister, J. Marte, I. Reiter (Hrsg.), Nationalsozialismus und Recht, Rechtsetzung und Rechtswissenschaft unter der Herrschaft der Nationalsozialisten, Wien 1990, S. 173ff.

Mayer-Maly, Theo: Arbeitsrecht, in: Helmut Coing (Hrsg.), Handbuch der Quellen und Literatur der neueren europäischen Privatrechtsgeschichte, Band 3:

Das 19. Jahrhundert, Teilband 3: Gesetzgebung zu privatrechtlichen Sondergebieten, München 1986, S.3635ff.

Molinero y Pere Ysàs, Carme: Productores disciplinadas y minorías subversivas – clase obrera y conflictividad laboral en la España Franquista –, Madrid 1998

Montellá, R. Gay de: El Fuero del Trabajo y sistema del Estado Sindical-Corporativo, Valladolid 1939

Montoya Melgar, Alfredo: Las causas de despido en las reglamentaciónes y reglamentos de régimen interior, in: Dieciséis lecciónes sobre causas de despido, profesadas por Gaspar Bayón Chacón ...(et al.), Madrid 1969, S. 215ff.

Montoya Melgar, Alfredo: El despido por Fuerza Mayor, in: Revista de Politica Social 85 (1970), S. 95ff.

Montoya Melgar, Alfredo: La jurisdicción laboral y el Fuero del Trabajo, in: Revista de Derecho del Trabajo 15 (1963), S. 212ff.

Montoya Melgar, Alfredo: Ideología y lenguaje en las leyes laborales de España (1878-1978), Madrid 1992

Navarro Nieto, Federico: Los despidos colectivos, Madrid 1996

Nellesen, Bernd: José Antonio Primo De Riviera, Der Troubadour der Spanischen Falange, Auswahl und Kommentar seiner Reden und Schriften, Stuttgart 1965

Nikisch, Artur: Das Gesetz zur Ordnung der nationalen Arbeit, Leipzig 1934

Nuñez Samper, Arturo: El nuevo régimen de despido y la jurisprudencia del Tribunal Central de Trabajo, in: Revista de Derecho del Trabajo 23 (1957), S. 73ff.

Nusmann, Franz: Die politische und soziale Bedeutung der arbeitsgerichtlichen Rechtsprechung, in: Arbeitsrecht und Politik, Quellentexte 1918-1933, herausgegeben und eingeleitet von Thilo Ramm, Neuwied, Berlin 1966, S. 113ff.

Oficina Internacional del Trabajo Ginebra: Situacion Sindical y Relaciones Laborales en España, Genf 1985

Pedregal, Luis Joaquín: El Fuero del Trabajo, Cádiz 1938

Pérez Botija, Eugenio: Algunos consideraciones sobre la regulaciòn del despido en el derecho español y en el derecho comparado, la nueva redacción del articulo 89 de la ley del Contrato de Trabajo, in: Revista de Trabajo 26 (1941), S. 739ff.

Pérez Botija, Eugenio: Apuntes para una teoría de las fuentes del Derecho del Trabajo Español, in: Revista de la Facultad de Derecho 4 (1941), Madrid, S. 27ff.

Pérez Botija, Eugenio: El Contrato de Trabajo, comentario a la ley, Doctrina y Jurisprudencia, segunda edición, Madrid 1954

Pérez Botija, Eugenio: Curso de Derecho del Trabajo, cuarta edición, Madrid 1955

Pérez Leñero, José: Derecho Penal del Trabajo Español, Madrid 1949

Pérez Leñero, José: Instituciones de Derecho Español del Trabajo, Madrid 1949

Peso y Calvo, Carlos: La fuerza mayor propia, in: Diecisiete lecciónes sobre fuerza mayor, crisis de trabajo, reconversión y desempleo, profesadas por Gaspar Bayón Chacón ...(et al.), Madrid 1970, S. 79ff.

Peso y Calvo, Carlos: Las faltas repetidas e injustificadas de puntualidad o de asistencia al trabajo como causa justo de despido, en: Dieciséis lecciónes sobre causas de despido, profesadas por Gaspar Bayón Chacón ...(et al.), Madrid 1969, S. 59ff.

Pietro Castro, Leonardo: Derecho Procesal Civil, tomo II, Madrid 1946

Prietro Castro y Fernándiz, Leonardo: El momento revolucionario del Fuero y sus líneas ideológicas, Revista Universidad de Zaragoza, 1938

Ramírez Gronda, Juan D.: El Contrato de Trabajo, Editorial la Ley, Buenos Aires 1945

Rivaya, Benjamím: Filosofía del derecho y primer Franquismo (1937-1945), Madrid 1998

Rodríguez Piñero, M.: Un modelo democrático de las relaciónes laborales, in: Cabrera Bazán, José (ed.), Ideologías jurídicas y relaciones de trabajo, Sevilla 1977, S. 8ff.

Rodríguez Piñero, M.: El régimen jurídico del despido (II), Leyes de Contrato y de Jurados Mixtos, in: Revista de Política Social 77 (1968), S. 5ff.

Rojas Castillo, Armando: Despido de obreros, legislación y jurisprudencia, segunda edición, Barcelona 1951

Ruiz Resa, Josefa Dolores: Trabajo y Franquismo, Granada 2000

Rüthers, Bernd: Arbeitsrecht und Ideologie, in: Die Arbeitsgerichtsbarkeit, Festschrift zum 100jährigen Bestehen des Deutschen Arbeitsgerichtsverbandes, Jürg Arnold u.a. (Hrsg.), Neuwied, Kriftel, Berlin 1994, S. 39ff.

Saavedra Acevedo, Jeronimo: Los malos tratos y faltas de respeto como causa justa de despido, in: Dieciséis lecciónes sobre causas de despido, profesadas por Gaspar Bayón Chacón ...(et al.), Madrid 1969, S. 59ff.

Sagardoy Bengoechea, Juan Antonio: Las riñas o pendencias, in: Dieciséis lecciónes sobre causas de despido, profesadas por Gaspar Bayón Chacón ...(et al.), Madrid 1969, S. 201ff.

Sagardoy Bengoechea, Juan Antonio: Sobre las crisis laborales o económicas: Concepto, in: Diecisiete lecciónes sobre fuerza mayor, crisis de trabajo, reconversión y desempleo, profesadas por Gaspar Bayón Chacón ...(et al.), Madrid 1970, S. 137ff.

Sagardoy Bengoechea, Juan Antonio: El despido laboral y los expedientes de crisis, Bilbao 1969
Sagardoy Bengoechea, Juan Antonio/León Blanco, David: El poder sindical en España, un estudio claro y directo sobre uno de los componentes de nuestro quehacer: El sindicato, Barcelona 1982
Schneider, Erich: Einführung in die Wirtschaftstheorie, 1.Teil, 10. Auflage, Tübingen 1963
Sección Femenina: Sección Femenina de F.E.T. y de las J.O.N.S., formación política, Burgos, Madrid, (ohne Autoren- und Jahresangabe)
Sempere Navarro, Antonio Vicente: Nacionalsindicalismo y relación de trabajo, la doctrina nacionalsindicalista de la „relación de trabajo" y sus bases ideológicas, Madrid, 1982
Serrano Bulnes, José María: El despido en la Ley de Contrato de Trabajo y en las Reglamentaciónes de Trabajo.-Han suprimido éstas, en cuanto al personal afectado por las mismas, el despido libre o indemnizatorio?, in: Justicia Social 27 (1949), S. 10ff.
Serrano Bulnes, José María: Despido por crisis, Algunos problemas que en la práctica produce la aplicación del Decreto y Orden que lo regulan, in: Justicia Social 32 (1949), S. 8ff.
Serrano Carvajal, José: El despido: La embriaguez y la falta de aseo, in: Dieciséis lecciónes sobre causas de despido, profesadas por Gaspar Bayón Chacón ...(et al.), Madrid 1969, S. 187ff.
Serrano Carvajal, José: Cambio tecnológico y crisis de trabajo, in: Diecisiete lecciónes sobre fuerza mayor, crisis de trabajo, reconversión y desempleo, profesadas por Gaspar Bayón Chacón ...(et al.), Madrid 1970, S. 273ff.
Serrano González, Antonio: Juristische Formen in Spanien, in: Bender, Gerd/ Kiesow, Rainer Maria/Simon, Dieter (Hrsg.), Das Europa der Diktatur – Steuerung-Wirtschaft-Recht, Frankfurt 2002, S. 82ff.
Serrano Suñer, Ramón: Zwischen Hendaye und Gibraltar, übersetzt von Berthold König, Zürich 1948
Serrano y Serrano, Ignacio: El Fuero del Trabajo, doctrina y comentario, Valladolid 1939
Soto Carmona, Alvaro: La Transformación de la clase obrera madrileña (1939-1991), in: Alvaro Soto Carmona (Dir.): Clase obrera, conflicto laboral y representacion sindical (evolucion socia-laboral de Madrid 1939-1991), Madrid 1994, S. 1ff.
Stoye, Johannes: Die Grundzüge des spanischen Arbeitsrechts und die Grundlagen seiner Entwicklung, Halle 1928

Suarez González, Fernando: La indisciplina como causa de despido, in: Dieciséis lecciónes sobre causas de despido, profesadas por Gaspar Bayón Chacón ...(et al.), Madrid 1969, S. 59ff.
Suarez González, Fernando: La terminación del Contrato de Trabajo, Madrid 1967
Torre Arredondo, Luis de la: Aspectos singulares de nuestro Derecho de Trabajo ante el jurista social, Barcelona 1959
Torre-Schaub, Marta: Un ejemplo del poder político de la jurisprudencia española franquista: El despido por detención, in: Fallstudien zur spanischen und portugiesischen Justiz, 15. bis 20. Jahrhundert, herausgegeben und eingeleitet von Michael Scholz, Frankfurt am Main 1994, S. 645ff.
Torvillas Zorzano, José Julian: El régimen jurídico del despido en España, Barcelona 1974
Vega García, Ruben: Annäherungen an die Bibliographie und die Quellen zur Arbeiterbewegung unter der Franco-Diktatur, 1939-1966, in: Forschungen zur Arbeiterschaft und Arbeiterbewegung in Spanien, herausgegeben von Holm-Detlev Köhler und Rainer Tossdorff, Bochum 1996, S. 112ff.
Vida Soria, José: La ineptitud del trabajador respecto a la ocupación o trabajo para que fue contratado, in: Dieciséis lecciónes sobre causas de despido, profesadas por Gaspar Bayón Chacón ...(et al.), Madrid 1969, S. 109ff.
Villa Gil, Luis Enrique de la: La formalización (carta y expedientes) del despido disciplinario, in: Dieciséis lecciónes sobre causas de despido, profesadas por Gaspar Bayón Chacón ...(et al.), Madrid 1969, S. 253ff.
Villa Gil, Luis Enrique de la: La extinción del Contrato de Trabajo, un estudio de la causa 4ª del artículo 76 de la L.C.T., Madrid 1960
Wahsner, Roderich: Faschismus und Arbeitsrecht, in: Udo Reifner, Das Recht des Unrechtsstaates, Arbeitsrecht und Staatsrecht im Faschismus, Frankfurt am Main, New York 1981, S. 86ff.
Wefers, Walter: Grundlagen und Ideen des Spanischen Staates der Gegenwart, Bonn 1961
Wehner, Fritz: Erfolgreiche Wahrung des Arbeitsfriedens durch den Treuhänder der Arbeit, Weimar 1936
Zancada, Práxedes: Derecho Corporativo Español, organización del trabajo, Madrid 1928

Abkürzungen und Erklärung von Fachausdrücken

AOG	Gesetz zur Ordnung der Nationalen Arbeit
AP	Nachschlagewerk des Bundesarbeitsgerichts (Gesetzesstelle und Entscheidungsnummer)
BAG	Bundesarbeitsgericht
Caudillo (por Gracia de Dios)	= Führer (von Gottes Gnaden)
Cc	Código Civil = Bürgerliches Gesetzbuch
CCOO	Comisiónes Obreras = Arbeiterkommissionen; heute vergleichbar mit dem Deutschen Gewerkschaftsbund
CEDA	Conféderacion Española de Derechas Autónomas = Spanischer Bund Autonomer Rechtsparteien
Expediente	= Genehmigung, siehe Genehmigung (expediente) für die Zulässigkeit der Kündigung 3. Kapitel: B.IV.1), S. 84
EzA	Entscheidungen zum Arbeitsrecht
F.E.T y des las J.O.N.S.	Falange Española Tradicionalista y Juntas de Ofensiva Nacional Sindicalista = Spanisches Feld oder Spektrum der nationalsyndikalistischen Angriffsgruppen = Vereinigung aus spanischer Falange und anderen rechten Gruppierungen
F.T.	Fuero del Trabajo = Charta der Arbeit
HOAC	Hermandad Obrera de Acción católica = katholische Arbeiterbrüderschaft
IWF	Internationaler Währungsfonds
Junta	= Versammlung, Rat
Jurados Mixtos	= gemischte Räte,
Krisendekret	Dekret vom 26. Januar 1944 bzgl. Kollektiver Kündigungen
LCC	Ley de Convenios Colectivos Syndicales, Gesetz über Kollektivvereinbarungen
LCT	Ley de Contrato de Trabajo = Arbeitsvertragsgesetz

LPL	Ley de Procedimiento Laboral = Arbeitsprozessgesetz
Magistraturas del Trabajo	= Arbeitsgerichte
Movimiento	= Bewegung, Synonym für die spanische Nationalbewegung
NJW	Neue Juristische Wochenschrift
NZA	Neue Zeitschrift für Arbeitsrecht
oECD	= Organisation for economic Co-Operation and Development
Prlab	Procedimiento Laboral = Arbeitsprozessordnung
Reglamentaciónes	= Verordnungen
Renovación Española	= spanische Erneuerung
Schlichtungsdekret	Dekret vom 20. September 1962 bzgl. Kollektivvereinbarungen
T.C.T.	Tribunal Central de Trabajo= Zentralarbeitsgericht (Instanz unter den obersten Arbeitsgerichten)
T.R.P.L.	Texto Refundido de Procedimiento Laboral = Reformgesetz des Arbeitsprozessgesetzes
T.S.	Tribunal Supremo de Trabajo = Oberstes Arbeitsgericht
TOP	Tribunal del Orden Público = Gericht für die öffentliche Ordnung
Tribunales Industriales	= Industrie- oder Wirtschaftsgericht
USO	Unión Sindical Obrera= syndikale Arbeitervereinigung
WRV	Weimarer Reichsverfassung

Einleitung

Vorliegend werden arbeitsrechtliche Kündigungen und der Kündigungsschutz im Franquismus im Laufe der ca. 30 jährigen Franco-Diktatur untersucht.

A. Forschungsstand

Der derzeitige Stand der juristischen Forschung hinsichtlich des Arbeitsrechts unter Franco im Allgemeinen sowie des Kündigungsschutzes unter Franco im Besonderen befindet sich aus meiner Sicht noch im Anfangsstadium und lässt genügend Raum für weitere Untersuchungen. Der spanische Gewerkschaftsbund (CCOO) betreibt mit der „fundación de 1°mayo" zwar eine eigene Stiftung, die die Geschichte und das Unrecht, welches die spanische Arbeiterbewegung unter Franco erlitt, umfassend aufarbeiten. Deren Arbeit ist aber vornehmlich auf soziologische Untersuchungen beschränkt.

Hingegen mangelt es an juristischen Arbeiten über das Arbeitsrecht unter Franco. Dies mag daran liegen, dass viele der heute auf dem Gebiet des Arbeitsrechts in Spanien tätigen Professoren bereits unter Franco Arbeitsrecht lehrten. So erläuterten mir zwei spanische Professoren des Arbeitsrechts in persönlichen Gesprächen, dass meine Untersuchung für Deutschland von großem Interesse seien möge. In Spanien hätten sie und ihre spanischen Kollegen jedoch größtenteils noch selbst die Entwicklungen des Kündigungsschutzes unter Franco miterlebt und auch aktiv mitgestaltet. Der Madrider Rechtsanwalt J. Manuel López López, der im Franquismus zumeist Arbeitnehmerinteressen gerichtlich vertrat, bemängelte mir gegenüber hingegen eine fehlende juristische Aufarbeitung des Arbeitsrechts und des Kündigungsschutzes unter Franco in Spanien.

So ist man vornehmlich auf damals verfasste Lehrbücher angewiesen, um sich einen ersten Überblick über den Kündigungsschutz unter Franco zu verschaffen.

Einen Einstieg in das Arbeitsrecht unter Franco und den Kündigungsschutz aus heutiger deutscher Sicht gibt Kasten[1] in seiner Untersuchung über die Entwicklungen des spanischen Arbeitsrechts in verschiedenen Epochen. Das Max Planck Institut für Europäische Rechtsgeschichte in Frankfurt beteiligt sich zwar an einem internationalen Projekt über das Europa der Diktatur – Wirtschaftskon-

1 Kasten, Spanisches Arbeitsrecht im Umbruch, 1999.

trolle und Recht. Allerdings lag eine Veröffentlichung der Untersuchungen der Forschungsgruppe zu den iberischen Diktaturen bei Abschluss dieser Arbeit noch nicht vor.

Die Quellenlage gestaltet sich gerade hinsichtlich der ersten zwanzig Jahre des Franco-Regimes als besonders schwierig. Dies begründete mir J. Manuel López López damit, dass das Franco-Regime gerade zu Beginn seiner Amtszeit, der Blütezeit des Faschismus, eine intensive Repression ausübte, deren Dokumentation vermieden wurde. Ähnlich beurteilt Bernecker[2] die Quellenlage zu diesem Zeitraum. Ein Teil der verwendeten Literatur konnte dabei ausschließlich in der Bibliothek des spanischen Arbeitsministeriums in Madrid aufgefunden werden, deren Benutzung einer gesonderten Erlaubnis bedarf.

Vielleicht kann diese Untersuchung über den Kündigungsschutz unter Franco einen ersten Einstieg geben, um das Arbeitsrecht unter Franco intensiver aufzuarbeiten.

B. Problem und „Systemabhängigkeit des Arbeitsrechts"[3]

Eine Bewertung der erzielten Ergebnisse soll vor dem Hintergrund vorgenommen werden, dass der Gegenstand der Untersuchung, das Arbeitsrecht im Franquismus, insbesondere der Kündigungsschutz, Rückschlüsse auf verschiedene Bereiche zulassen kann. Es ist zu erwarten, dass gerade in einem totalitären Staat wie beispielsweise dem Franco-Regime das Arbeitsrecht besondere Formen annimmt.

I. Die politische Relevanz

Einerseits gehört das Arbeitsrecht zu den Rechtsgebieten mit einem gesteigerten Näheverhältnis zur Politik[4] und gilt als ein in besonderer Weise politisch beeinflusstes Teilgebiet der Rechtsordnung[5]. Seine hohe politische Relevanz liegt darin begründet, dass es in besonderem Maß ein Spiegel der herrschenden wirtschaftlichen und gesellschaftlichen Verhältnisse und auch ein Ausdruck der Wirtschaftsverfassung ist, weshalb das Arbeitsrecht stets im Mittelpunkt politischer

2 Bernecker, Gewerkschaftsbewegung und Staatssyndikalismus in Spanien, S. 21, 1985.
3 Begriff aus Heitmann, Arbeitsrecht im Systemwandel, in: FS zum 100. jährigen Bestehen der Arbeitsgerichtsverfassung, S. 32.
4 Mayer-Maly, Arbeitsrecht, Handbuch der Quellen, S. 3646.
5 Rüthers, Arbeitsrecht und Ideologie, in: FS zum 100. jährigen Bestehen der Arbeitsgerichtsverfassung, S. 41.

Auseinandersetzungen gestanden hat[6]. Mit der Gestaltung der Arbeitsbedingungen, insbesondere der Löhne und Gehälter, hat der Staat ein sehr wichtiges wirtschafts- und sozialpolitisches Instrument in den Händen, mit dem er die Wirtschaft leiten und lenken kann[7]. Da in einer zentral geleiteten Wirtschaft der gesamte Wirtschaftsprozess von einer Stelle aus gelenkt wird[8], soll anhand einer Untersuchung des Arbeitsrechts festgestellt werden, wie das totalitäre Franco Regime das Arbeitsrecht als Instrument seiner Politik zur Lenkung der Wirtschaft gebraucht hat.

Mayer-Maly[9] vertritt im Hinblick auf den Nationalsozialismus zudem die These, ein Grund für die starke Beeinflussung des deutschen Arbeitsrechts durch den Nationalsozialismus liege in dem Umstand begründet, dass eine „auf nachhaltige Veränderung gerichtete Politik mit dem Arbeitsrecht auf eine verhältnismäßig junge Ordnung gestoßen ist, deren Strukturen noch längst nicht so verfestigt waren wie die meisten traditionellen Rechtsgebiete“. Es erscheint fraglich, ob sich diese These auch auf Spanien und das Franco-Regime übertragen lässt. Noch während der Machtergreifung ist in Spanien vor allem anderen eine Arbeitsverfassung erlassen worden, der Fuero del Trabajo, welche ein Grundpfeiler der franquistischen Staatsordnung war.

II. Die soziale Relevanz

Desweiteren kommt dem Arbeitsrecht eine gesteigerte soziale Relevanz zu. Zum einen regelt Arbeitsrecht die produktive Aktivität des Menschen und damit auch die Befriedigung der wirtschaftlichen und sozialen Bedürfnisse des Menschen[10]. Seine Arbeit setzt ihn in Beziehung zu anderen Menschen und legt auch seinen Platz in der Gesellschaft fest[11]. Nach heutiger Ansicht ist die berufliche Aktivität das „Vehikel des Menschen“ in seine gesellschaftliche Rolle[12]. Die Regeln für diese Aktivität legt das Arbeitsrecht fest. Dies gilt für Arbeitnehmer um so mehr, als gerade die Arbeitnehmer von keinem anderen Rechtsgebiet täglich so stark berührt werden wie von dem Arbeitsrecht, das für die Gestaltung ihrer Lohn- und

---

6 Heitmann, Arbeitsrecht im Systemwandel, in: FS zum 100. jährigen Bestehen der Arbeitsgerichtsverfassung, S. 32.

7 Brösse, Wirtschaftsordnung und Arbeitsrecht in Spanien, S. 41.

8 Schneider, Einführung in die Wirtschaftstheorie, S. 22.

9 Mayer-Maly, Nationalsozialismus und Arbeitsrecht, Seite 173.

10 Bayón Chacón/Pérez Botija, Manual de Derecho del Trabajo, S. 8.

11 Pérez Botija, Curso de Derecho del Trabajo, S. 23.

12 Nussmann, Die politische und soziale Bedeutung der arbeitsgerichtlichen Rechtsprechung, S.113.

Arbeitsbedingungen, für die Gestaltung ihres Berufes und damit für ihr Lebensschicksal eine entscheidende Bedeutung hat[13]. Die Untersuchung des Arbeitsrechts unter Franco soll somit Rückschlüsse auf die damalige gesellschaftliche Struktur und den Platz des Einzelnen in dieser Struktur zulassen.

Eine andere Ansicht[14] sah die Zielsetzung von Arbeitsrecht in der Überwindung sozialer Gegensätze, der Lösung der sozialen Frage, der Herstellung und Aufrechterhaltung des sozialen Friedens und damit der Herbeiführung einer echten Volksgemeinschaft. Diese Untersuchung soll u.a. aufzeigen, ob und wie dem Franco-Regime die Verwirklichung dieser damals auch von ihm vertretenen Ziele gelungen ist.

III. Die Ideologieanfälligkeit des Arbeitsrechts

Die soziale und politische Relevanz führt aber darüber hinaus zu einer besonderen Ideologieanfälligkeit des Arbeitsrechts, da ideologisches Gedankengut besonders dort „auf fruchtbaren Boden trifft", wo es Existenzängste des Menschen berührt[15]. Arbeitsrecht wirkt somit an der Umsetzung ideologisch geprägter Leitbilder in die gesellschaftliche und politische Realität[16] mit und dient daher auch als Spiegel, der den Einfluss des Staates auf die Ausformung und Anwendung von Recht besonders gut deutlich macht[17]. Auf der anderen Seite steht das Arbeitsrecht auch immer in enger Verbindung mit der sozialen, ökonomischen, technischen und politischen Situation jedes Landes[18].

Somit soll auch an der Entwicklung des Kündigungsschutzes unter Franco sichtbar gemacht werden, welches ideologisch geprägte Leitbild in der Franco-Ära umgesetzt werden sollte, und in welchem Umfang dies gelang, beziehungsweise welche sozialen, wirtschaftlichen oder auch politischen Zwänge diese Umsetzung beeinflussten.

---

13 Nussmann, Die politische und soziale Bedeutung der arbeitsgerichtlichen Rechtsprechung, S.113.

14 Hueck, Deutsches Arbeitsrecht, S. 16.

15 Heitmann, Arbeitsrecht im Systemwandel, in: FS zum 100. jährigen Bestehen der Arbeitsgerichtsverfassung, S. 33.

16 Rüthers, Arbeitsrecht und Ideologie, in: FS zum 100. jährigen Bestehen der Arbeitsgerichtsverfassung, S. 43.

17 Torre-Schaub, Un ejemplo del poder político de la jurisprudencia española franquista: El despido por detención, in: Fallstudien zur spanischen und portugiesischen Justiz, S. 645.

18 Bayón Chacón/Pérez Botija, Manual de Derecho del Trabajo, S. 11.

1. Kapitel: Von der zweiten Republik (1931-1936) zur Machtergreifung Francos

Mit dem Zusammenbruch der Monarchie im Jahre 1931 stand Spanien um so mehr unter dem Druck, seine klassischen Probleme, als da waren strukturelle Schwierigkeiten vor allem im Agrarsektor, das Verhältnis von Staat zu Kirche, die notwendige Demokratisierung und Verringerung der Streitkräfte und das Streben einzelner Landesteile innerhalb Spaniens nach Autarkie, lösen zu müssen. Darüber hinaus sah sich Spanien noch den verspätet eintretenden Folgewirkungen der Weltwirtschaftskrise ausgesetzt.

Die Eigenart des Wahlsystems führte dazu, dass die Geschichte der zweiten Republik in drei deutlich voneinander unterscheidbare Phasen eingeteilt werden kann[19]: Die erste Phase waren die Reformjahre (bienio de reformas) 1931-1933, in denen die verbündeten Republikaner und Sozialisten die Hauptprobleme zu lösen versuchten. Die zweite Phase, bekannt als das schwarze Doppeljahr (el bienio negro) 1934/1935, wurde durch die Rücknahme vieler Reformen, vor allem im Agrarbereich, gekennzeichnet. Der Zeitraum zwischen der Wahl der sog. Volksfront im Februar 1936 und dem Ausbruch des spanischen Bürgerkrieges im Juli 1936 stellt schließlich die dritte Phase dar. Die Ursachen des spanischen Bürgerkrieges waren für den Aufbau des neuen Staates von großer Bedeutung und werden daher kurz dargestellt.

Nach damaliger Ansicht war für die Unbeständigkeit der Regierungen im präfaschistischen Italien und dem republikanischen Frankreich die Vielzahl kleiner Parteien verantwortlich. Deshalb war ein Wahlgesetz entworfen worden, welches Koalitionslisten begünstigte und 80 Prozent der Sitze in jedem Distrikt der Partei zugestand, die 50 Prozent der jeweiligen Stimmen erhielt. Dieses Wahlrecht führte zu unrepräsentativen Mehrheiten. Die Folgen waren der Unmut und die fehlende Akzeptanz seitens der unterrepräsentierten Minderheiten[20].

A. Die Reformjahre, bienio de reformas (1931-1933)

Die ersten Wahlen zum Parlament, in deren Folge Manuel Azaña von der republikanischen Linken (Izquierda Republicana) am 31. Oktober 1931 zum neuen

19 Bernecker, Spanische Geschichte, S. 86.
20 So Jackson, Annährung an Spanien, S. 85f.

Regierungschef ernannt worden war und zu denen die Monarchisten gar nicht erst angetreten waren, hatten der Linken eine klare Mehrheit gebracht. Die Vormacht altgedienter Republikaner, darunter berühmte intellektuelle Denker wie Miguel de Unamuno, die sich wie „große Nachspieler" der französischen Revolution aufführten[21], verlieh dem Regime einen fanatischen Zug, welcher einen Großteil des Volkes dagegen aufbrachte und den Zusammenstoß zwischen dem alten, traditionalistischen und dem neuen Spanien unvermeidbar machte, zumal die Ausrufung der Republik von den Arbeitern als Revolution gefeiert worden war[22].

Zuerst wurde von der neuen Regierung die längst notwendig gewordene Agrarreform in Angriff genommen, welche mit der Verabschiedung des Agrarreformgesetzes vom 15. September 1932 begonnen wurde und die Fragen der Grundbesitzenteignungen, Entschädigungen und Landverteilungen an die Bevölkerung regelte[23]. Ein missglückter Putschversuch durch General José Sanjuro im Sommer 1932 beschleunigte dieses Vorhaben. An diesem Putschversuch hatte sich General Franco nicht beteiligt, was zunächst seine Republiktreue bewies und den damaligen spanischen Staatschef Azaña beeindruckte[24]. Weiterhin wurden der Katholizismus als Staatsreligion durch die Auflösung des Konkordats beseitigt, der Jesuitenorden verboten, das kirchliche Schulwesen zerschlagen, Zahlungen an den geistlichen Stand eingestellt und die Ehescheidung erleichtert. Dazu kam noch eine Militärreform, wonach der Militärdienst verkürzt, die Zahl der Divisionen halbiert und das aufgeblähte Offizierskorps durch Entlassungen und Pensionierungen stark verringert wurde. Weitere Schritte sollten eine Unterordnung des Militärs unter zivile Institutionen sicherstellen.

Diese Reformen führten trotz ihrer positiven Intention zu einer Verärgerung innerhalb der Militärs, die sich in dem Putschversuch von General José Sanjuro entlud. Auch das Problem des politischen Regionalismus wurde zumindest teilweise gelöst[25], indem zum Beispiel den Katalanen in einem Autonomiestatut von 1932 eine umfangreiche Autonomie mit Verwaltungsrechten und einer beschränkten Kulturhoheit zugestanden wurde.

---

21 So jedenfalls Martin, Franco, S. 56.
22 Bernecker/Pietschmann, Geschichte Spaniens, S. 304.
23 Bernecker, Spanische Geschichte, S. 87.
24 Martin, Franco, S. 57.
25 Bernecker/Pietschmann, Geschichte Spaniens, S. 308.

B. Krise der Regierung von Azaña

Anfang 1933 hatte die Republik aber ganz deutlich ihren ersten Schwung verloren[26]. Zum einen hing der Erfolg der so dringend benötigten Agrarreform vor allem von ihrer Durchsetzung ab. Die Regierung legte jedoch nach der Ratifizierung des Gesetzes ein auffälliges Desinteresse an seiner Durchführung an den Tag. So blieb es lediglich bei den legalen Voraussetzungen einer Agrarreform[27]. Die Militärreform verstärkte zudem die vorhandene Abneigung vieler konservativer Offiziere gegenüber der Republik, die zu dem bereits erwähnten Putschversuch führte[28].

Weiterhin gestaltete sich das Verhältnis des Staates zur katholischen Kirche zunehmend schwierig. Die antiklerikale Haltung vieler Republikaner, die sich auch in der erstrebten Trennung von Staat und Kirche äußerte, provozierte heftige Reaktionen der kirchlichen Hierarchie, sowie vor allem auch der katholischen Traditionalisten und konservativen Rechten. Diese Kreise wurden alsbald zu Gegnern der Republik und zu einem Sammelbecken der Reaktion, dem sich mit der Zeit auch der zunächst mit der Republik sympathisierende niedrige Klerus anschloss[29].

Es war zudem ein unglücklicher Zufall für die neue Republik, dass kurz vor ihrer Gründung die Weltwirtschaftskrise losbrach, in deren Folge die Preise landwirtschaftlicher Erzeugnisse fielen, Land brachgelegt wurde und die Arbeitslosenquote eine bis dahin unbekannte Höhe erreichte[30]. Diese unsicheren Verhältnisse in der Arbeiterschaft nutzten anarchistische Strömungen in Spanien, um die Republik durch eine endlose Zahl von Streiks, Sabotageakten und Gewalttätigkeiten sowie Zusammenstößen mit der Polizei zu schwächen und zu desorganisieren[31]. Sie lehnten das System politischer Parteien und die parteimäßige Organisation ab. Ihnen schwebte vielmehr die Einschüchterung der Kapitalisten und ihres Klassenstaates vor. Sie strebten die Übernahme der Betriebe durch die in Berufsverbänden syndikalistisch organisierte Belegschaft und damit eine herrschaftsfreie syndikalistisch organisierte Wirtschaft an[32].

Die Reformgesetze hatten zu einer starken Politisierung und Polarisierung der spanischen Bevölkerung geführt. Auf dem Land beispielsweise kam es beim Versuch der Durchsetzung der Agrarreformmaßnahmen zu teilweise heftigen Zu-

26 Jackson, Annährung an Spanien, S. 93.
27 Bernecker/Pietschmann, Geschichte Spaniens, S. 305.
28 Bernecker/Pietschmann, Geschichte Spaniens, S. 308.
29 Bernecker/Pietschmann, Geschichte Spaniens, S. 305.
30 Brenan, Die Geschichte Spaniens, S. 279.
31 Brenan, Die Geschichte Spaniens, S. 285.
32 Erbler, Spaniens nationalsyndikalistischer Verfassungs- und Sozialbau, S. 47.

sammenstößen zwischen den landhungrigen Tagelöhnern und den Großgrundbesitzern. Dazu kam ein Ereignis, das das Vertrauen der Arbeiterklasse in die Regierung noch zusätzlich erschüttern sollte und in Folge von rechter Propaganda gegen die Republik genutzt wurde[33]. In dem heruntergekommenen Dörfchen Casas Viejas bewaffnete sich eine kleine Gruppe von Anarchisten, um der Guardia Civil in einer Baracke die Nachricht zu überbringen, dass alle ihre Waffen niederlegen könnten, um als Brüder gemeinsam zu ihrem eigenen Nutzen die Felder der Reichen zu bearbeiten. Es wurde von Seiten der Guardia Civil ein organisierter, anarchistischer Aufstand befürchtet, der zu einem extrem harten und gewalttätigen Vorgehen gegen diese Gruppe führte, so dass alle Beteiligten getötet wurden.

Viele Arbeiter hatten aber gerade dieser Republik vertraut, weil sie ein Ende solcher gewalttätiger Zwangsmaßnahmen mit ihr verbanden. Darüber hinaus wurde durch diese Aktion, verbunden mit der Angst vor anarchistischer Revolution, auch das rechte Lager aufgerüttelt. Während sich die Linken immer mehr zerstritten und spalteten, bildeten die Katholiken die CEDA (Spanischer Bund Autonomer Rechtsparteien), welche unter der Führung Gil Robles massiven Zulauf erhielt. Monarchistische Sympathisanten verbündeten sich in der „Renovación Española"[34].

Seit dem Frühjahr 1931 bildeten sich zudem bereits kleinere Gruppen, die Spanien nach dem Vorbild und den Ideen von Faschismus und Nationalsozialismus umgestalten wollten und sich im Herbst 1931 als Nationalsyndikalistische Angriffsgruppe (Juntas de Ofensiva Nacional Sindicalista) zu einer Partei zusammenschlossen[35]. Im Oktober 1933 gründete José Antonio Primo de Riviera, Sohn des früheren Diktators, die „Falange Española", wobei der eigentlich geplante Name „El Fascio" nur deswegen abgelehnt wurde, um dem Vorwurf allzu billiger Imitation zu entgehen[36]. Der Grund dafür lag darin, dass die Falange viel zu sehr an nationalen Wählerschichten interessiert war, als dass sie sich allzu deutlich mit einer ausländischen Bewegung hätte identifizieren können. Zu ihren Charakteristika zählten das nostalgische Streben nach der Größe Spaniens, strenger Nationalismus, Katholizismus und die Bewunderung militärischer Werte. Zu den linken Programmpunkten der Falange zählten die Forderung nach der Errichtung von Wirtschaftssyndikaten und die Enteignung von Großbetrieben, wobei José Antonios Ziel von Bernecker[37] darin gesehen wird, doch noch den Versuch seines Vaters, Spanien zu regenerieren, zum Erfolg zu führen. Am 4. März

33 Brenan, Die Geschichte Spaniens, S. 284.
34 Martin, Franco, S. 58.
35 Nellesen, Primo de Riviera, S 12f.
36 Nellesen, Primo de Riviera, S 16.
37 Bernecker/Pietschmann, Geschichte Spaniens, S. 308.

1934 gelang die Verbindung dieser Gruppierungen zur Falange Española y de las Juntas de Ofensiva Nacional Sindicalista (F.E.T. y de las J.O.N.S.). Die Wirkung dieser Bewegung darf allerdings nicht überschätzt werden, da sie sich noch im Embryonalzustand befand und erst im Bürgerkrieg an Bedeutung und vor allem an Mitgliedern gewann[38]. Die Linke sah zu dieser Zeit eher die straff organisierte CEDA als eine faschistische Bedrohung oder zumindest als Bedrohung von rechts an.

C. Das schwarze Doppeljahr, el bienio negro (1934/1935)

Die Wahlen vom November 1933 brachten für die Parteien der Mitte und vor allem des konservativen Flügels eine deutliche Mehrheit zusammen. Zum einen hatte sich bei dieser Wahl die Linke zerstritten und versäumt, eine gemeinsame Liste aufzustellen[39], während die besser organisierte Rechte von dem listenfreundlichen Wahlsystem begünstigt wurde. Auch werden in der Einführung des Frauenwahlrechts, da Frauen vornehmlich katholisch wählten, und der Ablehnung der Anarchisten nach einer Auseinandersetzung mit den bürgerlichen Parteien Gründe für die Verschiebung der politischen Machtverhältnisse nach rechts gesehen[40].

Nach dem Wahlsieg der konservativen Elemente ging die Regierung, eine Minderheitsregierung der „Radikalen“[41] mit Duldung und Unterstützung der CEDA, sofort daran, einen Teil der zuvor erlassenen Reformgesetze außer Kraft zu setzen[42], oder aber deren Inhalt lediglich zu ignorieren und somit die Reformvorhaben durch Unterlassen zu blockieren[43]. Dies führte vor allem zu einem kläglichen Ende der Agrarreform, da es der Landoligarchie wieder gelang, ihren Einfluss zurück zu gewinnen. Die Lage der Agrararbeiter verschlechterte sich dabei sprunghaft, da Löhne wieder gesenkt wurden und beschlagnahmtes Land an die früheren Eigentümer zurückgegeben wurde. Dies führte auch zu einer Radikalisierung der Landarbeitermassen[44], die durch die völlige Kehrtwendung der Politik verbittert wurden.

Je mehr die Regierung nach rechts abzudriften schien, desto mehr radikalisierten sich neben den ohnehin aufständischen Anarchisten auch die eigentlich

38 Nellesen, Primo de Riviera, S. 17.
39 Brenan, Die Geschichte Spaniens, S. 306.
40 Martin, Franco, S.59.
41 Der Name bezieht sich auf das Wort Wurzel und steht für eine Partei der Mitte.
42 Bernecker, Spanische Geschichte, S. 87.
43 Bernecker/Pietschmann, Geschichte Spaniens, S. 312.
44 Bernecker, Spanische Geschichte, S. 87.

republiktreuen Sozialisten. Die Regierung war so schwach, dass sich zahlreiche Gruppierungen ohne große Geheimhaltung im Hinblick auf eine gewaltsame Abrechnung bewaffneten. In Folge kam es zu zahlreichen anarchistisch-gewerkschaftlichen Unruhen. Martin[45] sieht in diesen bewaffneten Aufständen, die mit ungeheurer staatlicher Gewalt und Brutalität durch die Republik niedergeschlagen wurden, bereits eine Eröffnung der „Ära der Bürgerkriege" durch die Linken. Zu diesen sozialen und politischen Konflikten gesellten sich wieder aufflammende regionalistische Konflikte. Eine weitere Regierungskrise Anfang Oktober 1934, die zur Aufnahme der CEDA in die Regierungskoalition und das Kabinett führte, rief heftige Reaktionen der Linken, die den Regierungseintritt der CEDA bereits als Machtergreifung der Faschisten interpretierte, hervor[46].

Am 5. Oktober 1934 kam es zunächst zu mehreren unkoordinierten Generalstreiks, die von der Regierung weitestgehend durch Verhängung des Kriegszustandes beantwortet wurden und nach kleineren Scharmützeln beigelegt werden konnten[47]. Ein Arbeiteraufstand unter der Beteiligung von dreißigtausend Bergarbeitern in Asturien, zu dem sich Sozialisten, Anarchosyndikalisten und Kommunisten zusammenschlossen, konnte durch die Afrika-Armee und die Fremdenlegion unter der Leitung von General Franco nach zwei Wochen erbitterten Widerstandes niedergeschlagen werden. Gerade das Afrika-Heer säte Terror[48] und so führte der „spanische Oktober", in dessen Folge zahlreiche Gewerkschafter inhaftiert wurden, zu einer weiteren deutlichen Radikalisierung der Rechten und Linken und somit zu einer gesamtgesellschaftlichen Polarisierung im Land[49]. Die Rechte sah ihre Befürchtung einer Sozialrevolution bestätigt, während die Linke den Faschismus wie in anderen europäischen Staaten an die Macht kommen sah.

D. Volksfrontwahl

In der darauf folgenden Zeit übte die Regierung eine beispiellose Repression aus, schleppte sich aufgrund verschiedener Skandale von Krise zu Krise und blieb weitgehend handlungsunfähig, bis Staatspräsident Zamora 1936 das Parlament auflöste und Neuwahlen ausschrieb.

Für die Wahlen konnten sich die Parteien der Mitte und Linken wieder zu einem Wahlbündnis, bekannt als die „Volksfront", zusammen finden und wurden

45 Martin, Franco, S. 62.
46 Bernecker, Spanische Geschichte, S. 89.
47 Jackson, Annährung an Spanien, S. 99.
48 Jackson, Annährung an Spanien, S. 100.
49 Bernecker, Spanische Geschichte, S. 91.

daher abermals durch das Wahlgesetz begünstigt, was zu einem knappen Sieg der Volksfront gegenüber der Rechten führte.

Wirklich Gelegenheit tätig zu werden hatte die neue Regierung aber nie. Einerseits zermürbten teilweise bewaffnete Jugendgruppen der CEDA, Karlisten, der an Einfluss gewinnenden Falange, Sozialisten und Kommunisten mit politischen Morden, Straßenschlachten und Krawallen die Regierung[50]. Ferner wurde die Regierung durch unerbittliche Streiks, insbesondere in der Bau-Branche in Madrid, und illegale Landenteignungen, die nachträglich legalisiert wurden, weiter geschwächt. Auch das gespannte Verhältnis der Kirche zur Republik verstärkte sich weiterhin, da die Kirche vor Übergriffen des Proletariats, wie beispielsweise Plünderungen und Verwüstungen, ungeschützt blieb. Dem gegenüber hatten die gewalttätigen Aktionen gegen Kirche, Landinhaber und Republik einen vermehrten Zulauf zur faschistischen Falange zur Folge, als Gegengewicht zu den linksorientierten Kräften. Schließlich bestand die Spannung zum Militär, dessen Putschabsichten der Öffentlichkeit und Regierung allgemein bekannt waren. Durch Versetzung des Generales Franco auf die kanarischen Inseln sowie Versetzung der Generäle Goded und Mola, als auch die Besetzung höchster Stellen des Afrika-Heeres mit loyalen Offizieren, sollte dies unterbunden werden.

E. Bürgerkrieg und Machtergreifung Francos

Unter den Nachwirkungen zweier politischer Attentate vom 12. Juni 1936 begann der spanische Bürgerkrieg mit einem Militärputsch am 18. Juli 1936, der in Marokko, Navarra, Galicien und Teilen Altkastiliens, Aragoniens und Andalusien Erfolg hatte, in den größeren Städten, Katalonien, den baskischen Provinzen, an der Levanteküste und in beinahe ganz Neukastilien aber fehlschlug[51].

Zu Beginn des Bürgerkrieges standen sich dabei zwei große politische Blöcke gegenüber: Die Volksfront, bestehend aus Sozialisten, Kommunisten, Republikanischer Linken, regionalistischen Kräften und Anarchisten und dem gegenüber die Nationale Front aus katholischen Konservativen, Monarchisten, Rechtsrepublikanern und Falange[52]. Während des Verlaufs des Krieges, der weitgehend durch ausländische Interventionen mitbestimmt wurde, vollzog sich auf der nationalistischen Seite eine Zusammenfassung der Kräfte, dem eine Desintegration der Kräfte auf Seiten der Republikaner gegenüberstand[53].

---

50 Jackson, Annährung an Spanien, S. 103.
51 Jackson, Annährung an Spanien, S. 105f.
52 Bernecker/Pietschmann, Geschichte Spaniens, S. 319.
53 Bernecker, Spanische Geschichte, S. 95.

Am 29. September 1936 wurde General Francisco Franco von der „Junta der nationalen Verteidigung“ zum Generalissimus und zum Regierungschef des spanischen Staates ernannt, bemächtigte sich anschließend der durch den Tod des 1936 erschossenen Primo de Riviera führerlosen Falange als eines geeigneten Mittels, politische Aktivität zu entfalten, und vollzog im April 1937 eine Zwangsvereinigung mit den Karlisten. Am 1. April 1939 unterzeichnete General Franco den letzten Kriegsbericht, der seinen Sieg bestätigte und erklärte damit offiziell den Bürgerkrieg, der mit seinem Befehl zum Aufstand gegen die Republik am Morgen des 18. Juli 1936 begonnen hatte, für beendet[54].

Spanien war am Ende des Krieges ein in jeder Hinsicht verwüstetes Land. Zu den unzähligen Toten des Bürgerkrieges kamen die politischen Morde der Anfangszeit des Franquismus, ein krasser Geburtenrückgang und eine Masse von Menschen, die ins Exil gingen. Wirtschaftlich war bis 1940 das Volkseinkommen auf den Stand von 1914 zurück gefallen.

---

54 Fusi, Franco, S. 31.

2. Kapitel: Machtergreifung und Neuordnung des Staates

Im Lauf des spanischen Bürgerkrieges wurde durch das Dekret vom 9. März 1938 der Fuero del Trabajo erlassen, der sich zur bekanntesten Fundamentalnorm der nationalen Bewegung entwickeln sollte. Seine Bedeutung wird vor allem aus seinem verfassungsähnlichen Charakter entnommen, aber auch daraus, dass er als ein bedeutendes Mittel dient, um die Entwicklung dieser Bewegung, die unter Waffengewalt an die Macht drängte, zu verstehen[55].

A. Der Fuero del Trabajo vom 9. März 1938: Die Charta der Arbeit als neue arbeitsrechtliche Grundordnung

Da der Fuero del Trabajo (Charta der Arbeit) als ideologischer Ausgangspunkt des franquistischen Systems der Arbeitsbeziehungen[56] gilt, bedürfen sein Inhalt und dessen konkrete Umsetzung genauerer Untersuchung.

I. Inhalt des Fuero del Trabajo[57]

1) Präambel

Nach seiner Präambel übernahm der Staat „in Erneuerung der katholischen Tradition als totalitäres Werkzeug im Gegenschlag gegen den liberalen Kapitalismus und den marxistischen Materialismus" die Aufgabe, die Umwälzung Spaniens zu vollenden. Erreicht werden sollte dies durch eine Unterordnung der Wirtschaft unter die Politik. Spanien wurde demnach als eine Schicksalsgemeinschaft verstanden, deren einheitliches Wirken seine Macht sichern sollte.

Bereits aus dem Inhalt dieser Präambel lassen sich die Grundelemente der franquistischen Wirtschaftsordnung ablesen. Zum einen wurden die nationale Einheit und die katholische Tradition als Grundsäulen des Staates festgelegt, an-

55 Rivaya, Filosofia del derecho y primer Franquismo, S. 75.

56 So Kasten, Spanisches Arbeitsrecht im Umbruch, S. 55; Serrano González, Juristische Formen in Spanien, S. 92.

57 In deutscher Übersetzung bei Erbler, Spaniens nationalsyndikalistischer Verfassungs- und Sozialbau, S. 14ff.

dererseits sollte der Staat einen neuen Weg zwischen Kapitalismus und Marxismus einschlagen. Ausgangspunkt dieses neuen Weges war der totale Staat. Allerdings meinte totaler Staat nicht lediglich „totalitär“, sondern auch den „Staat für alle“. Neben den bekannten Staatskonzeptionen von Marxismus und Kapitalismus, die jeweils nur einer Bevölkerungsschicht dienten, sollte der totale Staat gerade nicht nur einer Klasse, sondern einer übergeordneten Realität dienen, der Nation[58]. Dieser neue Weg sollte ähnlich wie in anderen Staaten, womit der deutsche Nationalsozialismus, der italienische Faschismus und der portugiesische Korporatismus gemeint waren, die wirtschaftlich-sozialen Probleme lösen, an denen Marxismus und Kapitalismus offensichtlich gescheitert waren[59]. Ein Hauptproblem der zweiten Republik, die fehlende Identifikation großer Bevölkerungsteile mit dem Staat und seiner Regierung, sollte durch die Betonung des Neuen Staates für Alle anscheinend gemildert werden. Die Präambel versuchte somit, ein Problem der Vorkriegszeit, nämlich wechselnde Mehrheiten, die einzelne Bevölkerungsteile privilegierten, zu umgehen.

Im Ergebnis legte die Präambel sowohl die ideologische Grundlage des Fuero del Trabajo, als auch den Sinn und Zweck seiner Arbeitsverfassung fest. Es wird in Folge dargestellt, wie diese Grundaussagen der Präambel durch die Regelungen des Fuero del Trabajo näher konkretisiert wurden.

2) Definition der Arbeit

a) Wert der Arbeit

Gemäß Art. I.1. F.T.[60] ist Arbeit die „Teilnahme des Menschen an der Erzeugung“ von Produkten durch freiwillige Betätigung seiner geistigen und körperlichen Fähigkeiten zur Höherentwicklung der nationalen Wirtschaft. Als Teil seiner Persönlichkeit kann und darf daher die Arbeit nicht zur Ware herabgewürdigt werden (Art. I.2. F.T.).

Mit dieser Norm wurde menschlichen Bedürfnissen der Vorrang vor der Notierung von Arbeit auf dem Markt eingeräumt[61]. Der Staat garantierte dem Arbeiter einen gewissen Mindestlohn und auch Lebensstandard, der unabhängig von dem tatsächlichen Wert seiner Arbeitsleistung auf dem Markt war, da er die Abhängigkeit des Wertes der Arbeit von Angebot und Nachfrage außer Kraft setz-

58 Fernandéz Miranda, El Fuero del Trabajo, in: Revista de Derecho del Trabajo, 2 (1963), S. 18.

59 Sempere Navarro, Nacionalsindicalismo y relación de trabajo, S. 43.

60 F.T. folgend als Abkürzung für Fuero del Trabajo.

61 Bayón Chacón, La interpretación dinámica del Fuero del Trabajo, in Revista de Derecho del Trabajo, 4 (1963), S. 35.

te[62]. Diese These lässt sich auch durch Art. III.1. F.T. stützen, wonach der Arbeitslohn mindestens genügen muss, um ein würdiges Leben zu gewährleisten.

Indem der Staat die Unabhängigkeit des Arbeitswertes vom Markt bestimmte, verschaffte er sich aber gleichzeitig das Monopol, den Wert der Arbeit selber festzulegen und damit die Befugnis, die Höhe der Arbeitslöhne selber festzusetzen.

Darüber hinaus entsprach der Fuero del Trabajo mit dieser Definition von Arbeit der Vorgabe der Präambel, dem „Gegenschlag zum Kapitalismus". So wurde der Gegensatz von Kapital und Arbeit dadurch aufgehoben, dass die Arbeit gerade nicht dem Kapital diente, sondern die Arbeit, wie auch das Kapital der nationalen Wirtschaft dienten[63], zum anderen war die Arbeit gerade nicht das bloße Subjekt der Wirtschaft. Auch dieser Artikel kann als Reaktion auf die Lohnschwankungen der Vorkriegszeit gewertet werden, da diese zu Streiks und Gewaltakten führten, die unter anderem zum Ausbruch des Bürgerkrieges beitrugen.

b) Bedeutung der Arbeit

Arbeit ist gemäß Art. I.3. F.T. Ausfluss der dem Menschen von Gott aufgegebenen Pflicht zur Erfüllung seiner persönlichen Bestimmung und zur Förderung des Vaterlandes. Daher wird der Staat einerseits die Arbeit gesetzlich schützen und mit anderen persönlichen und sozialen Verpflichtungen vereinbar machen (Art. I.4. F.T.), andererseits die Arbeit als geschuldeten Beitrag zum Volksvermögen von allen Spaniern einfordern (Art. I.5. F.T.). Gemäß Art. I.8. F.T. haben alle Spanier ein Recht auf Arbeit, dessen Befriedigung vordringlichster Auftrag des Staates ist.

Nach der Loslösung des Wertes der Arbeit vom Markt wurde auch die Arbeit an sich vom Arbeitsmarkt losgelöst, indem der Staat nicht nur die Bezahlung, sondern auch den Bestand der Arbeit garantierte. Er erklärte damit eigentlich die Vollbeschäftigung zu seinem Staatsziel. Bedenkt man, dass gerade die hohe Arbeitslosigkeit in der zweiten Republik die unteren Bevölkerungsgruppen radikalisiert hatte, so war dies wiederum eine verständliche Zielsetzung. Vom Inhalt her ähnelt diese Vorschrift sehr stark Art. 163 WRV[64]. Danach hatte jeder Deutsche unbeschadet seiner persönlichen Freiheit die sittliche Pflicht, seine geistigen und körperlichen Kräfte so zu betätigen, wie es das Wohl der Gesamtheit erforderte.

62 Bayón Chacón, La interpretación dinámica del Fuero del Trabajo, in Revista de Derecho del Trabajo, 4 (1963), S. 39.
63 Montellá, El Fuero del Trabajo, S. 16.
64 Serrano, El Fuero del Trabajo, S. 78.

Jedem Deutschen sollte dabei die Möglichkeit gegeben werden, durch eigenhändige Arbeit seinen Unterhalt zu erwerben. Soweit ihm angemessene Arbeitsgelegenheit nicht nachgewiesen werden konnte, würde für seinen notwendigen Unterhalt gesorgt.

Über das Recht auf Arbeit hinaus verpflichtete sich der Staat gemäß Art. II.1. F.T., wirksam zum Schutze des Arbeiters tätig zu werden, beispielsweise durch Arbeitszeitbeschränkung, Sicherheitsvorschriften, Verbot der Nachtarbeit von Frauen und Kindern. Die Sonntagsruhe (Art. II.2 F.T.) und religiöse Feiertage wurden durch den Staat als geheiligte Einrichtung garantiert. Zudem wurden Arbeitern im Handwerk (Art. IV F.T.), in der Landwirtschaft (Art. V F.T.) und Seefahrt (Art. VI. F.T.) besondere Zugeständnisse eingeräumt.

Die Arbeit als „göttliche Pflicht" war ein Beleg für die in der Präambel betonte Wiederbelebung der spanisch-katholischen Tradition. Doch ging es nicht nur um die aus dem Katholizismus abgeleitete Pflicht zur Arbeit, sondern es bestand auch die soziale Pflicht, für das nationale Wohl zu arbeiten. So verkündete es auch Franco in einer Rede, als er von der Befreiung des Staates von der „Plage der Sozialparasiten" sprach[65].

Inwieweit der Staat seinem in Art. I.8. F.T. genannten Auftrag nachkam, das Recht auf Arbeit, die Vollbeschäftigung, zu erfüllen und welche Auswirkungen die Einstufung der Arbeit als nationale Pflicht hatte, wird vor allem bei der Ausgestaltung des Kündigungsschutzes untersucht werden. Doch fällt bereits am Fuero del Trabajo auf, dass die Pflicht zur Arbeit stärker betont wurde als das Recht auf Arbeit, da diese Pflicht gemäß Art. I.5. F.T. „unentschuldbar" durch den Staat eingefordert werden sollte[66].

Diese Bewertung der Arbeitskraft und ihrer gerechten Entlohnung im Fuero del Trabajo ist als eine Reaktion auf die wechselhafte Zeit der zweiten Republik anzusehen. Das Gefühl vieler Arbeiter, infolge der Weltwirtschaftskrise ein Spielball der kapitalistischen Wirtschaftsordnung zu sein, sollte ihnen durch diese ideologische Definition von Arbeit verbunden mit Garantien für und Zugeständnissen an die Arbeitnehmer genommen werden.

c) Die Rolle des Staates

Gemäß Art. III.4. F.T. wird der Staat die Grundlagen der Arbeit festsetzen, nach denen die Beziehungen zwischen den Arbeitern und den Betrieben gestaltet werden. Hauptinhalt dieser Beziehungen sollte demnach einerseits die Arbeitsleistung und ihre Vergütung sein, andererseits die gegenseitige Treuepflicht: Fürsor-

---

65 Montellá, El Fuero del Trabajo, S. 11.

66 Montoya Melgar, Ideología y lenguaje en las leyes laborales de España, S. 302.

ge und Schutz seitens des Unternehmers, Treue und Gehorsam seitens der Gefolgschaft.

Der Staat gab sich folglich das Recht, in alle Regelungen des Arbeitsverhältnisses zu intervenieren. Auch damit wurde die Vorgabe vom totalen, klassenfreien Staat aus der Präambel umgesetzt. Er gab sich die Kompetenz, bei der Festlegung der Arbeitsbedingungen die verschiedenen sozialen Interessen nach nationalen Vorstellungen zu koordinieren[67] und somit jegliche Klassenkonflikte zu vermeiden. Gleichzeitig hatte er dadurch die Regelungsgewalt über sämtliche Wirtschaftsbedingungen, Merkmal eines totalitären Staatsmechanismus. Die ausschließliche Regelung sämtlicher Arbeitsbeziehungen, statt das Arbeitsleben in den Händen der daran Beteiligten zu lassen, gilt als eines der Hauptmerkmale des nationalsyndikalistischen Staates[68]. Durch die Regelung sämtlicher Arbeitsbeziehungen konnte der Staat auch sein in der Präambel festgeschriebenes Ziel erreichen, die Wirtschaft dem Staat unterzuordnen.

Da der Staat ausschließlich und monopolistisch die Arbeitsbedingungen festlegte, enthält diese Norm gleichzeitig den Ausschluss sämtlicher privater kollektiver Betätigungen, insbesondere von Tarifverhandlungen[69], da möglichen Tarifparteien keinerlei Spielraum offen gehalten wurde, innerhalb dessen sie verhandeln konnten. Anhand dieser Befugnis wurde das Arbeitsministerium in einem späteren Dekret, welches noch dargestellt werden wird, ermächtigt, Verordnungen (**Reglamentaciónes**) zu erlassen, die nach Regelungsinhalt und Wirkung in liberaleren Rechtsordnungen Tarifverträgen gleichkommen[70]. Darüber hinaus dienten sie in vielerlei Hinsicht als Instrument der Arbeitsbehörden, Gesetze in ihrem Sinne zu konkretisieren und Regelungen für alle Bereiche des Arbeitsrechts nach ihren Vorstellungen zu treffen. Unter Franco sollten diese Bedingungen, die sonst in Tarifverträgen festgelegt werden, gerade nicht durch Verhandlungen in der Wirtschaft, sondern durch staatlich gelenkte Maßnahmen erfolgen. Dahinter stand wahrscheinlich die Überlegung, dass der Staat Fehlentwicklungen in der Wirtschaft frühzeitig entgegensteuern sollte, bevor sich diese auf die Bevölkerung auswirkten.

---

67 Sempere Navarro, Nacionalsindicalismo y relación de trabajo, S. 58f.

68 Brugarola, La evolución del sindicalismo y la reglementación de trabajo, in: Revista Razón y Fe, Band 146, 654-655 (1952), S. 93.

69 Alonso García, Notas sobre el Fuero del Trabajo, in: Revista de Derecho del Trabajo, 6 (1963), S. 79.

70 Kasten, Spanisches Arbeitsrecht im Umbruch, S. 63.

3) Schaffung einer Arbeitsgerichtsbarkeit

Rechtsgrundlage für die Schaffung einer Arbeitsgerichtsbarkeit unter Franco war Art. XII. F.T., wonach „ein neues Arbeitsgericht nach dem Grundsatz geschaffen wird, dass diese Rechtspflege dem Staat zusteht". Auch damit brachte der Staat zum Ausdruck, welchen Stellenwert die Überwachung und Kontrolle des Arbeitslebens für ihn hatte.

Dieser Artikel wurde durch ein Dekret vom 17. Oktober 1940 umgesetzt, mit dem die Arbeitsgerichte (Magistraturas del Trabajo) geschaffen wurden.

Drei Hauptargumente wurden dabei in der damaligen Literatur für die Notwendigkeit einer eigenständigen Arbeitsgerichtsbarkeit in Spanien unter Franco angeführt[71]:

1. Tief verwurzelte Defizite in der traditionellen Organisation der Justiz,
2. fehlende Vorbereitung der Richter ein Recht anzuwenden, welches weder in der Universtitätsausbildung, noch in der Justizausbildung gelehrt wurde und immer stärker wachsende Bedeutung erlangte,
3. besondere Anforderungen, da der Richter im Arbeitsrecht viele neue Normen anwenden und gleichzeitig soziologische, politische und ökonomische Kriterien berücksichtigen musste.

Der erste Versuch eine besondere Gerichtsbarkeit für das Arbeitsrecht zu schaffen, hatte in Spanien bereits 1891 stattgefunden, als eine Kommission für soziale Reformen beauftragt wurde, einen derartigen Entwurf zu formulieren. Hieraus entstanden die sogenannten **„Tribunales Industriales"**, bestehend aus einem Präsidenten und Beisitzern von Arbeitern und Arbeitgebern, die neben der Tätigkeit als Gewerbegericht zunächst auch alle Arten von arbeitsrechtlichen Konflikten zu lösen versuchten[72]. Doch mit zunehmender Industrialisierung stieg im Laufe der Zeit die Anzahl arbeitsrechtlicher Konflikte. Zu Zeiten der ersten Republik wurden daher durch Gesetz vom 27. November 1931 die **„Jurados Mixtos"** geschaffen. Die Jurados galten genau wie teils schon bestehende gemischte Komitees aus Arbeitnehmern und Arbeitgebern als Institutionen des öffentlichen Rechts, die jeweils für verschiedene Branchen gegründet wurden und versuchten, die Arbeitsbedingungen für ihre Branche zu regeln[73]. Aufgaben, welche nach der neuen Arbeitsverfassung dem Staat zukommen sollten. In diesen Jurados wurden Fragen der Lohnerhöhungen, Kündigungen, Überstunden und ähnliche Fragen, die sich aus dem Arbeitsvertrag ergaben, behandelt[74], während die

71 Prietro Castro, Derecho Procesal Civil, S.138.
72 Stoye, Grundzüge des spanischen Arbeitsrechts, S. 44.
73 Alonso García, Curso de Derecho del Trabajo, S. 690; Montoya Melgar, La jurisdicción y el Fuero del Trabajo, in: Revista de Derecho del Trabajo, 15 (1963), S. 220.
74 Hernáinz Marquez, Tratado Elemental de Derecho del Trabajo, 10.a edición, S. 724.

weiterhin bestehenden Tribunales sich hauptsächlich noch mit Arbeitsunfällen auseinander setzten. Allerdings stellte diese Lösung von Konflikten durch die Jurados Mixtos weniger einen eigentlichen Rechtsweg als vielmehr einen Verwaltungsrechtsweg sui generis dar[75]. Das umständliche Verfahren trennte nicht individualarbeitsrechtliche Streitigkeiten von anderen arbeitsrechtlichen Problemen, sondern die paritätisch besetzten Gremien, die Jurados Mixtos, versuchten alle Arten von Problemen zu lösen. Auch die Jurados Mixtos bestanden wie die Tribunales Industriales aus einem Präsidenten und Vertretern von Arbeitnehmern und Arbeitgebern. 1935 wurden die Tribunales Industriales zunächst kurzfristig beseitigt, bevor 1936 wieder das alte System etabliert wurde, bis es unter Franco zur totalen Reform kam, die in Art. XII der Arbeitsverfassung explizit als Ziel festgeschrieben wurde. Grundlage war die Ansicht, dass nach der neuen Konzeption des Fuero del Trabajo, wonach der Klassenkampf beseitigt worden war, kein Raum mehr für kollektive Schiedsstellen bestand[76]. Inwieweit diese neue Gerichtsbarkeit und vor allem die Zuständigkeit dieser neuen Gerichte Teil des staatlichen Konzeptes hinsichtlich des Kündigungsschutzes war, wird im Laufe der Arbeit untersucht werden.

4) Das Kapital und der Betrieb

Gemäß Art. XIII.1. F.T. ist das Kapital ein Hilfsmittel der Erzeugung wirtschaftlicher Güter. Entgegen der marxistischen Vorstellung, die das Kapital als Mittel zur Unterdrückung des Proletariats sieht, sollte nach dem Fuero del Trabajo das Kapital genutzt werden, um die Produktion für den Reichtum der Nation zu steigern[77].

Der Betrieb galt als Produktionseinheit (Art. XIII.2. F.T.), die durch den Führer des Betriebes (Chef[78]) geleitet wird, welcher dem Staat gegenüber verantwortlich war (Art. XIII.3. F.T.). Auf der einen Seite zeigte sich darin der für den Nationalsyndikalismus entscheidende Harmoniegedanke, wonach auch im Betrieb kein Klassenkampf stattfinden sollte, sondern der Betrieb eine Einheit darstellte, in der Arbeitnehmer und Arbeitgeber, die Produzenten, vereint für das nationale Wohl produzieren[79]. Andererseits spiegelt diese Norm die hierarchischen Vorstellungen wieder. Zwar galt der Betrieb als Einheit für den Staat, doch wurde dieser hierarchisch durch seinen „Chef" geführt, der im Zweifel die staatli-

---

75 Alonso Olea, Sobre la historia de los procesos de trabajo, in: Revista de Trabajo, 3 (1968), S. 35.

76 Erbler, Spaniens nationalsyndikalistischer Verfassungs- und Sozialbau, S. 206.

77 Montellá, El Fuero del Trabajo, Seite 39.

78 Span.: „Jefe de la Empresa".

79 Sempere Navarro, Nacionalsindicalismo y relación de trabajo, S. 51.

chen Interessen über die betrieblichen Interessen zu stellen hatte[80] und dem Staat gegenüber für seine Entscheidungen verantwortlich war. Der Betrieb war im Ergebnis die Produktionseinheit, welche die Faktoren von Arbeit und Kapital verband und integrierte[81]. Wir werden später feststellen, dass diese hierarchische Gliederung der Betriebe an die deutsche Arbeitsordnung unter Anwendung des „Führerprinzips" erinnert[82] und fraglich ist, welche Folgen sich daraus auch für die Bewertung des Kündigungsschutzes ergeben.

5) Die nationale Produktion

Gemäß Art. XI.1. F.T. bildet die nationale Produktion eine wirtschaftliche Einheit im Dienste des Vaterlandes. Sie zu stützen war Pflicht jedes Spaniers und alle mitwirkenden Kräfte waren dem nationalen Interesse unterzuordnen.

Die Bedeutung der nationalen Produktion als Kern des nationalen „Wohles" zeigte sich dadurch, dass dieser Begriff des „Wohles" mehrmals im Fuero del Trabajo auftaucht. So wurde er in verschiedenem Kontext erwähnt, aber immer mit der Aussage verknüpft, der jeweilige Bereich, sei es die Arbeit, das Kapital oder auch das Privateigentum, habe sich dem gemeinsamen Wohl aller unterzuordnen[83]. Darüber hinaus wurden gemäß Art. XI.2. F.T. alle „Einzel- oder Kollektivverhaltensweisen, die in irgendeiner Weise den Produktionsablauf beeinträchtigen oder gefährden" als Verbrechen des Vaterlandsverrates angesehen und es wurde gemäß Art. XI.2. F.T. die vorsätzliche Minderung der vertraglich geschuldeten Arbeitsleistung Gegenstand einer Ahndung. Der Staat verbot also unter Strafandrohung sämtliche Verhaltensweisen, welche den Ertrag der nationalen Produktion gefährden konnten.

Zum einen spiegelt sich darin die starke Autorität des Staates wieder, der alle oben genannten Verhaltensweisen untersagte, womit vor allem Arbeitskampfmaßnahmen gemeint waren[84], die sein Gut, die nationale Produktion, schädigten. Andererseits hing dieses Verbot kollektiver Maßnahmen auch mit der neuen Rolle des Staates im Arbeitsrecht zusammen. Setzt nämlich der Staat sämtliche Arbeitsbedingungen fest, so ist ein Streik oder eine Aussperrung nicht mehr eine Maßnahme, um den Verhandlungspartner zum Erreichen besserer Bedingungen

80 Rodríguez-Piñero, Un modelo democrático de relaciónes laborales, in: Idelogías jurídicas y relaciónes de trabajo, S. 12.
81 Bayón Chacón, La interpretación dinámica del Fuero de Trabajo, in: Revista de Derecho del Trabajo, 4 (1963), S. 49.
82 Siehe dazu S. 58.
83 Serrano, El Fuero del Trabajo, S. 71.
84 Bayón Chacón, La interpretación dinámica del Fuero del Trabajo, in: Revista de Derecho del Trabajo, 4 (1963), S. 57.

unter Druck zu setzen, sondern eine Maßnahme oder ein Protest gegen den Staat, der diese direkte Attacke verbietet[85]. Es wird zu untersuchen sein[86], welche Auswirkungen gerade diese Ansicht bezüglich der Funktion und Angriffswirkung eines Streiks als Druckmittel gegen den Staat auch auf den Kündigungsschutz hatte.

Es ist anzunehmen, dass auch diese Norm eine Reaktion auf die krisengeschüttelte zweite Republik darstellte. So konnte im Juli 1936 die Feststellung getroffen werden, dass in den vier Monaten seit der letzten Wahl neben zahlreichen Überfällen und Sabotageakten bereits 228 örtliche Streiks und 113 Generalstreiks stattgefunden hatten[87]. Zu dieser Zeit nutzten anarchistische und kommunistische Gewerkschaften den Streik häufig als politisches Mittel, welches brutal durch den Staat bekämpft wurde. Durch diese Konfrontationen wiederum verstärkte sich die Negativhaltung der streikenden Bevölkerung gegenüber dem Staat. Der Staat begründete somit auf der einen Seite seine Verantwortlichkeit für die wirtschaftliche Situation, verbot aber infolgedessen auch den Protest gegen wirtschaftliche Regelungen.

6) Das Privateigentum

Gem. Art. XII F.T. wurde das Privateigentum ausdrücklich anerkannt und auch geschützt, wobei alle Eigentumsformen dem obersten Interesse der Nation untergeordnet sein sollten. Mit Anerkennung des Eigentums war lediglich die Erlaubnis gemeint, Eigentum zu besitzen, jedoch war das Eigentum nicht die entscheidende Grundlage für die Wirtschaftsordnung und dessen Erwerb wurde somit nicht gefördert. Die Verwirklichung des Allgemeinwohls sollte in erster Linie durch staatliche Intervention erreicht werden, weshalb sich die Privatinitiative nicht immer frei entfalten durfte, sondern bei Bedarf staatlich gelenkt werden musste. Es ging also nicht um eine total zentrierte Wirtschaft, sondern charakteristisch für die spanische Wirtschaftsordnung war eher eine ausgedehnte Intervention und Lenkung der Privatinitiative durch punktuelle staatliche Eingriffe in die Handlungsfreiheit der Unternehmer[88].

---

85 Bayón Chacón, La interpretación dinámica del Fuero del Trabajo, in: Revista de Derecho del Trabajo, 4 (1963), S. 57.
86 Siehe dazu S. 138 ff.
87 Erbler, Spaniens nationalsyndikalistischer Verfassungs- und Sozialbau, S. 51.
88 Brösse, Wirtschaftsordnung und Arbeitsrecht in Spanien, S.10.

7) Der Nationalsyndikalismus

In der Präambel des Fuero del Trabajo wurde Spanien auch als nationalsyndikalistischer Staat bezeichnet. Teil dieser Untersuchung ist, wie diese Bezeichnung zu verstehen ist und welche wirtschaftliche Ordnung sich daraus für den Staat ergab.

Gemäß Art. XIII.1. F.T. wird die nationalsyndikalistische Ordnung des Staates nach den Grundsätzen der Einheit, Totalität und Rangordnung ausgerichtet. Alle Glieder der Wirtschaft wurden gemäß Abs. 2 nach Erzeugungszweigen oder Diensten in vertikale Syndikate eingeordnet. Ein Syndikat war gemäß Abs. 3 eine Körperschaft des öffentlichen Rechts, die sich allein dem Ablauf der Wirtschaft widmete, wobei die Rangstellen ausschließlich den Funktionären der F.E.T. y de las J.O.N.S.[89] zufielen. Mittels der Syndikate sollte der Staat seine Wirtschaftspolitik verwirklichen, indem die Syndikate die notwendigen Statistiken erstellten und Untersuchungen vornahmen, andererseits mittels ihrer Organe an der Regelung, Durchführung und Überwachung der Arbeitsbedingungen teilnahmen, Art. XIII.5. F.T.

Durch die Einordnung von Arbeitnehmern und Arbeitgebern, den Produzenten, in vertikale Syndikate nach Produktionszweigen sollte nicht ein Organ gewerkschaftlicher Interessenvertretung geschaffen werden, sondern eine Wirtschaftsordnung, die keinen Klassenkampf kannte und die nationale Einheit widerspiegelte[90]. Jegliche Gegensätze von Arbeitnehmern und Arbeitgebern sollten durch den gemeinsamen Zusammenschluss in den vertikalen Syndikaten, welche hierarchisch von F.E.T. y de las J.O.N.S. Funktionären gelenkt wurden, aufgehoben werden. Da gemäß Art. XIII.5. F.T. das Syndikat an der Regelung, Überwachung und Durchführung der Arbeitsbedingungen mittels besonderer Organe teilnehmen sollte, wird zu prüfen sein, welche Rolle und Funktion den vertikalen Syndikaten zugeteilt worden ist[91].

8) Fazit

In vielen Punkten stellen die Normen des Fuero del Trabajo eine Reaktion auf die Erfahrungen der gescheiterten zweiten Republik dar. Es scheint, als sei versucht worden, jegliches Konfliktpotential ideologisch zu eliminieren. Im Mittelpunkt der Konzeption des Fuero stand dabei der Staat, der einerseits den Arbeitneh-

---

89 Span.: Falange Española Tradicionalista (F.E.T.) y de las Juntas de Ofensiva Nacionalsindicalista (J.O.N.S.), Nationale Einheitspartei.

90 Bayón Chacón, La interpretación dinámica del Fuero de Trabajo, in: Revista de Derecho del Trabajo, 4 (1963), S. 65.

91 Siehe dazu S. 77 ff.

mern wichtige kollektive Rechte verweigerte, auf der anderen Seite Sicherheit und Stabilität garantierte. Umgekehrt konnte jeder Unternehmer auf Anerkennung seines Eigentums und Stabilität der Arbeitsverhältnisse vertrauen, musste dafür aber Eingriffe in seine unternehmerische Freiheit akzeptieren. Es bleibt zu untersuchen, wie der Staat diese Vorgaben konkret im Kündigungsschutz umgesetzt hat.

II. Die geistigen Grundlagen des Fuero del Trabajo

Da der Fuero del Trabajo auch für das Verständnis der Ideen des Moviemento (span.: Bewegung) herangezogen wird, stellt sich allerdings zunächst die Frage, aus welchen geistigen Grundlagen sich der Fuero del Trabajo heraus entwickelt hat, bzw. welche verschiedenen Interessen auf seine Redaktion Einfluss genommen haben.

1) Die 26 Punkte der spanisch-traditionalistischen Phalanx als Grundlage des Fuero del Trabajo

Bereits 1934 haben die Juntas de Ofensiva Nacional-Sindicalista[92] ihr 26- Punkte- Programm, auch als Wirtschaftsprogramm der spanischen Phalanx (Falange) bezeichnet, erlassen. Dieses Wirtschaftsprogramm der Falange wurde weitestgehend von ihrem damaligen Führer José Antonio Primo de Riviera, Rechtsanwalt in Madrid, Gründer der Falange Española und Sohn des vormaligen Diktators Miguel Primo de Riviera, entwickelt. Folgende Bereiche aus diesem Wirtschaftsprogramm sind auf den Fuero del Trabajo übertragen worden.

a) Arbeit

Gerade die Einordnung der Arbeit als Recht und soziale Pflicht, als patriotischer Dienst und Beteiligung am Nationalwohl war ein Konzept, das sich sowohl in den 26 Punkten der Falange, als auch später in sehr vielen Reden des Caudillo wiederfindet. Deshalb stellte die Definition der Arbeit im Fuero del Trabajo einen Grundsatz der nationalen Bewegung dar[93].

---

92 Nationalrat bestehend aus F.E.T. y de las J.O.N.S.
93 Pedregal, El Fuero del Trabajo, S.189.

b) Wirtschaft und Klassenkampf

Der Klassenkampf aus Sicht der marxistischen Denkweise wurde ebenso wie die kapitalistische Ausbeutung des Arbeitnehmers von der Falange abgelehnt, Art. 10 des Wirtschaftsprogramms. Schon in ihrem Wirtschaftsprogramm wollte die Bewegung den Klassenkampf durch eine nationalsyndikalistische Ordnung gemäß Art. 11 verhindern, indem Kapital, Arbeit, Arbeitgeber und Arbeitnehmer ein Organ formen sollen, das harmonisch für das Weiterkommen der Nation kooperierte. Für Franco galt das Aufbrechen dieser Harmonie als Verbrechen am Vaterland und Ruin für die Nation[94].

c) Nation, Staat und Syndikalismus

Gemäß Art. 2 des Wirtschaftsprogramms galt Spanien als Schicksalsgemeinschaft im Weltganzen, deren Wesenhaftigkeit von allen vergrößert werden musste. Somit stand die Nation an der Spitze jeden Interesses, dem sich alles unterzuordnen hatte. Dies ist auch an der Stellung im Wirtschaftsprogramm selbst zu sehen. Die Artikel zu der Überschrift Imperium, Einheit und Nation stehen am Anfang des Wirtschaftsprogramms, Art. 1 bis 5. Darüber hinaus galt der Staat gemäß Art. 6 des Programms als Werkzeug am Vaterland, woran jeder Spanier durch seinen Platz im Syndikat Anteil hatte. Das System von Parteien war allerdings „unnachsichtig" abzuschaffen.
Spanien sollte gemäß Art. 9 des Wirtschaftsprogramms in wirtschaftlicher Hinsicht als riesiger Verband von Erzeugern gesehen werden, wobei die spanische Gesellschaft korporativ mittels eines Systems vertikaler Syndikate nach Erzeugerzweigen zum Dienst an der nationalen, wirtschaftlichen Einheit geordnet werden sollte. Dabei hatte der Staat die Wirtschaft seinen Zielen unterzuordnen, um den nationalen Reichtum Aller zu erreichen.

d) Religion

Der katholische Geist sollte gemäß Art. 25 des Wirtschaftsprogramms dem nationalen Wiederaufbau eingefügt werden, wobei eine Einmischung der Kirche nicht so weit gehen konnte, dass die nationale Einheit, somit das höchste Gut, gemindert würde.

94 Pedregal, El Fuero del Trabajo, S. 117.

e) nationale Erhebung

Das Programm schloß mit Artikel 26, wonach oben genannte Grundsätze als neue Ordnung der „nationalsyndikalistischen Bewegung“ angestrebt wurden. Die nationale Erhebung war demnach entfacht worden, um die Größe der spanischen Nation im Kampf gegen den Widerstand einer herrschenden Ordnung zu erreichen.

f) Zwischenergebnis

Es ist erkennbar, dass viele Ideen des Wirtschaftsprogramms lediglich umformuliert in den Fuero del Trabajo aufgenommen wurden.

2) Zusammensetzung der F.E.T. y de las J.O.N.S.

Die nationale Bewegung deutete bereits durch ihren Namen, Falange Española Tradicionalista (F.E.T.) y de las Juntas de Ofensiva Nacionalsindicalista (J.O.N.S.) an, dass es sich um eine Vereinigung mehrerer Teile handelte, deren übereinstimmende Forderung in der Wiederherstellung der verlorenen Einheit des nationalen Geistes und des nationalen Zusammenlebens lag[95]. Fraglich ist, welche Strömungen dieser nationalen Bewegung innewohnten, deren Ideologie als Nationalsyndikalismus bezeichnet wird, beziehungsweise welche sie ideologisch beeinflussten.

a) Karlisten

Als Verfechter eines bestimmten Traditionalismus unter dem Motto „Gott, König und Vaterland“ kämpfte zunächst eine Gruppierung[96], die man als monarchische Karlisten, Requétes oder auch Traditionalisten bezeichnete. Allerdings wurde diese Bewegung lediglich durch das Unifikationsdekret vom 19. April 1937 der Falange einverleibt, die im Anschluss daran das von José Antonio Primo de Riviera verfasste Programm unverändert beibehielt[97].

---

95 So Wefers, Grundlagen und Ideen des spanischen Staates der Gegenwart, S. 26.
96 Sección Femenina, S. 20.
97 Wefers, Grundlagen und Ideen des Spanischen Staates der Gegenwart, S. 39.

b) Falangisten und Nationalsyndikalisten

Bereits im Jahre 1934 wurden die Bewegung der so genannten Jonsistas (Anhänger des Nationalsyndikalismus) und die Falangisten vereinigt und ihre gemeinsamen Ziele durch die programmatische Ausgestaltung von José Antonio Primo de Riviera zusammengefasst. Fraglich ist, welche geistigen Ursprünge diesem Programm zugrunde liegen.

aa) Ursprung nationalen Denkens

Nach einer Ansicht[98] begründete das sogenannte „Fronterlebnis[99]" als Grunderlebnis eines neuen Geistes in Europa, wo immer er auftrat, eine geistige Grundlage des neuen Spaniens. Aus dem Erlebnis von Einsatzbereitschaft, Kameradschaft, Treue, gegenseitiger Hilfe, zielbewusster Führung, vertrauensvollem Gehorsam wuchsen hiernach Erkenntnisse für eine Neuordnung des Volkes von Grund auf, beherrscht von dem Willen zur Wahrung der Gemeinschaft und Stoßkraft des Einsatzes. Zwar leuchtet es ein, dass gerade jemand wie der Marokko-Offizier General Franco solche Erlebnisse zur Grundlage seiner politischen Anschauung machte, doch hatte der Caudillo weder die Grundsätze der F.E.T. y de las J.O.N.S. entwickelt noch entscheidend beeinflusst, sondern sich lediglich an die Spitze dieser Bewegung gestellt, deren Ideologie zu diesem Zeitpunkt bereits bestand. Franco gilt lediglich als Führer einer Bewegung, deren ideologische Ausrichtung José Antonio Primo de Riviera als Wegbereiter geschaffen hat[100].

Nach anderer Ansicht[101] bestand gerade die Hauptidee der Falange in der Vorstellung eines starken Staates, der das gesamte soziale und politische Leben diktiert. Diese Vorstellung scheint dabei von dem Gründer der Falange, José Antonio Primo de Riviera, zu stammen, der seine Ideen vor allem unter dem Eindruck der gescheiterten Diktatur seines Vaters und deren Ursachen entwickelt hatte. War der Vater an der politischen Zerrissenheit und Spaltung des Landes gescheitert und hatte diese auch zum Ausbruch des Bürgerkrieges geführt, so versuchte der Sohn, die Lehre aus diesen Erfahrungen zu ziehen.

98 Erbler, El Fuero del Trabajo, in: AÖR 30 (1939), S. 285.
99 Gemeint sind die Erlebnisse aus den „Afrika-Feldzügen".
100 Erbler, Spaniens nationalsyndikalistischer Verfassungs- und Sozialbau, S. 116.
101 Sempere Navarro, Nacionalsindicalismo y relación de trabajo, S. 47.

bb) Katholizismus als Ursprung der Falange

Da sich die spanische Erneuerungsbewegung sowohl in ihrem Grundsatzprogramm als auch im Fuero del Trabajo auf die katholische Tradition bezog, könnte eine weitere geistige Grundlage im Katholizismus liegen.

Zum einen lag in dem propagierten Recht auf Arbeit als „Ausfluss der dem Menschen von Gott aufgegebenen Pflicht zur Erfüllung seiner persönlichen Bestimmung" eine klare Ableitung aus der katholischen Soziallehre[102], zumal die Herausarbeitung der Persönlichkeitsgebundenheit der Arbeit und die Ablehnung ihrer Behandlung als Ware und insbesondere die Verbindung mit der Vorstellung von der Würde des Arbeitsmenschen an das sozialpolitische Rundschreiben[103] Pius XI. erinnern[104]. Zudem war nach der Philosophie der Enzyklika Rerum Novarum Leos XIII. die Arbeit von ihrer Natur her das notwendige Mittel, aber auch Verpflichtung, um sich zu verwirklichen, so dass in logischer Konsequenz jede Ablehnung von Arbeit, Streik, Aussperrung und kollektive Maßnahmen ein Attentat auf Mensch und Gott bedeuteten[105]. Neben der Verpflichtung zu Arbeit entsprang aus dieser Lehre aber auch das Recht auf Arbeit, das der Staat garantieren musste[106]. Es lässt sich somit erkennen, dass neben dem Nationalgedanken die katholische Doktrin als gleichwertige Säule die Ideologie des neuen Staates beeinflusste[107].

cc) Syndikalismus und sein Ursprung als neue Kernidee des Movimiento[108]

Die Lehre vom Syndikalismus sah sich als Antithese zu liberalen und sozialistischen Staatsverfassungen, da beide zu wirtschaftlichen und sozialen Krisen geführt hatten. Der Liberalismus hatte nach dieser Ansicht durch seinen Egoismus und private Interessen dem öffentlichen Interesse geschadet. Die Lehre vom Syndikalismus ging dabei nicht von einem freien, selbstbestimmten Menschen und auch nicht von dem Menschen als Teil eines Mechanismus aus, sondern sah den Mensch kraft kollektiver Disziplin in der Lage, sein höchstes Ziel und seine Erfüllung, Arbeiten für die Macht seiner Nation, zu erreichen. Ideologisch ging es also nach den Misserfolgen aus Kapitalismus und Marxismus darum, einen drit-

---

102 Erbler, El Fuero del Trabajo, in: AÖR 30 (1939), S. 285.
103 Vor allem festgeschrieben in der Enzyklika Quadragesimo Anno.
104 Erbler, El Fuero del Trabajo, in: AÖR 30 (1939), S. 289.
105 Montellá, El Fuero del Trabajo, S. 15.
106 Serrano, El Fuero del Trabajo, S. 81.
107 Castán Tobeñas, Los principios filosófico-jurídicos y jurídico-políticos del Régimen Español, S. 3.
108 Montellá, El Fuero del Trabajo, S. 77ff.

ten Weg zur Erreichung neuer nationaler Stärke zu finden, wie es auch in der Präambel des Fuero del Trabajo festgehalten worden ist. Der Staat als Eingriffsinstrument sollte dabei gerade nicht die privaten Interessen hemmen, sondern sie leiten, um das nationale Wohl Aller zu bewirken. Durch das Wirken des Staates sollte das kapitalistische Handeln zu positiven sozialen Folgen führen und das Syndikat somit als Instrument für Frieden und Gerechtigkeit dienen[109].

Dies setzte zunächst eine nationalpatriotische Haltung zur Nation voraus, ohne die nach dieser Ansicht weder Deutschland noch Portugal oder Italien ihr neues staatliches System hätten etablieren können. Damit aber der Staat nicht lediglich zum Nutzen eines Teils agieren konnte, sondern zum nationalen Wohl Aller, musste eine Instanz geschaffen werden, für welche und in der er tätig werden konnte, das Syndikat. Der Sinn des Einzelnen, unabhängig davon ob Arbeitnehmer oder Arbeitgeber, in diesem Syndikat bestand nach diesem Konzept in seiner Funktion als Produzent oder „Erzeuger". Das Zusammenwirken der Produzenten bildete das Syndikat, welches im Gegensatz zu sozialistischen oder kapitalistischen Anschauungen ein Beispiel der nationalen und sozialen Einheit war. Nur durch eine solche Organisation wäre der „egoistische Instinkt des Menschen in ein kollektives Benefiz zu verwandeln[110]".

Entwickelt hat sich diese Lehre vom Syndikalismus aus dem Anarchismus, der in Spanien eine entscheidende Rolle spielte[111]. Hiernach sollten die Syndikate unpolitisch, antikapitalistisch und antibourgeois sein und galten als einzige Vereinigung, welche die Erfordernisse von Konsum und Produktion bewältigen konnte. Diese anarchistische Idee gewann an Bedeutung, weil sie denen, welche sich mit der Falange verbanden, geeignet schien, die Bevölkerung wieder in einer Form von Gemeinschaft unter einer hierarchischen Struktur zu verbinden. Gekoppelt mit dem Volksbegriff der nationalen Schicksalsgemeinschaft befreite sich der Syndikalismus der Jonsisten unter Primo de Riviera von seinem Bezug auf den Klassenkampf und diente zur Bildung einer sozialen Hierarchie auf der Grundlage der „Bruderschaft der Erzeuger"[112]. Somit wurde die anarchistische Idee der Verbandsbildung, die vor dem Bürgerkrieg zur Bekämpfung des Staates gedient hatte, von der F.E.T. y de las J.O.N.S. aufgenommen und in die Organisation des Staates integriert.

---

109 Zancada, Derecho Corporativo Español, S. 13.

110 Montellá, El Fuero del Trabajo, S. 81.

111 Legaz y Lacambre, Historia de una idea nacional-sindicalista, in: R.O.A.S. 1939, S. 449.

112 Legaz y Lacambre, Historia de una idea nacional-sindicalista, in: R.O.A.S. 1939, S. 467f.

dd) Zwischenergebnis

Der Nationalsyndikalismus der vereinigten Falange stellte sich als eine Mischung aus den vereinigten nationalen Bestrebungen, Katholizismus und der anarchistischen Idee des Syndikalismus dar. Dazu kamen weitere Einflüsse, die vor allem Primo de Riviera in die Ideologie miteinfließen ließ, der hauptsächlich die Erfahrungen aus dem Scheitern seines Vaters, der von 1923-1930 als Diktator in Spanien geherrscht hatte, einbrachte. Die Diktatur von General Miguel Primo de Riviera war auch wie die Republik vor allem deshalb gescheitert, weil es ihm nicht gelungen war, verschiedene politische Interessen in Spanien zu verbinden, so dass es ihm vor allem an Loyalität fehlte, während sein Rückzug ins Ausland und die Ausrufung der zweiten Republik am 14. April 1931 zunächst ins Chaos führten[113]. Diese vormals fehlende Legitimität sollte durch die Mischung der verschiedenen Strömungen erreicht werden.

3) Ähnliche Modelle europäischer Bewegungen

Darüber hinaus haben aber neben dem Wirtschaftsprogramm der Falange bei der Entwicklung des Fuero del Trabajo drei verschiedene europäische Verfassungen Orientierungen für einen „Weg zur sozialen Zukunft Spaniens"[114] aufgezeigt. Da der Fuero del Trabajo noch während des Bürgerkrieges unter dem Eindruck dieser europäischen Arbeitsverfassungen erlassen wurde, soll deren Inhalt kurz dargestellt werden.

a) Das portugiesische Modell des Korporatismus, el Estatuto Do Trabalho Nacional de 23 de septiembre de 1933

Das eng benachbarte und befreundete Portugal bestach vor allem durch einen noch ausgeprägteren Einfluss der sozialkatholischen Lehre[115], als auch durch ein System, wonach im Gegensatz zu Spanien zunächst in lokalen oder auch vertikalen Zusammenschlüssen die Interessen von Arbeitnehmern und Arbeitgebern separiert wurden, um dann auf nationaler oder korporativer Ebene zusammen gebracht zu werden[116].

113 Wefers, Grundlagen und Ideen des spanischen Staates der Gegenwart, S. 20.
114 Pedregal, El Fuero del Trabajo, S. 153.
115 Enzyklika Quadragesimo Anno.
116 Pedregal, El Fuero del Trabajo, S. 171.

b) *Die italienische Organisation des nationalen Korporatismus, la Carta del Lavoro de 21 de abril de 1927*

Die Grundorganisation der italienischen Wirtschaftordnung richtete sich nach der „Carta Del Lavoro" in Verbindung mit dem später geschaffenen Korporationsgesetz vom 5. Februar 1934[117]. Danach besaß die italienische Arbeitsorganisation drei Charakteristiken:

1. **Vertikalisierung** der Produktion, d.h. alles wurde in die großen Zweige der nationalen Produktion eingeordnet. Im Gegensatz zur spanischen Organisation blieben die Arbeitnehmer- und Arbeitgeberinteressen aber auf rein lokaler Ebene separiert und wurden nur in Belangen von nationalem Interesse in den Korporationen „verschmolzen"[118]. Während also die spanischen Syndikate durch die Zusammenfassung von Unternehmen und Beschäftigten von unten aufgebaut wurden und zugleich die wirtschaftliche Vertretung des betreffenden Erzeugerzweiges waren, fassten die italienischen Korporationen ähnlich wie in Portugal erst an der Spitze gleichartige Arbeitgeber und Arbeitnehmerverbände zusammen[119].

2. **Privatinitiative,** d.h. gemäß Art. 8 wurde die Privatinitiative anerkannt, wobei der Arbeitgeber gegenüber dem Staat verantwortlich war und sich an der nationalen Produktion orientierte. Der Arbeitgeber hatte sich als „verantwortlicher Direktor" zu verhalten, während sich der Arbeitnehmer wie ein aktiver Mitarbeiter der Firma verhalten sollte. Die Schlichtung zwischen diesen Interessen sollte danach grundsätzlich in der Korporation stattfinden.

3. **Ökonomischer Realismus,** d.h. Italien unterschied zwischen den Realitäten des ökonomischen Lebens und der Produktion. In dem unter anderem aus diesem Grundsatz heraus entwickelten Prinzip, dass der Staat sich grundsätzlich vom wirtschaftlichen Wettbewerb fernhalten würde, wird teilweise ein Vorbild für Ideen des Fuero del Trabajo gesehen[120], wobei dieser Gedanke gegenüber den Eingriffsmechanismen des spanischen Staates stark zurück gedrängt worden ist.

Darüber hinaus regelte die italienische Verfassung die Lohnfestsetzung ausdrücklich, während der Fuero del Trabajo lediglich forderte, dass Arbeitsentgelt müsse ausreichend sein, um dem Arbeiter und seiner Familie ein sittliches und würdiges Leben zu sichern, was wiederum auf den Einfluss der katholischen Soziallehre auf beide Verfassungen hindeutet. Die in Spanien zu erstrebende Ver-

---

117 Pedregal, El Fuero del Trabajo, S. 157.

118 Pedregal, El Fuero del Trabajo, S. 157.

119 Erbler, El Fuero del Trabajo, in: AÖR 30 (1939), S. 295.

120 Guidotti, El Fuero del Trabajo spagnolo, in: L´Assistenza Sociale, 1938, S. 769; Erbler, El Fuero del Trabajo, in: AÖR 30 (1939), S. 289.

besserung der Lebensverhältnisse des Arbeiters wurde dabei immer von den höheren Belangen des ganzen Volkes abhängig gemacht[121].

Im Ergebnis zeigt sich, dass sich Spanien von den Vorbildern aus Portugal und Italien, deren Arbeitsorganisation als korporativ bezeichnet wird, mit seiner syndikalistischen Organisation abhebt. Jedoch ähneln sich viele Ansichten.

c) Die deutsche Betriebsordnung, das Gesetz zur Ordnung der nationalen Arbeit (AOG) vom 20. Januar 1934

Schon vor dem Erlass einer neuen Ordnung über die Arbeit (AOG) vom 20. Januar 1934 war bereits in der ersten Hälfte des Jahres 1933 durch die gewaltsame Auflösung von Gewerkschaften und Arbeiterparteien die vordem relativ starke Position der Arbeiterschaft grundlegend erschüttert und wesentliche Teile des Arbeitsrechts der Weimarer Republik faktisch außer Kraft gesetzt worden[122]. Daher wurden durch das Gesetz bereits geschaffene Verhältnisse rechtlich festgeschrieben und die arbeitsrechtlichen Provisorien der ersten Phase nach der nationalsozialistischen „Machtergreifung" abgelöst. Alle gesetzlichen Regeln, welche die Arbeitsverfassung der Weimarer Republik geprägt hatten, Regelungen des Rechts der Betriebsverfassung, des Tarifvertragswesens, der Arbeitsverbände und des Arbeitskampfes, wurden reformiert[123]. In Spanien sollte demgegenüber erst eine wirtschaftliche Realität aufgrund einer neuen Arbeitsverfassung geschaffen werden, wobei eine Frage der Untersuchung stets darin liegen wird festzustellen, inwieweit die Umsetzung dieser Vorgaben statt gefunden hat.

Dem AOG lag die Ansicht zugrunde, dass die alte gesellschaftliche Ordnung des Klassenkampfes mit der Vorstellung einer sozialharmonischen Volksgemeinschaft unvereinbar war. Im Gegensatz zum ideologischen Ansatz im Fuero del Trabajo wurde die Existenz eines „natürlichen Widerstreits der sozialen Interessen, der sich aus der verschiedenen Lage des seine Arbeitskraft anbietenden Arbeitnehmers und des auf Rentabilität des Betriebes bedachten Unternehmers ergibt"[124], nicht geleugnet. Allerdings sollte zugunsten der Volksgemeinschaft verhindert werden, dass dieser natürliche Gegensatz durch Zusammenfassung in großen Verbänden künstlich organisiert und damit auch vervielfacht würde, weshalb er nur innerhalb eines Unternehmens zwischen dem Betriebsführer und der Gefolgschaft ausgetragen werden sollte[125]. Entsprechend diesem Grundgedanken des AOG, in dessen Mittelpunkt jeglicher Betrachtung als Zentralbegriff der Be-

121 Erbler, El Fuero del Trabajo, in: AÖR 30 (1939), S. 289.
122 Hachtmann, Industriearbeit im „Dritten Reich", S. 30.
123 Kranig, Das Gesetz zur Ordnung der nationalen Arbeit, S. 456.
124 Mansfeld/Pohl, Das AOG, S.1.
125 Mansfeld/Pohl, Das AOG, S.1.

trieb an sich stand[126], enthielt das Gesetz zur Ordnung der Nationalen Arbeit vom 20. Januar 1934 folgende Regelungen:

aa) Betriebsverfassung, (§§ 1 bis 7 AOG)

Die Betriebsverfassung wurde von den zwei Leitgedanken beherrscht, dass einerseits die Betriebsverfassung als Führungsordnung konzipiert wurde, in der der Unternehmer als Führer des Betriebs fast uneingeschränkt alle betrieblichen Angelegenheiten entschied, zum anderen herrschte der Leitgedanke des Vertrauensrats[127]. Dieser Vertrauensrat wurde aus der angehörigen Gefolgschaft eines Betriebes gebildet und konnte den Betriebsführer allerdings ohne eigene Machtbefugnisse lediglich beraten. Die Pflicht des Vertrauensrates lag unter anderem in der Vertiefung des Vertrauensverhältnisses innerhalb der Arbeiterschaft (§ 6 Abs. 1 AOG). Interessengegensätze sollten dadurch vom Betrieb ferngehalten werden, indem dem Vertrauensrat rechtliche Durchsetzungsmöglichkeiten verweigert und Formen der Austragung solcher Konflikte mit Strafe bedroht wurden[128].

bb) Treuhänder der Arbeit

In den §§ 18 bis 25 AOG wurden die sogenannten „Treuhänder der Arbeit", nicht nur als Nachfolger der Tarifparteien und der staatlichen Schlichter bei der Gestaltung von Löhnen und Arbeitsbedingungen, sondern auch ausgestattet mit betriebsverfassungsrechtlichen Kompetenzen der Arbeitsgerichtsbarkeit und der Kompetenz für den Massenentlassungsschutz und Mitwirkung an Sozialer Ehrengerichtsbarkeit, bestimmt. Diese Treuhänder hatten noch in der Übergangszeit des Jahres 1933 als Regierungskommissare der Regierung fungiert[129] .Ein Straftatbestand diente ihnen dabei als Durchsetzungsmittel für ihre Anordnungen, § 22 Abs. 1 AOG. Gem. § 19 Abs. 1 AOG hatten sich die Treuhänder bei der Erfüllung ihrer Tätigkeit nach der Leitidee des Arbeitsfriedens zu richten.

cc) Regelung der Arbeitsbedingungen

Nach Beratung mit dem Vertrauensrat erließ der Betriebsführer eine Betriebsordnung, welche unter anderem die Arbeitszeit, Lohnzahlungsmodalitäten, spezifi-

---

126 Nikisch, Das Gesetz zur Ordnung der nationalen Arbeit, S.7.
127 Kranig, Das Gesetz zur Ordnung der nationalen Arbeit, S. 457f.
128 Kranig, Das Gesetz zur Ordnung der nationalen Arbeit, S. 458.
129 Wehner, Erfolgreiche Wahrung des Arbeitsfriedens durch den Treuhänder der Arbeit, S.9.

sche Kündigungsregelungen und weitere Arbeitsbedingungen festlegte, die allgemein als Mindestbedingungen für alle Arbeitnehmer des Betriebs galten. Die Treuhänder kontrollierten, allerdings nur auf Antrag und bei eklatanten Verstößen[130], ob diese vom Betriebsführer erlassene Ordnung dem vorgeschriebenen Mindestinhalt entsprach und mit den sozialen und wirtschaftlichen Verhältnissen des Betriebes vereinbar war, § 16 AOG. Diese Kontrolle des Inhaltes sollte allerdings lediglich offensichtlich unsoziale Führerentscheidungen korrigieren. Diese Korrektur wurde durch die Aufstellung von Richtlinien durch die Treuhänder vorgenommen, sollte aber gerade nicht zu einer Oberleitung des Staates führen[131].

dd) Die soziale Ehrengerichtsbarkeit

Neu eingeführt wurde zudem in den §§ 35 bis 55 AOG eine soziale Ehrengerichtsbarkeit, die eher einer Disziplinar- oder Strafgerichtsbarkeit ähnelte und "gröbliche Verletzungen der durch die Betriebsgemeinschaft begründeten sozialen Pflichten als Verstöße gegen die soziale Ehre“ bestrafen sollte, § 36 Abs. 1 AOG.

ee) Kündigungsschutz

Auch der Kündigungsschutz erfuhr weitgehende Änderungen, wobei vor allem die Überprüfung von Kündigungen durch den Vertrauensrat reduziert wurde, um innerbetriebliche Auseinandersetzungen zu vermeiden, weshalb allerdings dem Arbeitnehmer ein einfacheres Vorgehen gegen eine Kündigung vor den Arbeitsgerichten ermöglicht wurde[132].

Die deutsche Arbeitsverfassung unterschied sich somit von der spanischen Ordnung aufgrund folgender Charakteristiken:

1.starke Betonung des **Führerprinzips,** da nicht wie in Spanien die nationale Produktion im Mittelpunkt der Betrachtung stand, für die alle „Produzenten“ zusammen wirkten, sondern im Mittelpunkt stand die Betriebsgemeinschaft mit einem Führungsogan an der Spitze.

2. **Anti-Syndikalismus**[133]; durch die Auflösung der Gewerkschaften und die Einführung des Führerprinzips in allen sozialen und gesellschaftlichen Bereichen wurde eine syndikale Organisation hinfällig. Der soziale Gegensatz von Arbeit-

---

130 Kranig, Das Gesetz zur Ordnung der nationalen Arbeit, S. 462.
131 Hueck/Nipperdey/Dietz, Gesetz zur Ordnung der nationalen Arbeit, § 16, Rn. 10.
132 Kranig, Das Gesetz zur Ordnung der nationalen Arbeit, S. 462.
133 Pedregal, El Fuero del Trabajo, S. 176.

nehmern und Arbeitgebern sollte nicht geleugnet, sondern durch die Organisation lediglich vermieden werden.

Der Grund, warum die ständisch-korporativen Ideen der faschistischen und somit teils auch antikapitalistischen Ideologie trotz mancher anderslautenden Forderungen innerhalb der NSDAP nicht wie in Spanien umgesetzt wurden, ist in dem starken Einfluss des Reichsverbandes der Industrie zu sehen[134]. Insofern nimmt Wahsner[135] eine unveränderte und in ihren Machtzentren unangetastete kapitalistische Wirtschaft als reale gesellschaftliche Grundlage des deutschen faschistischen Staates und auch des NS-Arbeitsrechts an.

d) Ergebnis

Abschließend lässt sich feststellen, dass der Fuero del Trabajo als damals jüngste europäisch-faschistische Arbeitsverfassung wichtige Elemente aus den verschiedenen europäischen, faschistischen Bewegungen teilweise annahm und mit nationalen Eigenheiten vermischte. Der Fuero del Trabajo lässt sich somit von seinen Einflüssen her als Mischung aus katholischen und faschistischen Tendenzen bezeichnen, die als typisch für die Franco Ära gilt[136]. Gerade die spezifisch spanische Prägung der syndikalen Struktur, beeinflusst von eigentlich anarchistischen Grundgedanken, war ein Merkmal der Bewegung, welche sich selbst als einheitlich-national und arbeitend zum gemeinsamen Erfolg sah. Eine solche Bewegung, die sich selbst als nationale Befreiung (Movimiento) bezeichnete, konnte schon von ihrer Struktur her keine Arbeitsorganisation propagieren, die Gegensätze zwischen Arbeitgebern und Arbeitnehmern hinnimmt, wie Italien und Portugal. Vielmehr mussten die Arbeit und Wirtschaft gemäß ihrer Ideologie von vornherein auch in der kleinsten Einheit als gemeinsames Wirken Aller begriffen werden.

Zu klären bleibt allerdings noch, welche Rechtsnatur und rechtlich bindende Wirkung diese so genannte „Charta der Arbeit“ hatte.

III. Rechtsnatur des Fuero del Trabajo

Die umfassenden Neuerungen, die im Fuero del Trabajo enthalten waren, seine Bezeichnung als „Fuero“ (span.: unter anderem Vorrecht, Sonderrecht, Rechtsprechung) und der außergewöhnliche Prozess seiner Entwicklung und Verab-

---

134 Wahsner, Faschismus und Arbeitsrecht, S. 95.
135 Wahsner, Faschismus und Arbeitsrecht, S. 96.
136 Rivaya, Filosofía del derecho y primer Franquismo, S. 76.

schiedung haben zunächst zu einem ausgedehnten Streit darüber geführt, welche Rechtsnatur der Fuero del Trabajo eigentlich hatte und damit verbunden welchen Anwendungsbereich im damaligen spanischen Recht[137]. Unbestritten stellte der Fuero del Trabajo einen wichtigen Schritt für den Konstituierungsprozess des neuen Staates dar, da er aus politischer Sicht den Willen bekundete, eine neue staatliche Ordnung zu schaffen[138]. Problematisch ist allerdings, ob er bloß ein politischer Bestandteil dieses Konstituierungsprozesses oder aber selbst Konstitution war und somit Norm im technisch-juristischem Sinn, welche die Organisation des Staates festlegte und sein strukturelles Fundament darstellte.

Es geht also um die Frage, ob seine Deklarationen einen zwingenden oder einen lediglich indirekt anwendbaren Charakter hatten, oder aber bloßes sozialpolitisches Programm waren[139].

1) Streitbegründung

Zunächst ist zu klären, inwiefern seine Entstehungsgeschichte und die Bezeichnung als Fuero del Trabajo die Streitigkeit über dessen Rechtsnatur verursacht haben.

a) Entstehung des Fuero del Trabajo

Zunächst wirft der Prozess des Zustandekommens des Fuero del Trabajo, verbunden mit seiner Verkündung einige Fragen auf. Dieser Prozess bestand aus drei Elementen[140]. Nach der Niederschrift durch eine Kommission wurde der Fuero del Trabajo zunächst vom Ministerrat, der Regierung, beschlossen (1) und verabredet, ihn an den Nationalrat der F.E.T y de las J.O.N.S. weiterzuleiten, die den Fuero zunächst diskutierten und dann verabschiedeten[141](2). Allerdings hatte der Nationalrat gemäß Art. 39 der Statuten der F.E.T. y de las J.O.N.S. gar nicht das Recht, Gesetze zu beschließen. Der Rat hatte lediglich die Befugnis, über Normen zu beraten, die ihm der Führer des Movimiento[142], Franco, vorlegte[143]. Abschließend wurde der Fuero durch ein Dekret vom Caudillo (por Gracia de

137 Hernáinz Marquez, Tratado Elemental de Derecho del Trabajo, 10.a edición, S. 137.
138 Miranda, El Fuero del Trabajo, S. 11.
139 Pérez Botija, Derecho del Trabajo, S. 75.
140 Erbler, Spaniens nationalsyndikalistischer Verfassungs- und Sozialbau, S. 143.
141 Serrano, El Fuero del Trabajo, S. 43.
142 Dt.: Bewegung, wie die F.E.T y de las J.O.N.S. seit ihrem Zusammenschluß zu einer nationalen Bewegung auch genannt wurden.
143 Erbler, Spaniens nationalsyndikalistischer Verfassungs- und Sozialbau, S. 143.

Dios)[144] genehmigt und in dieser Form veröffentlicht (3), wie dies auch in der Präambel des Fuero del Trabajo aufgezeichnet ist.

Es verwundert dabei zum einen, warum der Nationalrat den Gesetzesinhalt des Fuero auf Vorlage der Regierung feststellte, was gar nicht zu seinen Befugnissen zählte, der Caudillo aber dann die Genehmigung in einem Verkündungsdekret erteilte, statt den Fuero del Trabajo einfach als Gesetz zu erlassen. Denn der Fuero hätte von seinem Inhalt her als grundlegende Rechtsordnung nach damaligen Recht als Gesetz erlassen werden müssen[145]. Es wurde daher daran gezweifelt[146], ob Franco das Dekret als Führer des Movimiento erließ oder aber seine Stellung als legislatives Führungsorgan des Staates benutzte. Castro[147] sah daher den Fuero als einen „Führererlass“ an, der mit normalen Gesetzen und früheren Vorstellungen nicht zu vergleichen und nicht gesetzessystematisch einzuordnen sei. Die Klärung seiner Rechtsnatur obliege daher dem Öffentlichen Recht.

b) Die Bezeichnung fuero

Darüber hinaus wurde nicht der Titel als Gesetz (ley) oder Dekret (decreto) gewählt, sondern der dem Begriff der Charta ähnelnden „Fuero“, womit eine spezielle Aussage getroffen worden sei[148]. Zur Zeit der Westgoten war das erste Mal die Bezeichnung Fuero Juzgo, entstanden aus Forum judicum, für ein allgemeines Gesetz aufgetaucht. Es handelte sich dabei um eine vom germanischen Ordnungswillen geprägte Verschmelzung von eigenem germanischen mit römischem Recht, welches als grundsätzliches Gesetzeswerk noch hilfsweise bis zu Beginn des 19. Jahrhunderts Geltung hatte[149]. Im Unterschied dazu war der Begriff Fuero zur Zeit der Monarchen in Kastilien gerade für Ausnahmen von allgemeinen Gesetzen oder bestimmte Privilegien verwendet worden. Im Zuge eines Erstarken des Feudalismus in Kastilien hat der Adel für sich selbst immer mehr „Fueros“ erlassen und auch die Städte hatten diese Machtlücke aus dem Machtkampf zwischen Monarch und Adel zum Erlass eigener Normen genutzt, so dass ganze Familien von fueros daraus entstanden[150]. Aus dieser Entwicklung geht hervor, dass ein Fuero als Zeichen für eine Schwäche des zentralen Herrschaftsorgans gedeutet werden kann, das Gesetz für eine bestimmte Klasse war,

144 Bezeichnung für Franco als „Führer (von Gottes Gnaden)“.
145 So Erbler, Spaniens nationalsyndikalistischer Verfassungs- und Sozialbau, S. 31f.
146 Serrano, El Fuero del Trabajo, S. 43.
147 Prietro Castro, El momento revolutionario del Fuero, S. 10f.
148 Serrano, El Fuero del Trabajo, S. 2ff.
149 Erbler, Spaniens nationalsyndikalistischer Verfassungs- und Sozialbau, S. 31f.
150 Serrano, El Fuero del Trabajo, S. 5.

eine Ausnahme von der allgemeinen Gesetzgebung bedeutete und mit Privilegien verbunden war. Angewandt auf den Fuero del Trabajo passt der Name also zunächst nicht. Denn hierbei ist zu bedenken, dass er zentral von der Leitung der einzigen politischen Kraft F.E.T. y de las J.O.N.S. zu einer Zeit erlassen wurde, als sämtliche Gewalten in der Hand einer Person konzentriert werden sollten und gerade die Staatsgewalt zum zentralen, allumfassendes Machtorgan berufen werden sollte. Als Gesetz einer Klasse sollte es zudem nicht dienen. Vielmehr sollte der Begriff der Klassen, der auch die Vorstellung eines Kampfes zwischen Klassen beinhaltet, durch den Begriff der Bruderschaft substituiert werden. Es sollte nicht ein neues Recht für lediglich eine Klasse geschaffen werden. Denn jeglicher Klassenkampf war durch eine Vereinigung von Arbeitnehmern und Arbeitgebern als Produzenten, die gemeinsam einem sozialen Recht unterstehen sollten, gegenstandslos geworden.

Da allerdings auf der anderen Seite viele Privilegien vor allem den Arbeitern, so zum Beispiel das Recht auf Arbeit, zugewiesen worden sind und der Fuero del Trabajo eine Ausnahme vom allgemeinen Zivilrecht darstellte, erfüllte der Fuero del Trabajo zumindest teilweise die Voraussetzungen, die an den Begriff Fuero eigentlich geknüpft sind. Doch entstand durch die Bezeichnung fuero eine dogmatische Schieflage, da nicht genau deutlich wurde, was der Gesetzgeber durch die Verwendung der Bezeichnung Fuero in diesem Kontext auszudrücken versuchte.

2) Lösungswege

Fraglich ist folglich die Rechtsnatur des Fuero del Trabajo.

a) Der Fuero als reine Verkündung von Prinzipien

Nach einer Ansicht[151] handelte es sich beim Fuero del Trabajo lediglich um eine Verkündung von Prinzipien. Einerseits stützt sich diese Ansicht auf den vierten Absatz der Präambel des Fuero del Trabajo, der selbst von „Erklärungen" des Fuero del Trabajo spricht, andererseits beruft sich diese Ansicht auf das gesamte Wesen des Fuero. Der Fuero del Trabajo war danach weder eine wirkliche Arbeitsverfassung, noch ein politisches Grundsatzprogramm, sondern die Deklaration von Prinzipien, da diese Prinzipien einen Kompromiss zwischen den Vorstellungen des Nationalrates und der Regierung darstellten. Zwar hatte der Nationalrat seine dogmatischen Vorstellungen hauptsächlich einzubringen versucht,

151 Pérez Botija. Apuntes para una teoría de las fuentes, in: Revista de la Facultad de Derecho 4 (1941) S. 27ff.

doch ging es um die Zielvorstellungen der Regierung, die aus diesen Erklärungen ihre Prinzipien, ihren Einfluss und ihre Legitimation herleitete, um „größtmögliche Verantwortung für die Gemeinschaft der Spanier" zu übernehmen. Botija versuchte somit einen Mittelweg zwischen einem Programmsatz der F.E.T. y de las J.O.N.S. und einer Regierungserklärung zu finden, wobei er die Verantwortlichkeit der Regierung besonders gewichtete.

b) Der Fuero als Rechtsnorm

Nach anderer Ansicht[152] war der Fuero del Trabajo keine bloße Deklaration von Prinzipien, sondern Rechtsnorm, was aus einer einfachen Erwägung[153] abgeleitet werden konnte. Da der Fuero del Trabajo notwendige Individualrechte enthielt und in einem Bereich die politische Organisation des Staates festlegte, hatte er nach Serrano auch politische und vor allem juristische Bedeutung. Er konnte somit nicht bloßes Dekret mit politischem Charakter ohne unmittelbare Wirkung sein, sondern musste eine Norm sein, die andere Normen beeinflusst und einen „verbindlichen und allgemeinen Charakter genießt"[154]. Allerdings genossen die verschiedenen Normen des Fuero nicht denselben Rang, sondern Serrano bildete verschiedene Gruppen[155] von der Erklärung einfacher Programmsätze bis zu immer gewichtigeren Gruppen mit direkter Gesetzeskraft.

c) Der Fuero als Verfassung des Arbeitsrechts

Eine andere Ansicht[156] ordnete den Fuero del Trabajo konkret als Konstitution des Arbeitsrechts ein, welche Grundprinzipen des Rechts begründete. Der Fuero del Trabajo hatte hiernach „unstreitig" allein vom materiellen Inhalt her den Charakter einer Konstitution, da die wirtschaftliche Ordnung Spaniens neu formiert wurde, womit auch in Folge die politische Ordnung Spaniens gestaltet wurde. Danach bestimmte sich der politische und juristische Rang des Fuero del Trabajo im Sinne einer modernen Konstitution, die gerade nicht nur in der Verbindung verschiedener Tendenzen lag, um dem Staat ein theoretisches Gerüst zu geben, sondern entscheidend war die Realität, die der Fuero durch seinen ideologischen Inhalt schuf.

---

152 Serrano, El Fuero del Trabajo, S. 30ff.

153 So Hernáinz Marquez, Tratado Elemental de Derecho del Trabajo, 4.a edicion, S. 79.

154 Serrano, El Fuero del Trabajo, S. 34.

155 Serrano, El Fuero del Trabajo, S. 47ff.

156 Garrigues, Tres conferencias en Italia sobre el Fuero del Trabajo, S.19.

Der Fuero del Trabajo hatte danach Verfassungsrang als eine „Manifestation des Movimiento“, die sich auf das sozial-politische Feld ausgeweitet habe[157].

d) Abwägung

Die Meinung Serranos, der Fuero del Trabajo sei einfache Norm, ist bereits deshalb abzulehnen, da sie an der spanischen Rechtswirklichkeit vorbei geht. Vor allem ist zu betonen, dass die Regelungen des Fuero del Trabajo mehr als ein einfaches Gesetz die nationale Realität Spaniens beeinflussten[158], zumal Erklärungen des Fuero del Trabajo in konkreten Gesetzen ausgeführt und umgesetzt wurden, wie an späterer Stelle auch dargestellt werden wird. Daher muss auch der ersten Ansicht, der Fuero del Trabajo sei lediglich eine Deklaration von Prinzipien, widersprochen werden, da die „Erklärungen“ des Fuero zu massiv auf das spanische Rechtsleben einwirkten. Wegen der einschneidenden Wirkung auf die Ordnung der spanischen Wirtschaft und ihres Arbeitsrechts verbleibt folglich nur seine Einordnung als Konstitution des Arbeitsrechts.

Demgegenüber tendierte die spanische Literatur mehrheitlich zu der Ansicht[159], den Fuero del Trabajo als Grundlagengesetz für die zukünftige Arbeitsgesetzgebung zu sehen, weshalb sich sein Einfluss auf die Rechtsordnung erst anhand der Gesetze ablesen lasse, die aus den Vorstellungen des Fuero del Trabajo entwickelt werden würden.

e) Festlegung der Rechtsnatur des Fuero del Trabajo durch die Rechtsprechung

Die Rechtsprechung des Tribunal Supremo hat die Rechtsnatur des Fuero del Trabajo in drei Stufen entwickelt. In einem ersten Urteil[160] wurde noch der programmatische Charakter betont. Hiernach konnte der Fuero del Trabajo nicht in die juristische Rangordnung von Rechtsnormen eingeordnet werden. Da bereits Teile des Fuero del Trabajo umgesetzt worden seien, sei eine direkte Anwendung des Fuero del Trabajo nicht möglich. Vielmehr liege nur ein Programmsatz vor, der noch der Ausführung bedürfe.

In einem weiteren Urteil[161] wurde der Fuero del Trabajo bereits als „informative Grundprinzipien des Movimiento“ bezeichnet. Zwar wurde auch in diesen

157 Gallart Folch, Los principios fundamentales del Fuero del Trabajo, S. 22.

158 So Hernáinz Marquez, Tratado Elemental de Derecho del Trabajo, 4.a edicion, S. 81.

159 So Fernandéz Miranda, El Fuero del Trabajo, in: Revista de Derecho del Trabajo, 2 (1963), S. 13.

160 Urteil des Tribunal Supremo vom 31. Dezember 1940, Aranzadi 1940, N°1227.

161 Urteil des Tribunal Supremo vom 24. November 1941, Aranzadi 1941, N°1261.

Urteil der Rang des Fuero del Trabajo nicht genau festgelegt, doch wurde darin bereits eine höhere Bewertung des Fuero del Trabajo vorgenommen, da ein Grundprinzip zur Ordnung der nationalen Bewegung doch gewichtiger erscheine als der bloße Programmsatz einer Partei[162].

Die letzte Interpretation des Fuero del Trabajo[163] im Urteil vom 6. April 1942 erkannte immer noch keinen verbindlichen Rechtscharakter des Fuero del Trabajo an, so dass seine Normen direkt angewendet werden konnten, aber es bezeichnete den Fuero del Trabajo als „Prinzipien zur sozialen Strukturierung des neuen Staates", die aber noch in Gesetzen umgesetzt werden müssten. Somit folgte die Rechtsprechung der herrschenden Ansicht der Literatur und es bleibt zu fragen, inwiefern und wie weit die Vorstellungen des Fuero del Trabajo auch in den Gesetzen im Allgemeinen und über den Kündigungsschutz umgesetzt worden sind.

f) Engültige Festlegung der Rechtsnatur durch den Gesetzgeber

Durch Verabschiedung des Gesetzes vom 26. Juli 1947[164] wurde der Streit um den Rang und die Rechtsnatur des Fuero del Trabajo endgültig entschieden[165]. In Art. 10 des Ley de Sucesión wurden Gesetze aufgezählt, die als Grundverfassungen der Nation galten, wozu auch der Fuero del Trabajo gehörte. Der Fuero del Trabajo wurde damit festgelegt als Norm mit Verfassungsrang.

Dennoch bleibt die Frage offen, inwieweit Regelungen dieser Verfassung des Arbeitsrechts direkt angewendet werden konnten, da das Tribunal Supremo[166] bereits festgestellt hatte, dass der Fuero del Trabajo ohne die notwendige Ausführung durch weitere Gesetze in seiner Gesamtheit der direkten Anwendbarkeit entbehre.

Daraufhin ordnete die Literatur[167] die Normen des Fuero del Trabajo nach dem Grad ihrer direkten Anwendbarkeit in drei Gruppen ein:

1.Notwendige Regelungen des Rechts von unmittelbarer Geltung, welche die Rechtswidrigkeit jeglicher Verhaltensweisen bestimmten, die ihnen widersprachen. Beispiele hierfür waren der Deliktscharakter von Verhaltensweisen, welche die geordnete Produktion beeinträchtigten (Art. XI.2. F.T.), oder der Einheitscharakter der Syndikate gem. Art. XIII.3. F.T.

---

162 Hernáinz Marquez, Tratado Elemental de Derecho del Trabajo, 4.a edición, S. 84.

163 Urteil des Tribunal Supremo vom 6. April 1942, Aranzadi 1942, N°539.

164 Ley de Sucesión vom 26. Juli 1947, Aranzadi 1947.

165 Bayón Chacón/Pérez Botija, Manual de Derecho del Trabajo, S. 146.

166 Urteil des Tribunal Supremo vom 24. November 1941, Aranzadi 1941, N°1261.

167 So Bayón Chacón/Pérez Botija, Manual de Derecho del Trabajo, S. 147.

2.Programmatische Normen, die sich darauf beschränkten, wenn auch mit einer gewissen Erwartung an den Gesetzgeber, den Weg für den einen oder anderen Aspekt der Arbeitsgesetzgebung aufzuzeigen, beispielsweise die Einführung von Familienbeihilfen gem. Art. III.2. F.T. und die Zunahme von Arbeitsschutz- und Sicherungsmaßnahmen im Sinne von Art. X. F.T.

3.Ideologische Erklärungen, die als eine Orientierung für den Gesetzgeber und den Richter bei seiner Tätigkeit dienen sollten, aber einer unmittelbaren Anwendbarkeit entbehrten. Hier ist hinzuweisen auf das Konzept und den Wert von Arbeit gem. Art. I. F.T. oder die Definition des Kapitals gem. Art. VIII.1. F.T.

Im Ergebnis ist allerdings festzustellen, dass entgegen den Ansichten der Rechtsprechung und Literatur durch das Ley de Sucesión vom 26. Juli 1947 alle Aussagen des Fuero del Trabajo Verfassungsrang erhielten[168] und somit auch juristische Anwendbarkeit erlangten und Individualrechte begründeten[169]. Auch Aussagen über den Staat als totalitäres Instrument (Präambel), den Betrieb als Vereinigung von Produzenten (Art. VIII. 2. F.T.), die Unterordnung der Wirtschaft unter den Staat und die Garantie, das Eigentum in den Dienst der Allgemeinheit zu stellen (Präambel), erhielten somit Verfassungsrang. Daher bleibt zu untersuchen, inwieweit der Kündigungsschutz und die Änderungen, denen er im Laufe der Zeit unterworfen war, mit der Arbeitsverfassung des Fuero del Trabajo in Einklang standen und welche Bewertung des Franquismus sich daraus ergibt.

B. Die Neuordnung des Staates

Bevor der Kündigungsschutz selbst neu ausgestaltet werden konnte, galt es zunächst eine neue staatliche Grundordnung herzustellen. Entsprechend dem Fuero del Trabajo sollte „von heute auf morgen[170]" eine dem republikanischen Staat widersprechende Realität als Charakteristikum des neuen Staates geschaffen werden. Doch hatte der militärische Aufstand mit wenigen politischen Zielvorstellungen begonnen, was aus während des Krieges sich oft politisch widersprechenden Reden von General Franco und auch anderen Generälen ersichtlich ist[171].

---

168 Alonso García, Notas sobre el Fuero del Trabajo, in: Revista de Derecho del Trabajo, 6 (1963), S. 74.

169 Fernandéz Miranda, El Fuero del Trabajo, in: Revista de Derecho del Trabajo, 2 (1963), S. 16.

170 Galán García, La intervención pública en las relaciones laborales durante el primero tercio del siglo XX en España, S. 40.

171 Montoya Melgar, Ideología y lenguaje en las leyes laborales de España, S. 291.

Zunächst bestimmte der Nationale Verteidigungsrat[172], eine mit Gründungsdekret vom 24. Juli 1936 aus sieben aufständischen Offizieren gebildete Organisation, durch Dekret vom 13. September 1936, „dass sämtliche wesentlichen Organisationen der Volksfront, wie jede weitere Bewegung“, die sich gegen die nationale Bewegung stelle, illegal seien. Durch das Vereinigungsdekret wurde im April 1937 die Einheitspartei, F.E.T. y de las J.O.N.S., mit General Franco als ihrem obersten Führer ausgerufen. Diese Vereinigung und Bündelung der politischen Kraft war ein wichtiger Schritt zur Machtergreifung, obwohl vorerst Unklarheit darüber herrschte, wie ein neuer spanischer Staat bei einem Sieg der Nationalen auszusehen hatte, da diese noch politisch uneins waren[173]. Darüber hinaus wurde General Franco durch die Übernahme der Falange als ihr Führer ein ideologisches Konzept in die Hand gegeben, das sich im verabschiedeten Fuero del Trabajo teilweise widerspiegelte.

Bereits im Oktober 1936 war Franco durch den Nationalen Verteidigungsrat zum obersten Staatschef ernannt worden, verbunden mit der Befugnis, allgemeine Gesetze zu erlassen. Mit Gesetz vom 8. August 1939 wurde schließlich General Franco zum Generalissimus der Streitkräfte und der Einheitspartei als Führer von Gottes Gnaden[174] ausgerufen, der in seinen Befugnissen nur durch seinen eigenen Willen beschränkt war. Alle staatliche Macht wurde somit in der Hand Francos konzentriert.

Mit dem Ende des Krieges wurde abschließend durch das Ley de las Responsabilidades Politicas vom 9. Februar 1939[175] in einem Gesetz die „politische Verantwortlichkeit“ der Spanier geregelt, da entsprechend der Präambel eine politische Reinigung des Staates als notwendige Voraussetzung für einen vereinten Nationalstaat anzusehen war. Dieses Gesetz wollte laut seiner Präambel nicht bestrafen, sondern mit „konstruktiven Sanktionen“ die Einheit der Bürger und Harmonisierung der Interessen Aller im spanischen Vaterland herstellen. Dabei waren auch ökonomische Sanktionen ein wichtiger Bestandteil der Sanktionen, die mit menschlicher Milde angewendet werden sollten. Gem. Art. 1 des Gesetzes wurde im Anschluss an die Präambel festgestellt, dass sich jede Person, juristisch oder physisch, „politisch verantwortlich“ gemacht habe, die seit dem 1. Oktober 1934 nicht auf Seiten der nationalen Bewegung gestanden habe und sich damit auch außerhalb des Gesetzes befinde. Gem. Art. 2 standen auch sämtliche Bewegungen, die der 1936 gebildeten Volksfront angehört oder aber mit ihr sympathisiert hatten, außerhalb des Gesetzes und waren daher verboten, wobei einige

172 Junta de Defensa Nacional.
173 Serrano Suñer, Zwischen Hendaye und Gibraltar, S. 35.
174 Caudillo de España por gracia de Dios.
175 Ley de las Responsabilidades Politicas vom 9. Februar 1939, Aranzadi 1939.

Parteien, separatistische Bewegungen, vor allem aber auch Gewerkschafts- und Arbeiterbewegungen aufgezählt wurden. Gem. Art. 3 verloren oben erwähnte Bewegungen jegliche Rechte und ihr Eigentum ging automatisch auf den Staat über. In den folgenden Artikeln wurden beispielhaft weitere Gründe aufgezählt, die eine politische Verantwortung begründeten und somit Sanktionen rechtfertigten, wobei auffällt, dass die einzelnen Gründe sehr weit formuliert waren. Die Gruppe der „politisch Verantwortlichen" konnte somit durch Auslegung des gesetzlichen Tatbestandes beliebig ergänzt werden. Gem. Art. 10 bestanden drei verschiedene Gruppen von Sanktionen, welche für politische Verantwortlichkeit angewendet werden konnten. Restriktionen der Aktivität, die den Verlust sämtlicher Bürgerlicher Rechte beinhalteten, erfassten die Gruppe I. Örtliche Beschränkungen auf Gebiete, wozu auch Landesverweisungen zählten, bildeten die Gruppe II. Wirtschaftliche Restriktionen, wozu der Verlust sämtlicher Güter, als auch Güterrechte, mithin auch der Verlust des Arbeitsplatzes zählte, fielen unter die Gruppe III. Das Mittel der Kündigung des Arbeitsplatzes aufgrund politischer Aktivität wurde somit bereits während des Aufbaus des Staates "zu seiner gesellschaftlichen Reinigung" angewandt. Mit diesem Gesetz wurde auch eine eigenständige Behörde zur Untersuchung „politisch Verantwortlicher" installiert, so dass mit der Machtergreifung ein Instrument geschaffen worden war, welches umfassend Befugnisse hatte, um jegliche unerwünschte politische Gesinnung oder Strömung unter anderem durch Kündigung des Arbeitsverhältnisses auszuschalten.

I. Kündigungen als Instrument zu Erlangung und Ausbau der Macht

Wie schon erste Verbotsgesetze zeigen, beispielsweise das Dekret vom 13. September 1936[176], bestand das primäre Ziel des neuen Staates darin, politische Gegner und deren Sympathisanten zu eliminieren. So wurden die Grundlagen des neuen Staates während des Bürgerkriegs und der Nachkriegszeit in einem Klima von extremer Gewalt gegenüber Demokratie- und Arbeiterbewegungen gelegt. Morde an und Hinrichtungen von Republikanern, Kommunisten, Sozialisten und Anarchosyndikalisten und die Beschlagnahme des Eigentums der politischen Organisationen waren die ersten Handlungen der Franco-getreuen Truppen, wobei sich insbesondere das Afrika-Heer von General Franco durch extreme Gräueltaten und Terror auszeichnete[177]. Hatten gerade die Arbeiter die Machtübernahme der Faschisten in den Großstädten zunächst verhindert und die republikanische

176 Decreto vom 13. September 1936, Aranzadi 1936.
177 Molinero y Pere Ysàs, Productores disciplinadas y minorías subversivas, S. 1.

Ordnung verteidigt, so waren sie am stärksten den Massenerschießungen und Deportationen in Konzentrationslager ausgesetzt[178]. Im Monat Juli 1939 wurden allein in Madrid pro Tag 250 Personen exekutiert[179]. Diese Härte des Unterdrückungskampfes ließ keinerlei Raum mehr für die Formen eines gewerkschaftlichen Kampfes[180]. Gegen Ende des Jahres 1939 befanden sich ca. zwei Millionen Arbeiter in Konzentrationslagern. Demgegenüber hatten sämtliche republikanische Gesetze bereits durch Dekret vom 1. November 1936[181] ihre Gültigkeit verloren. Hierin setzte die Regierung fest, dass die Nationale Bewegung nicht ausdrücklich republikanische Normen widerrufen oder annullieren mußte, da diese gegen das Vaterland sprächen und der Legitimation entbehrten. Darüber hinaus wurden aber einige Regelungen noch speziell widerrufen und geändert[182].

1) Kündigungen während des Bürgerkrieges

Ausgangspunkt war zunächst das Gesetz vom 5. Dezember 1936[183]. Nach dessen Präambel benötigte Spanien als erstes, dass alle seine Mitbürger, die ein öffentliches Amt ausübten, mit einer ordentlichen Gesinnung ausgestattet seien, damit Anarchie und Barbarei wirkungsvoll durch den Staat bestraft und bekämpft werden könnten. Daraus folgte, dass nach Art. 1 dieses Gesetzes sämtlichen öffentlichen Angestellten, die gegen die nationale Bewegung eingestellt waren, aus diesem Dienst zu entlassen waren. Darüber hinaus wurden alle Betriebe mit einer Konzession der Verwaltung oder Inhaber eines Monopols dazu verpflichtet, ihre Beschäftigten, die sich inkompatibel mit der Nationalen Bewegung zeigten, aus dem Betrieb zu entfernen. Gem. Art. 3 wurde jeglicher Gerichtsweg gegen Sanktionen, die auf dieser Vorschrift beruhten, ausgeschlossen. Damit war die Voraussetzung für eine Kündigung unzähliger Gegner während des Bürgerkrieges und in seiner Nachkriegszeit geschaffen worden, die somit durch ihre Entlassung aus der Arbeitswelt gesellschaftlich separiert und in Folge in Konzentrationslager deportiert werden konnten[184]. Es zeigt sich daran, dass die Separierung und Aus-

178 Costa Font/L.T., El movimiento obrero español durante la dictadura franquista (1939-1962), S. 655.
179 Costa Font/L.T., El movimiento obrero español durante la dictadura franquista (1939-1962), S. 656.
180 Vega García, Annährungen an die Bibliographie und die Quellen zur Arbeiterbewegung unter der Franco-Diktatur, 1939-1966, S. 112.
181 Decreto vom 01. November 1936, Aranzadi 1936.
182 Montoya Melgar, Ideología y lenguaje en las leyes laborales de España, S. 297.
183 Ley de separación de empleados públicos vom 05. Dezember 1936, Aranzadi 1936.
184 Molinero y Pere Ysás, Productores disciplinadas y minorías subversivas, S. 18.

sortierung aller Andersgesinnten vornehmliches Ziel der neuen Nationalen Bewegung war.

Ein Grund hierfür lag darin, dass zunächst keine genauen Vorstellungen vorlagen, wie der nationale Staat auszusehen hatte[185], so dass man Andersdenkende nicht in den Staat integrieren konnte, sondern durch Kündigungen und Deportationen aussondern musste. Darüber hinaus stellte für die franquistische Seite der Kampf gegen den Kommunismus und die Abwehr des Marxismus die politische Legitimation für den Putsch gegen die Republik dar[186]. Es galt, den Nimbus der nationalen Erhebung zum Schutz des Vaterlandes zu untermauern.

Durch Gesetz vom 17. August 1937[187] wurde diese Bestimmung über Entlassungen im öffentlichen Dienst auf alle privaten Betriebe ausgeweitet. Der Verwaltung wurde somit die Befugnis verliehen, „unerwünschte" Personen, die sich „gegenüber der Nationalen Bewegung unaufgeschlossen zeigten oder gar Aktivitäten gegen sie entwickelten" mittels Entlassung und anschließender Deportation zu bestrafen. Die Grundlage für die Bekämpfung von Gegnern der neuen Bewegung während des Bürgerkrieges wurde somit unter anderem im Kündigungsschutz gelegt. Durch einen Ausschluss jeglicher Gerichtswege wurde den Kriegstribunalen und neu geschaffenen Sicherheitspolizeibehörden ausreichend Spielraum gelassen, um massiv gegen mutmaßliche Gegner vorzugehen. In den hinzugekommenen „befreiten" Gebieten hatten die Betriebsinhaber oder Betriebsführer innerhalb von drei Monaten der lokalen Arbeitsbehörde die Namen der zu bestrafenden Arbeitnehmer zu übergeben, die ohne Recht auf Anhörung verurteilt und deportiert werden konnten[188]. Dieser Prozess wurde verstärkt erst im Mai 1938 mit dem zunehmenden Gewinn neuer Territorien umgesetzt, da die republikanischen Gebiete ihren Widerstand vor allem der massiven Unterstützung durch die Arbeiterschaft zu verdanken hatten.

Darüber hinaus wurde durch die Entfernung von Frauen aus dem Arbeitsleben der Umbau in den im Fuero del Trabajo propagierten katholischen Staat vorgenommen. Das Gesetz vom 27. Dezember 1938[189] legte beispielsweise in seiner Präambel fest, dass die Frau ihre Aufmerksamkeit dem Haushalt schenken und von der Arbeit ferngehalten werden sollte. Dahingehend wurde das Arbeitsvertragsgesetz[190] derart umgestaltet, dass eine verheiratete Frau zum Abschluss eines

185 Serrano Suñer, Zwischen Hendaye und Gibraltar, S. 35.
186 Bernecker, Die Historiographie zur Arbeiterbewegung im Spanischen Bürgerkrieg, S. 83.
187 Ley vom 17. August 1937, Aranzadi 1937.
188 Molinero y Pere Ysás, Productores disciplinadas y minorías subversivas, S. 18.
189 Ley vom 27. Dezember 1938, Aranzadi 1938.
190 Ley de Contrato de Trabajo, Texto refundido aprobado por Decretos de 26 de enero y 31 de marzo de 1944, Aranzadi 1944.

Arbeitsverhältnisses die Genehmigung ihres Mannes einzuholen hatte und der Lohn ihrer Arbeit dem Ehemann zugestellt werden sollte. Zudem wurde in zahlreichen Verordnungen bestimmt, dass Frauen von dem Zeitpunkt ihrer Eheschließung an automatisch ihre Arbeit verlören, wobei sie mit einem geringen Betrag, der den Charakter einer kleinen Mitgift hatte, abgefunden wurden. Neben den Kündigungen wurden Frauen aber auch durch geringere Löhne und andere Maßnahmen im Arbeitsleben stark benachteiligt[191]. Beispielsweise legte eine Anordnung des Wirtschaftsministeriums vom 12. Juli 1940[192] fest, dass weibliches Personal für gleichwertige Arbeiten nur 70% des Lohnes erhalten solle, der einem Mann zustände. Die Kündigungen gegenüber Frauen und die damit verbundene Diskriminierung der Frauen, die ihre ökonomische Unabhängigkeit verlieren sollten, sind aber nicht nur ein Beleg für den Umbau Spaniens hin zu einem katholischen Staat. Sie waren auch ein Zeichen für die erste Umbildung des Arbeitsmarktes, da der Staat durch Demilitarisierung und die Demobilisierung der Truppen sowie Einstellung der Kriegsproduktion vor neuen wirtschaftlichen Herausforderungen stand.

2) Beschäftigungspolitik nach der Machtergreifung

Diese Herausforderungen zum beschäftigungspolitischen Neuaufbau des Staates sollten wie folgt bewältigt werden.

In den Dekreten vom 5. und 12. April 1939[193] wurde die Umstellung der Kriegswirtschaft auf Friedenszeiten und gleichzeitig die Demilitarisierung des Landes verkündet. Kriegsteilnehmer sollten zu ihren angestammten Arbeitsplätzen zurückkehren. Dabei wurde die nationale Industrie bereits durch Dekret vom 1. April 1939[194] unterrichtet, wie sie die auftretenden Schwierigkeiten bewältigen könnte. Sie wurde nämlich zur Kündigung von überschüssigem Personal aufgefordert, wobei eine Reihenfolge der Personenauswahl aufgestellt wurde, die bei Arbeitern, welche in Konzentrationslager geschickt wurden, anfing und bei Kriegsveteranen als privilegierter Gruppe endete. Bei Gleichheit der Umstände sollte in erster Linie weibliches Personal gekündigt werden. Somit wurde die politische Säuberung des Staates mit der wirtschaftlichen Neuordnung verbunden.

Den massenhaft aus politischen Gründen Deportierten und Gekündigten sowie den entlassenen Frauen standen zahlreiche Normen zur Eingliederung von Kriegsveteranen in die Arbeitswelt gegenüber. So besagte eine Anordnung des

191 Molinero y Pere Ysás, Productores disciplinadas y minorías subversivas, S. 15.
192 Orden vom 12.07.1940, Aranzadi 1940.
193 Decreto vom 5. April 1939 und Decreto vom 12. April 1939, Aranzadi 1939.
194 Decreto vom 1. April 1939, Aranzadi 1939.

Arbeitsministeriums vom 5. Juli 1939[195], dass zur Stabilisierung insbesondere der erst kürzlich befreiten Gebiete vornehmlich Kriegsveteranen der Nationalen Streitkräfte neu eingestellt werden sollten. Innerhalb von 5 Tagen sollte zudem eine Beschäftigtenanzahl erreicht werden, welche mindestens den Stand vom 18. Juli 1936 hatte, wobei Ausnahmen auf Antrag bei Beschädigung von Maschinen oder aus wirtschaftlichen Gründen zugelassen werden konnten. Neben den Kriegsveteranen sollten vornehmlich Arbeitnehmer eingestellt werden, welche unter der Herrschaft der Volksfront auf gewerkschaftlichen Druck hin gekündigt worden waren, da sie nicht die Gewerkschaften unterstützt hatten.

In die gleiche Richtung ging auch das Dekret vom 25. August 1939[196], wonach 80% aller vakanten Stellen, welche in einer Firma zu besetzen waren, von Kriegsveteranen, Kriegsbeschädigten, Parteikämpfern und auch Kriegswaisen eingenommen werden sollten. Im Dekret vom 17. Oktober 1940[197] wurde bestimmt, dass die Behörden für Anstellungen (Span.: Oficinas de Colocación) nur den als arbeitslos in ihre Liste aufnehmen konnten, der ein Zertifikat seines letzten Arbeitgebers vorweisen konnte, dass sein Ausscheiden aus der Firma unabhängig vom Willen des Arbeitgebers geschehen war und nicht auf moralischen oder anderen schweren Verfehlungen beruhte. Damit konnte sich ein Arbeitnehmer, dem ohne eine solche Bescheinigung gekündigt worden war, nicht öffentlich als arbeitslos einschreiben und in Folge auch nicht mehr legal einer Arbeit nachgehen, da neue Arbeitsverhältnisse ausschließlich mittels dieser neu geschaffenen Behörde begründet wurden[198]. Bereits im Mai 1940 war gesetzlich durch Dekret festgelegt worden, dass Arbeitsverträge zwingend nur durch die Vermittlung besagter Behörde zustande kommen konnten, wobei diese auch von den im Fuero del Trabajo fest verankerten Syndikaten abhängig und mit ihnen verbunden war. Gem. Art. 1 dieser Norm wurde ein sogenannter Arbeitsausweis (Span. Cartilla profesional) eingeführt, der die persönlichen Daten über bisherige Tätigkeiten, Arbeitsunfälle, aber auch politisches Engagement, Mitgliedschaften usw. enthielt. Mit geringen Ausnahmen hatte jeder Beschäftigte gleich welcher Tätigkeit oder Position einen solchen Ausweis zu besitzen, der dann an die örtlich zuständige Behörde für Anstellungen übergeben werden musste.

---

195 Orden vom 05. Juli 1939, Aranzadi 1939.

196 Decreto vom 5. Juli 1939, Aranzadi 1939.

197 Decreto vom 17.Oktober 1940, Aranzadi 1940.

198 Molinero y Pere Ysás, Productores disciplinadas y minorías subversivas, S. 11.

II) Fazit

Den Deportationen und Verschleppungen potentieller Regimegegner stand somit die Eingliederung der Anhänger der Nationalen Bewegung in die Arbeitswelt gegenüber. Im Ergebnis wurde allen Gegnern der Nationalen Bewegung zunächst konsequent die wirtschaftliche Grundlage, ihr Arbeitsplatz, entzogen, während die Anhänger wirtschaftlich gesehen versorgt wurden. Gleichzeitig lässt sich an diesen tiefgreifenden Maßnahmen sehen, wie der neue Staat seine Ankündigungen im Fuero del Trabajo bezüglich der Rolle des Staates durch seine Interventionspolitik wahr machte, um seine Machtposition auszubauen. Das angekündigte Recht auf Arbeit sollte somit lediglich für Sympathisanten des Franquismus gelten, war aber kein allumfassendes Recht. Es deutet sich bereits an, dass die Kontrolle des Arbeitsmarktes durch Kündigungen und Kontrolle der Beschäftigung durch den Staat als Mittel der politischen Kontrolle und dementsprechend als Machtinstrument benutzt wurden.

3. Kapitel: Machtetablierung und staatliche Autarkiepolitik in ihren Auswirkungen auf den Kündigungsschutz

General Franco hatte als Führer der Nationalen Front, bestehend aus Großgrundbesitz, katholischen Konservativen, Monarchisten verschiedener Richtungen sowie faschistischer Falange gegen die Volksfront aus Sozialisten und Kommunisten, die republikanischen Linken, die regionalistischen Kräfte und die Anarchisten am 1. April 1939 endgültig den spanischen Bürgerkrieg dieser politischen Blöcke entschieden. Als entscheidende Triebkräfte der Krise, welche zu diesem Bürgerkrieg geführt hat, gelten dabei gerade nicht die oft überschätzten kommunistischen oder faschistischen Bewegungen, sondern weit eher Anarchismus/ Linkssozialismus und politischer Militarismus/Rechtskonservativismus in ihrer jeweils spezifisch spanischen Ausprägung, da die sozialen Konflikte und politischen Gegensätze, die sich Stück für Stück verstärkten, weitaus älter waren, als die kommunistische oder faschistische Partei[199].

A. Staatsaufbau und Autarkiepolitik

Nach der Machtübernahme Francos´ setzte mit dem Ende des Bürgerkrieges eine Neuordnung von Staat und Wirtschaft ein, die sich der schon im Fuero del Trabajo verkündeten Zielvorstellungen bediente. Der Staat versuchte dabei eine unterentwickelte kapitalistische Wirtschaftsordnung zu reorganisieren, indem die Wirtschaft autark ausgerichtet wurde[200]. Die autarke Ausrichtung der Wirtschaft entsprach einerseits den wirtschaftlichen Zielvorstellungen des Fuero del Trabajo, der die nationale Größe und damit auch wirtschaftliche Unabhängigkeit Spaniens beschwor. Sie orientierte sich aber auch am außenpolitischen Geschehen, als Spanien durch seine Neutralität im späteren Verlauf des Zweiten Weltkrieges, sowie nach dessen Ausgang 1945 weitgehend durch die alliierten Siegermächte als faschistischer Staat isoliert wurde[201].

---

199 Bernecker/Pietschmann, Geschichte Spaniens, S. 311.

200 Maravall, Dictadura y disentimiento político, S.44.

201 Vega García, Annährungen an die Bibliographie und die Quellen zur Arbeiterbewegung unter der Franco-Diktatur, 1939-1966, S. 113; Maravall, Dictadura y disentimiento político, S.44.

Das Gesetz vom 11. April 1939[202] war Ausdruck dieser neuen wirtschaftlichen Ausrichtung. Es führte als drei Hauptarbeitsgebiete an, dass Spanien durch Straßen- und Wegebau, Wasserbauten sowie Häfen und Seezeichen wiederaufgebaut werden sollte. Gemäß der autarken Ausrichtung sollten bei diesen Arbeiten soweit wie irgend möglich heimische Werkstoffe verwandt werden. Gleichzeitig wurden Grundnahrungsmittel rationiert, um die Versorgung in den Großstädten zu sichern[203]. Im Gesetz vom 24. Oktober 1939[204] wurde zudem die Notwendigkeit betont, dass Spanien „den Import exotischer Waren verringern müsste". Ebenso erwähnt eine Anordnung vom 30. Oktober 1939[205], dass „die Importe von Waren reduziert werden müssten, um einen autarken Staat zu erreichen, der die Bedürfnisse aller seiner Mitbewohner unabhängig von ausländischen Märkten erreichen könne". Ähnlich wie in Italien wurde 1941 die INI (Instituto Nacional de Industria) geschaffen, um eine gezieltere und besser koordinierte staatliche Intervention in die Wirtschaft durchführen zu können[206].

I. Festlegung der Arbeitsbedingungungen

Das Ziel einer autarken spanischen Wirtschaft konnte nur durch massive Interventionen des Staates erreicht werden, wozu neben der reinen Kontrolle von Ein- und Ausfuhr, Geldmenge und staatlichen Investitionen natürlich auch die Kontrolle und Regulierung der Arbeitsbedingungen gehört. Im Dekret vom 29. März 1941[207] wurde in der Präambel festgelegt, dass der Staat „wie es ausdrücklich im Fuero del Trabajo angewiesen worden ist" die Grundlagen der Arbeit festschreibt, wobei den Syndikaten dabei eine entscheidende Rolle zugeteilt wurde. Gem. Art. 1 des Dekrets vom 29. März 1941 lag das Recht zur Festlegung der Arbeitsbedingungen ausschließlich beim Arbeitsministerium, das hierbei durch die Informationen und Mitarbeit der Syndikate unterstützt und beraten wurde (Art. 2 des Dekrets vom 29. März 1941).

202 Ley aprobando el Plano de Obras Públicas vom 11. April 1939, aranzadi 1939.

203 Molinero y Pere Ysás, Productores disciplinadas y minorías subversivas, S. 23.

204 Ley sobre Protección y Fomento de la Industria Nacional vom 24. Oktober 1939, Aranzadi 1939.

205 Orden vom 30. Oktober 1939, Aranzadi 1939.

206 Maravall, Dictadura y disentimiento político, S.46.

207 Aprobación de Reglamentaciónes del Trabajo, Decreto vom 29. März 1941, Aranzadi 1941.

Durch Gesetz vom 16. Oktober 1942[208] beschaffte sich der Staat schließlich die Kompetenz, die bereits in Art. III.4. F.T. angekündigt und im Dekret vom 29. März 1941 umgesetzt worden war. Gem. Art. 1 dieses Gesetzes vom 16. Oktober 1942 wurde „jede Materie, die mit der Regulierung von Arbeit verbunden ist, ausschließlich durch den Staat mittels der Arbeitsbehörde festgelegt", deren Generaldirektion (Dirección General de Trabajo) diese Aufgabe zufiel. Darunter ist die systematische Regulierung auch der geringsten Bedingungen zu verstehen, an denen sich die Arbeitsbeziehungen zwischen dem Unternehmer und seinem Personal in verschiedenen Bereichen und Aktivitäten ausrichteten. Eine Delegierung dieser Befugnis war dabei nicht zulässig. Gem. Art. 2 des Gesetzes vom 16. Oktober 1942 gab es dabei Regelungen mit nationalem, regionalem, interprovinzialem und provinzialem Charakter. Die Arbeitsbehörde konnte somit an nationale, wie auch an kommunale Besonderheiten anknüpfende und mit Industriezweigen zusammenhängende Regelungen festlegen, womit sich die Vielzahl der unterschiedlichsten Reglamentaciónes erklärt.

II. Aufbau der Syndikate

Zusätzlich zu der Regelung der Arbeitsbedingungen wurde entsprechend Art. XIII.1. F.T. die nationalsyndikalistische Ordnung des Staates aufgebaut. Nachdem bereits während des Bürgerkrieges sämtlicher politischer Pluralismus und auch die Gewerkschaften verboten und deren Mitglieder gekündigt und deportiert worden waren, wurde durch ein Dekret vom 21. April 1938[209] die Gründung privater Klassen- oder Ständegewerkschaften verboten, da die neuen Syndikate wirtschaftlich, einheitlich, öffentlich-rechtlich und militärisch durch das Ministerium für Organisation und Syndikate organisiert werden sollten. So führte die Präambel des Gesetzes vom 23. September 1939[210] an, dass die „Besitztümer der alten marxistischen und anarchistischen Gewerkschaften keinem besserem Zweck zugeteilt werden könnten, als die Basis für die zukünftige ökonomische Organisation der nationalen Wirtschaft zu legen, dem Syndikat unter der politischen Führung der F.E.T. y de las J.O.N.S."

Mit Gesetz vom 6. Dezember 1940[211] wurde schließlich die nationalsyndikalistische Zielvorstellung des Art. XIII. F.T. umgesetzt. Hiernach wurden alle Arbeitnehmer und Arbeitgeber in einzelnen Syndikaten, die nach Produktionszwei-

---

208 Ley de Bases de Trabajo, Normas Reguladoras de la elaboración de las Reglamentaciónes del Trabajo vom 16. Oktober 1942, Aranzadi 1942.
209 Decreto vom 21. April 1938, Aranzadi 1938.
210 Ley vom 23. September 1939, Aranzadi 1939.
211 Ley de Bases de la Organización Sindical vom 6. Dezember 1940, Aranzadi 1940.

gen gegliedert waren, zusammengeschlossen, wobei der Impuls für den Zusammenschluss nicht vom Einzelnen ausging. Vielmehr richtete der Staat diese Organisation ein, welche die Allgemeinheit verkörpern sollten. Daher sollten auch deren Handlungen mehr vom Gemeinwohl bestimmt sein[212]. Die eigentliche Leitung der Syndikate lag aber bei den politischen, administrativen Organen, da alle leitenden Persönlichkeiten der streng hierarchisch gegliederten Syndikate gem. Art. 6 des Gesetzes vom 6. Dezember 1940 Falangemitglieder sein mussten. Der Führer der syndikalistischen Organisation war gleichzeitig Generalsekretär der Nationalen Bewegung und gehörte automatisch dem Ministerrat an. Die Vorgaben des Fuero del Trabajo bezüglich der einheitlichen, totalitären Funktion der Syndikate wurden damit im Gesetz vom 6. Dezember 1940 vollständig umgesetzt. Damit konnte im Sinne von Art. 8 die wirtschaftliche, soziale Ordnung der Gütererzeugung durch die nationalen Syndikate ausgeübt werden. Gem. Art. 18 des Gesetzes vom 6. Dezember 1940 beschränkte sich die Tätigkeit der Syndikate auf die Ausarbeitung und Planung der Gütererzeugung, wobei sich aber spezifische weitergehende Aufgaben der Syndikate in den verschiedensten Gesetzen und Dekreten wiederfinden[213].

Zusätzlich wurde im Strafgesetzbuch in Art. 222 Codigo Penal das Streikverbot normiert, welches bereits in Art. XI.2. F.T. aufgeführt worden war, wonach „Einzel- oder Kollektivverhaltensweisen, die in irgendeiner Weise den Produktionsablauf beeinträchtigen oder gefährden" als Verbrechen des Vaterlandsverrates angesehen wurden. Der Streik (la huelga de obreros) war als Delikt im Strafgesetzbuch festgeschrieben.

III. Fazit

Zusammenfassend betrachtet ergibt sich aus diesen Regelungen über die Arbeitsbedingungen, die Syndikate und das Streikverbot, dass der Staat die totale Kontrolle über jegliche arbeitsrechtliche Beziehungen ausüben wollte, um seine wirtschaftspolitischen Ziele durchsetzen zu können. Sowohl die Festsetzung der Arbeitsbedingungen, als auch die vermeintliche Interessenvertretung dienten in der Hand des Staates als Instrumente der wirtschaftspolitischen Kontrolle.

Neben der wirtschaftlichen Ausrichtung zeigt sich auch an der arbeitsrechtlichen Gestaltung die Ideologie des Fuero del Trabajo. Maßgebend hierfür ist die Führung des Arbeitsministeriums durch den Falangisten Antonio Girón de Velasco von 1941-1957. Die starke Bedeutung der falangistischen Ideologie für den

212 Brösse, Wirtschaftsordnung und Arbeitsrecht in Spanien, S. 26.
213 Alonso García, Curso de Derecho del Trabajo, S. 725.

Neuaufbau des Staates wurde vor allem in diesen Bereichen erkennbar, da sowohl Wirtschaft als auch Arbeitswelt an den ideologischen Vorgaben des Fuero del Trabajo ausgerichtet wurden.

B. Das System des Kündigungsschutzes, Mechanismen zur Wirtschaftssteuerung und Umsetzung der Autarkiepolitik

Fraglich ist, wie sich anhand der wirtschaftspolitischen Einstellung und der ideologischen Vorgaben des Fuero del Trabajo der Kündigungsschutz gestaltete.

I. Entwicklung des Kündigungsschutzes

Das Arbeitsverhältnis wurde in Spanien zuerst speziell im Còdigo de Trabajo von 1926 typisiert und reguliert und im Ley de Contrato de Trabajo von 1931 (LCT) endgültig gesetzlich geregelt. Dabei behielten das LCT und damit der Kündigungsschutz zunächst seine Gültigkeit. Durch Gesetz von 26. Januar 1944, sog. Krisendekret, wurde das LCT reformiert und damit auch der Kündigungsschutz neu geregelt. Nachfolgend wird der Kündigungsschutz dargestellt und auf seine Änderungen untersucht werden, die sich durch das eben benannte Krisendekret ergaben.

Das spanische Recht unterschied gem. Art. 76 Abs. 6 bis 9 LCT[214] zwischen drei verschiedenen Beendigungstatbeständen, die zur einseitigen Beendigung des Arbeitsverhältnisses durch den Arbeitgeber führten und somit als Kündigung im weiteren Sinne zu qualifizieren sind[215], wobei eine genaue Definition des Begriffs Kündigung (Span.: despido) in der Literatur sehr umstritten[216] war.

Eine Trennung zwischen ordentlicher und außerordentlicher Kündigung existierte dabei nicht, sondern es wurde zur legitimen Beendigung des Vertrages als Tatbestand entweder eine disziplinarische Rechtfertigung, das Vorliegen höherer Gewalt oder aber eine wirtschaftliche Krisensituation verlangt. Somit gab es letztendlich nur eine Form der Kündigung, nämlich die gerechtfertigte Kündigung aus einer der drei genannten Gründe[217].

---

214 Version seit dem Dekret vom 26. Januar 1944, Aranzadi 1944.

215 Bayón Chacón/Pérez Botija, Manual de Derecho del Trabajo, S. 545; Alonso García, Curso de Derecho del Trabajo, S. 580.

216 Ausführliche Streitdarstellung in: Alonso Olea, El despido, S. 1-13; Suarez González, La terminación, S. 60ff.; Cabrera Claver, Concepto y naturaleza jurídica del despido, in: Revista Jurídica de Cataluña, 1950, S. 326ff.

217 Cremades, El despido en España, in: Boletim Da Faculdade De Direito, S. 213.

II. Die Kündigung aufgrund wirtschaftlicher Krise, el despido por crisis de la empresa gem. Art. 76 Abs. 7 LCT[218] *und das Krisendekret*

Nach Art. 76 Abs. 7 LCT endete der Arbeitsvertrag durch Stillegung der Industrie, des Gewerbes, Berufes oder der Dienstleistung. Allerdings endete der Arbeitsvertrag danach ausschließlich für den Fall, dass zuvor die Stillegung der Industrie durch die zuständigen Behörden entsprechend den geltenden Gesetzen genehmigt worden war. Diese Bestimmung bestand in dieser Form bereits im Ley de Contrato de Trabajo von 1931, wurde aber in ihrer Bedeutung durch das sog. Krisendekret[219] 1944 eingeschränkt und verändert. Nach Erlass dieses Krisendekrets, welches die Kündigung aus wirtschaftlichen Gründen fundamental neu regelte[220], wurde das Genehmigungsverfahren genauer definiert und die Voraussetzungen bestimmt, sowie die Rechtsfolgen dieser Genehmigung festgelegt. Hinter dieser Regelung stand dabei die Überlegung, dass in einem Zeitalter von technischem Fortschritt, welcher zu Verlusten von Arbeitsplätzen führen kann, der aktive Staat diesen Fortschritt mit sozialem Ausgleich vereinbaren müsse[221]. So verlangte es auch der Fuero del Trabajo.

1) Notwendigkeit einer Kündigungserklärung des Unternehmers

Zunächst war umstritten, ob der Tatbestand, der zur Aufhebung des Arbeitsverhältnisses gem. Art. 76 Abs. 7 LCT führte rechtlich überhaupt als eine Kündigung zu qualifizieren sei. Die Beendigung des Arbeitsvertrages aufgrund einer Schließung des Betriebes wegen einer wirtschaftlichen Krise wurde teilweise[222] deswegen nicht als Kündigung verstanden, da der Unternehmer nicht aus subjektiven Motiven heraus das Vertragsverhältnis beendete. Vielmehr legte das Gesetz selbst gem. Art. 76 Abs. 7 LCT ausdrücklich fest, „dass der Vertrag durch die Stillegung des Gewerbes, Handelsgeschäfts, Berufs oder Dienstleistungsbetriebes beendet wurde, die ihre Ursache in einer wirtschaftlichen Krise oder Arbeitskrise hatte, und zwar immer dann, wenn die besagte Stillegung gemäß den gültigen Bestimmungen vorschriftsmäßig genehmigt worden war.“ Somit bewirkte dem Gesetz nach die genehmigte Einstellung der wirtschaftlichen Tätigkeit und keine

218 Dekret vom 26. Januar 1944, Legislación sobre crisis de trabajo, Aranzadi 1944.
219 Version seit dem Dekret vom 26. Januar 1944, Aranzadi 1944.
220 Cremades, El despido en España, in: Boletim Da Faculdade De Direito, S. 219.
221 So sieht es jedenfalls Serrano Carvajal, Cambio tecnológico y crisis de trabajo, S. 273.
222 U.A. Torre Arredondo, Aspectos del Derecho de Trabajo, S. 253.

Kündigungserklärung des Arbeitgebers die Beendigung des Arbeitsverhältnisses[223].

Andererseits[224] sollte aber die Verweigerung der Genehmigung zur Nichtigkeit der Kündigungserklärung führen, woraus sich ergibt, dass neben der Genehmigung noch der Akt einer Kündigungserklärung notwendig war. Diese Rechtsfolge einer fehlenden Genehmigung legte der Gesetzgeber ausdrücklich in der Anordnung vom 23. April 1947[225] fest. Die Möglichkeit einer Heilung der versäumten Genehmigung durch Feststellung des Arbeitsgerichts, die Einstellung des Betriebes sei gerechtfertigt geschehen, wie sie vor dem Krisendekret hatte stattfinden können, war demnach nicht mehr gegeben.

Die Genehmigung der Verwaltung richtete sich ebenfalls nach dem am 26. Januar 1944 in Kraft getretenen Krisendekret, welches die genaueren Voraussetzungen der Stillegung bestimmte[226] und gem. seiner Präambel die krisenbedingte Kündigung rechtlich ausführlicher regeln sollte. In diesem Krisendekret wurde das Erfordernis der Genehmigung für die Stillegung, wie es Art. 76 Abs. 7 LCT formuliert, zudem auf Suspensionen von Arbeitsverhältnissen, Verringerung der Mitarbeiterzahl und Kurzarbeit erweitert, Art. 1 des Dekrets vom 26. Januar 1944.

Während also Art. 76 Abs. 7 LCT lediglich von einer Einstellung der wirtschaftlichen Tätigkeit sprach, umfasste das Krisendekret jede Maßnahme, die als direkte Folge eine Entlassung von Arbeitskräften nach sich ziehen konnte und erweiterte somit das Erfordernis einer Genehmigung auf alle möglichen Betriebsveränderungen[227]. Aus dem Erfordernis einer Genehmigung durch das Krisendekret für alle möglichen Betriebsveränderungen, also auch für betriebsbedingte Kündigungen als einem typischen Mittel zur Auflösung von Arbeitsverhältnissen[228], und der engen Verbindung des benannten Dekrets mit Art. 76 Abs. 7 LCT konnte man folglich schließen, dass auch Kündigungserklärungen – die Willenserklärung des Arbeitgebers gegenüber dem Arbeitnehmer – notwendig waren, um das Vertragsverhältnis nach genehmigter Betriebsveränderung, in diesem Falle der Stilllegung, aufzuheben[229].

Einerseits lässt sich zwar in der damaligen spanischen Rechtslehre keine klare Unterscheidung zwischen Kündigung und Beendigung nach Art. 76 Abs. 7 LCT erkennen, da eine Kündigung (Span. Despido) begrifflich immer die einseitige

---

223 Brösse, Wirtschaftsordnung und Arbeitsrecht in Spanien, S. 111.
224 So ausdrücklich Alonso García, Curso de Derecho del Trabajo, S. 571.
225 Orden vom 23. April 1949, Aranzadi 1947.
226 Alonso García, Curso de Derecho del Trabajo, S. 571f.
227 Guilarte, Manual de Derecho del Trabajo, S. 302; Alonso Olea, El despido, S. 60f.
228 Bayón Chacón/Pérez Botija, Manual de Derecho del Trabajo, S. 562.
229 So jedenfalls Brösse, Wirtschaftsordnung und Arbeitsrecht in Spanien, S. 111.

Beendigung des Arbeitsvertrages durch den Willen des Unternehmers[230] voraussetzte, während die Tatsache der Betriebsstillegung lediglich dem Arbeitnehmer mitgeteilt wurde, die auflösende Kraft also nicht in der Erklärung selbst lag[231]. Doch führte diese begriffliche Streitigkeit zu keiner unterschiedlichen Rechtslage, da sowohl das oberste Gericht[232] als auch die Literatur[233] im Ergebnis dann doch für Entlassungen im Sinne von Art. 76 Abs.7 LCT Kündigungserklärungen des Unternehmers gegenüber dem Arbeitnehmer voraussetzten, die zu ihrer Wirksamkeit der vorherigen staatlichen Genehmigung bedurften. Mithin war der Tatbestand des Art. 76 Abs. 7 LCT als Kündigung zu qualifizieren, da die Genehmigung zur Einstellung des Betriebes auch zur Kündigung der Arbeitnehmer berechtigte, aber nicht deren Kündigung beinhaltete[234].

In jedem Fall geht aber aus dem Gesetz ausdrücklich hervor, dass es dem Arbeitgeber seit der Einführung des Krisendekrets 1944 verwehrt war, aufgrund eigener Entscheidung Arbeitnehmer aus Rentabilitätsgründen ohne vorheriges Verwaltungsverfahren, das auf die Erteilung einer entsprechenden Erlaubnis gerichtet war, zu entlassen[235]. Der Staat prüfte in einem Verwaltungsverfahren in Zusammenarbeit mit den Syndikaten, ob die Schließung und die Entlassungen durchgeführt werden durften oder andere Maßnahmen ergriffen werden mussten. Unter Beibehaltung der Regelungen des LCT hatte sich der Staat entsprechend der Vorgabe aus dem Fuero del Trabajo eine Möglichkeit geschaffen, die Entlassung von Arbeitskräften von seinem Willen abhängig zu machen.

Fraglich ist daher, an welche Voraussetzungen die Genehmigung geknüpft worden ist, bzw. wie das Verwaltungsverfahren abzulaufen hatte.

2) Initiative des Arbeitgebers

Die Einleitung des Genehmigungsverfahrens zur Stillegung eines Betriebes aufgrund wirtschaftlicher Krise erfolgte auf Antrag des Arbeitgebers bei der zuständigen Behörde[236], Art. 3 des Dekrets vom 26. Januar 1944. Unter wirtschaftlicher Krise eines Unternehmens war nach damaliger Ansicht jede Situation zu verstehen, in der die Kosten der Produktion höher waren als die Einnahmen[237]. Dabei wurde nicht gefordert, dass sich der Unternehmer bereits in einem Zustand der

230 Alonso Olea, El despido, S.13.
231 Bayón Chacón/Pérez Botija, Manual de Derecho del Trabajo, S. 545.
232 Urteil des Tribunal Supremo vom 9. Dezember 1953, Aranzadi 1953, N° 3078.
233 Guilarte, Manual de Derecho del Trabajo, S. 303; Alonso Olea, El despido, S. 83.
234 Serrano Bulnes, Despido por crisis, in: Justicia Social, 32 (1949), S. 12.
235 Kasten, Spanisches Arbeitsrecht im Umbruch, S. 76.
236 Sagardoy Bengoechea, El despido laboral, S. 215.
237 Alonso Olea, El despido, S. 65.

Insolvenz befand, sondern es wurde eine Situation verlangt, bei deren ungehindertem Fortlauf der Unternehmer und sein Betrieb in den wirtschaftlichen Ruin fallen. Ein vorübergehender Zustand, keine Erwirtschaftung von Gewinnen, reichte somit nicht aus, sondern es musste eine schwere tiefgreifende Bedrohung der Existens des Unternehmens vorliegen[238]. In seinem schriftlichen Gesuch bei der Behörde hatte der Arbeitgeber anzugeben, inwieweit eine wirtschaftliche Krise vorlag und seinen Schritt zur Verringerung der Mitarbeiterzahl oder völligen Einstellung des Betriebes zu begründen. Diese Angabe war sogar erforderlich, wenn der Arbeitgeber die Tätigkeit seines Betriebs bereits völlig eingestellt hatte und alle Mitarbeiter bereits de facto entlassen worden waren, d.h. gar keine Möglichkeit mehr für sie bestand, ihre Arbeitsleistung zu erbringen. Ohne Einleitung des Verfahrens und ohne Genehmigung war die Kündigungserklärung nichtig und das Arbeitsverhältnis mit den daraus gegenseitig resultierenden Ansprüchen blieb trotz tatsächlicher Stillegung des Betriebes erhalten[239].

War es anfänglich seit dem Erlass des Krisendekrets noch vorgekommen, dass Unternehmer ohne eine behördliche Genehmigung eine Betriebsstillegung vornahmen und sich die Arbeitnehmer anschließend hilfesuchend an die Arbeitsgerichte wandten, welche die Nichtigkeit der ausgesprochenen Kündigung mangels behördlicher Genehmigung feststellen mussten[240], so wurde diese Nichtigkeit ausdrücklich durch Nr. 1 der Anordnung vom 23. April 1947[241] geregelt. Die Gerichte beriefen sich zuvor bei ihrer Prüfung auf eine alte Norm vom 13. Mai 1938, die ihnen die Kompetenz zur Prüfung des Tatbestandes zugewiesen hatte, aber durch die Anordnung vom 23. April 1947 endgültig außer Kraft gesetzt wurde.

Die Möglichkeit, betriebsbedingt zu kündigen, blieb demnach nach der Einführung des Krisendekrets in den Händen der Arbeitsbehörden, wurde aber in der Hinsicht verschärft, dass eine Heilung der versäumten Genehmigung durch Überprüfung des Arbeitsgerichts nicht mehr möglich war, wie sie nach der alten Fassung noch teilweise stattgefunden hatte. Somit war der Arbeitgeber zur betriebsbedingten Kündigung durch das Krisendekret in jedem Fall auf die verwaltungsrechtliche Genehmigung angewiesen.

Allerdings beschränkte sich diese Initiativpflicht auf die Entlassung von Arbeitnehmern mit unbefristeten Verträgen, da zur Befristung von Arbeitsverträgen wie bei der Einstellung von Saisonarbeitern schon die Befristung des Arbeitsverhältnisses der Genehmigung bedurfte. Eine Anordnung vom 5. April 1944[242], die

---

238 Bayón Chacón/Pérez Botija, Manual de Derecho del Trabajo, S. 552.

239 Alonso Olea, El despido, S. 84.

240 So Serrano Bulnes, Despido por crisis, in: Justicia Social, 32 (1949), S. 12.

241 Orden vom 23. April 1947, Aranzadi 1947.

242 Orden vom 5. April 1947, Aranzadi 1947.

das Krisendekret genauer bestimmte und Richtlinien für Reglamentaciónes in diesem Bereich vorgab, legte dies in Art.1 ausdrücklich fest[243]. Es entstand somit keine Regelungslücke, die ein Unternehmer zur freien Kündigung von Mitarbeitern ausnutzen konnte, indem er lediglich befristete Arbeitsverträge abschloss, sondern die Befristung eines Arbeitsverhältnisses war zuvor bereits behördlich überwacht und kontrolliert worden[244].

3) Feststellung der Krise

Von der zuständigen Behörde wurde in dem weiterem Verfahren festgestellt, Art. 4 des Dekrets vom 26. Januar 1944, ob eine Krise vorlag. Vor allem ging es dabei um die Abgrenzung[245], ob eine spezifische Krise des Betriebes oder aber ein Fall von „höherer Gewalt" vorlag, der ebenfalls zur Entlassung mehrerer Arbeitnehmer berechtigte, wobei die Rechtsfolgen für den Arbeitnehmer in diesem Falle allerdings vorteilhafter sein konnten.

Es ging der Behörde vor allem darum, unter Zusammenarbeit verschiedener staatlicher Abteilungen, der Syndikate und des Betriebsrates, Lösungen auszuarbeiten, um die Schließung eines Betriebs zu verhindern. Die Zusammenarbeit zwischen den verschiedenen Behörden und der Austausch über die vorhandenen Informationen waren dabei im Einzelnen vor allem in Art. 5 des Dekrets vom 26. Januar 1944 gesetzlich bestimmt, damit die Situation des Betriebes ausreichend dokumentiert werden konnte[246]. So konnte die Behörde nach Beratung durch die Syndikate den Antrag des Betriebsinhabers entweder ablehnen, den Betrieb suspendieren oder schließen, teilweise Entlassungen gestatten, oder aber sogar die Betriebsorganisation wie Arbeitszeiten, Schichtenaufteilung, Kurzarbeit und sogar die Lohnkosten durch Erlass von Reglamentaciónes ändern[247]. Dieser Prozess fand bei einem Unternehmen mit mehr als hundert Angestellten oder einem überprovinzialen Unternehmen unter der Leitung der Generaldirektion für Arbeit statt, sonst in den lokalen Arbeitsämtern und stellte mit seiner Entscheidung den Abschluss des Verwaltungsverfahrens dar[248].

---

243 Fernández Heras, Crisis de Trabajo, S. 13.

244 Alonso Olea, El despido, S. 77.

245 Mehr dazu siehe unten: 1) Abgrenzung zur wirtschaftlichen Krise gem. Art. 76 Abs. 7 LCT, S. 87.

246 Sagardoy Bengoechea, El despido laboral, S. 219.

247 Bayón Chacón/Pérez Botija, Manual de Derecho del Trabajo, S. 554; Alonso García, Curso de Derecho del Trabajo, S. 571.

248 Serrano Bulnes, Despido por crisis, in: Justicia Social, 32 (1949), S.10.

4) Beendigung des Bestandes des Betriebes

Die Genehmigung blieb für den Fall ausgeschlossen, dass der Betrieb verkauft werden oder in anderer Form weiter bestehen sollte, da ein Wechsel des Betriebsinhabers lediglich dazu führte, dass die Arbeitnehmer dem neuen Betriebsherrn zugeordnet wurden[249]. Es musste also für die Genehmigung einer Auflösung wirklich eine totale Einstellung der betrieblichen Tätigkeit an sich, unabhängig von der Person des Betriebsinhabers, in Aussicht stehen.

5) Rechtsfolge

Die Erteilung der Genehmigung zog folgende Rechtsfolgen nach sich[250]:

1°. Recht auf Auflösung des Arbeitsvertrages mit allen Arbeitnehmern, die von der Auflösung der Firma oder eines Betriebsteils betroffen waren. Die ohne die Genehmigung ausgesprochene nichtige Kündigung erlangte durch die Genehmigung der Behörde Wirksamkeit. Die Arbeitsgerichte konnten die Genehmigung nicht im Nachhinein erteilen.

2°. Zuerkennung einer Abfindung für die entlassenen Arbeitnehmer, deren Höhe durch das Arbeitsgericht festgelegt wurde, wobei die Zuständigkeit der Arbeitsgerichte für diese Aufgabe zwar gesetzlich festgeschrieben, Art. 6 des Dekrets vom 26. Januar 1944, aber nichtsdestoweniger dogmatisch äußerst problematisch war. So war der Weg zu den Arbeitsgerichten gem. Art. 1. T.R.L.P. (Texto Refundido de Procedimiento laboral) eigentlich nur für individuelle Streitigkeiten aus dem Bereich des Arbeitsrechts eröffnet, doch half sich das Tribunal Supremo[251] mit der Begründung, dass es sich bei der Festsetzung der Entschädigungen nicht um einen Kollektivkonflikt, sondern um eine „Summe von Individualkonflikten" handele.

Die Gerichte hatten bei der Festsetzung zum einen die Interessen des Unternehmens zu berücksichtigen, welches aufgrund wirtschaftlicher Probleme zu Kündigungen genötigt wurde und auf der anderen Seite die Interessen des Arbeitnehmers, welcher durch die Entschädigung eine Perspektive erhalten sollte, um die Zeit der Arbeitslosigkeit überbrücken zu können[252]. Die Höhe der Entschädigung durfte den Lohn für 15 Tage nicht unterschreiten und nicht höher als das Gehalt für ein Jahr ausfallen, Art. 5 des Krisendekrets vom 26. Januar 1944.

249 Alonso Olea, El despido S. 78.
250 Alonso García, Curso de Derecho del Trabajo, S. 571.
251 Urteil des Tribunal Supremo vom 9. Dezember 1953, Aranzadi 1953, N° 3078.
252 Serrano Bulnes, Despido por crisis, in: Justicia Social, 32 (1949), S.11.

Zudem sollte gem. Art. 6 des Krisendekrets der Grad der Freiwilligkeit der unternehmerischen Entscheidung für den Personalabbau berücksichtigt werden.

3°. Um die behördliche Genehmigung aufzuheben, bestand gem. Art. 4 des Krisendekrets vom 26. Januar 1944 lediglich ein verwaltungsrechtlicher Instanzenzug zu einer höheren Behörde, während der Zugang zu den Instanzen der Arbeitsgerichte verwehrt[253] war. Auf die Arbeitsgerichte wurde lediglich nach rechtskräftig erteilter Genehmigung zur Festsetzung der Entschädigungshöhe verwiesen, Art. 6 des Krisendekrets vom 26. Januar 1944.

6) Das Schweigen der Behörde

Aus Art. 3 des Krisendekrets vom 26. Januar 1944 geht hervor, dass die Behörde innerhalb von zwanzig Tagen über den Antrag des Unternehmers entschieden haben musste. Für den Fall, dass die Behörde aufgrund ihrer Nachlässigkeit nicht innerhalb dieser Frist reagierte, galt dieses Schweigen der Behörde, welches normalerweise als Ablehnung eines Antrags zu interpretieren war, als Zustimmung zu den vorgeschlagenen Änderungen des Unternehmers[254]. Sinn der Vorschrift scheint vor allem die Vermeidung des Ruins jeglicher Unternehmer zu sein, die in wirtschaftlichen Notsituationen durch zu langsames Behördenhandeln sonst völlig in ihrer wirtschaftlichen Bewegungsfreiheit blockiert wären, womit sich ihre Lage weiter verschlimmert hätte.

III. Kündigung aufgrund höherer Gewalt, el despido por fuerza mayor gem. Art. 76 Abs. 6 LCT[255]

Nach Art. 76 Abs. 6 LCT endete das Vertragsverhältnis auch im Falle von „höherer Gewalt“, welche die Arbeitsleistung unmöglich macht. Hierzu zählten folgende Gründe: Brand, Überschwemmung, Erdbeben, Explosion, Landplagen, Krieg, Aufstände und jegliche Ereignisse außerordentlichen Charakters, welche die Vertragspartner nicht voraussehen oder vermeiden konnten.

Unter höherer Gewalt lassen sich im weiteren Sinne alle sozialen, wirtschaftlichen und anderen Umstände zusammenfassen, die zur physischen Unmöglichkeit seitens des Unternehmers führen, den Arbeitsplatz anzubieten, und die er

253 Fernández Heras, Crisis de Trabajo, S.6f.
254 Alonso Olea, El despido, S. 86.
255 Version seit dem Dekret vom 26. Januar 1944.

nicht zu verantworten hat[256]. Der Tatbestand des Art. 76 Abs. 6 LCT blieb damit verglichen mit dem LCT von 1931 unverändert bestehen.

l) Abgrenzung zur wirtschaftlichen Krise gem. Art. 76 Abs. 7 LCT[257]

Bereits vom Wortlaut her fällt auf, dass die Anwendung des Art. 76 Abs. 6 LCT nicht auf die im Gesetz genannten Fälle beschränkt war, sondern die Vorschrift lediglich Beispiele für höhere Gewalt anführte und als offener Tatbestand ergänzt werden konnte[258]. Darüber hinaus unterschied sich diese Vorschrift in ihren Voraussetzungen von der Vertragsbeendigung aufgrund wirtschaftlicher Krise, da für die Wirksamkeit der kollektiven Vertragsbeendigung des Art. 76 Abs.6 LCT im Gegensatz zu Art. 76 Abs. 7 LCT[259], der dies im Tatbestand bereits seit der ursprünglichen Fassung von 1931 ausdrücklich erwähnte, keine behördliche Genehmigung verlangt wurde. Auch wurde die Ansicht[260] vertreten, dass beim Eintritt von höherer Gewalt der Vertrag nicht durch die Kündigung des Arbeitsverhältnisses endete, sondern eigentlich bereits durch die Unmöglichkeit von Seiten des Arbeitgebers, einen Arbeitsplatz anzubieten. Damit sollte das Eintreten von höherer Gewalt ipso iure den Arbeitsvertrag beenden.

Das führte zu dem Problem, dass eine wirtschaftliche Krise, die ein Betrieb aufgrund beispielsweise nationaler gesamtwirtschaftlicher Umstände erlitt, ebenso den Tatbestand von Art. 76 Abs. 7 LCT wie von Art. 76 Abs. 6 LCT erfüllen konnte, legte man eine nationale Wirtschaftskrise als nationales Ereignis ähnlichen Charakters im Sinne von Art. 76 Abs. 6 LCT[261] aus, da ein Unternehmer eine nationale Wirtschaftsschwäche genauso wenig zu verantworten hatte wie eine Überschwemmung[262]. Der Unternehmer hätte in diesem Falle Kündigungen wegen „höherer Gewalt" ohne das Einholen behördlicher Genehmigungen und ohne die nachträgliche Zahlung von Abfindungen vornehmen können.

Art. 76 Abs. 7 LCT war dabei eigentlich vom damaligen Gesetzgeber für den Fall vorgesehen worden, dass der Arbeitgeber aus eigenem wirtschaftlichen Verschulden kündigen musste, weswegen er auch zumindest den Arbeitnehmer abzufinden hatte, während Art. 76 Abs. 6 LCT für den Fall vorgesehen war, dass keine Vertragspartei die wirtschaftlich notwendig gewordene Kündigung zu verant-

---

256 Montoya Melgar, El despido por Fuerza Mayor, in: Revista de Politica Social 85 (1970), S. 96.
257 Version seit dem Dekret vom 26. Januar 1944.
258 Pérez Botija, El Contrato de Trabajo, S. 230; Alonso Olea, El despido, S. 60.
259 Version seit dem Dekret vom 26. Januar 1944.
260 Suarez González, La terminación, S. 166f.
261 Version seit dem Dekret vom 26. Januar 1944.
262 Alonso Olea, El despido, S. 66.

worten hatte[263]. Es bestand aber die Ansicht[264], dass die bisherige Regelung einer Kündigung wegen höherer Gewalt ohne staatliche Kontrolle und ohne das Recht auf Abfindung eine schwere Störung des sozialen Friedens mit sich brachte und die Abgrenzung zur Kündigung wegen einer wirtschaftlichen Krise ungerechtfertigt war.

Dieses Abgrenzungsproblem wurde dadurch vermieden, dass in dem Krisendekret vom 26. Januar 1944 für **jegliche** kollektive Kündigungen die behördliche Genehmigung und das anschließende Abfindungsverfahren vorgeschrieben wurden[265]. Diese Gleichbehandlung galt als konsequent und logisch, da im Ergebnis dieselbe politische Verantwortung für Beschäftigung und Kontrolle bei höherer Gewalt wie bei krisenbedingter Auflösung gelten sollte[266]. Aufgrund dieses Dekrets musste zudem jedes Unternehmen zur Suspendierung oder bei Einstellung seiner Tätigkeit eine behördliche Genehmigung einholen, Art. 1 des Krisendekrets vom 26. Januar 1944. Darunter war zu verstehen[267], dass es keinem Unternehmer möglich war, kollektive Kündigungen aufgrund höherer Gewalt, wirtschaftlicher Krise oder aber aus anderen Gründen auszusprechen, ohne eine behördliche Genehmigung eingeholt zu haben. Der Tatbestand der Kündigung wegen höherer Gewalt wurde somit zu einem Unterfall der krisenbedingten Kündigung umgeformt[268].

Die Verwaltung legte in jedem Fall fest, ob überhaupt eine Krise und welcher Art auch immer, vorlag[269] und ob und wie viel Arbeitnehmer aufgrund dieser Situation gekündigt werden durften. Darüber hinaus entschied die Behörde auch, ob ein Fall höherer Gewalt vorlag oder eine wirtschaftliche Krise des Unternehmens[270], womit ein Einfluss auf die Höhe der Abfindung genommen wurde, da sich diese u.a. nach dem Grad des Verschuldens des Unternehmers bemaß.

Zwar wurde dieser Ansicht bezüglich der Auslegung und Anwendung des Krisendekrets entgegengehalten, dass diese Auslegung dem Prinzip der freiwilli-

---

263 Pérez Botija, El Contrato de Trabajo, S. 230.

264 So Bayón Chacón, La Protección del Interes Social en los supuestos de fuerza mayor, crisis laboral y reconversión de empresas, S. 51ff.

265 Pérez Leñero, Instituciones del Derecho Español, S. 238; Benítez de Lugo, Extinción del Contrato de Trabajo, S. 46.

266 Montoya Melgar, El despido por fuerza mayor, in: Revista de Politica Social 85 (1970), S. 113.

267 Suarez González, La terminación, S. 168; Alonso Olea, el despido, S. 59ff., Benítez de Lugo, Extinción del Contrato de Trabajo, S. 47.

268 Peso y Calvo, La fuerza mayor propia, S. 96.

269 Montoya Melgar, El despido por fuerza mayor, in: Revista de Politica Social 85 (1970), S. 112f.

270 Cremades, El despido en España, in: Boletim Da Faculdade De Direito, S. 221.

gen Beteiligung an der Produktion aus dem Fuero del Trabajo widersprach[271] und Unmöglichkeit nicht durch Genehmigung, sondern gem. arts. 1.182 Codigo Civíl automatisch eintrete. So kamen auch Bayón Chacón/Pérez Botija[272] zu der Schlussfolgerung, dass das aus dem Krisendekret herausgelesene Erfordernis der Beantragung und behördlichen Genehmigung jeglicher kollektiven Kündigung mit wirtschaftlichem Hintergrund durchaus zu bezweifeln sei und daher einer Reformierung bedürfe.

Demgegenüber vertrat Alonso Olea[273] die Ansicht, dass letztendlich nicht der Grund für die Beendigung des Arbeitsverhältnisses zu der Anwendbarkeit des Gesetzes führe, sondern lediglich eine kollektive Wirkung. Sobald eine Mehrheit von Arbeitnehmern eine Beendigung des Arbeitsverhältnisses zu befürchten hatte, da bei einer Verringerung der Arbeitskräfte selten nur eine einzelne Person in Frage kam, sollte die staatliche Kontrolle und damit auch staatlicher Schutz durch das Erfordernis einer Genehmigung eingreifen. Der Staat wollte und sollte die Kontrolle über jegliche kollektiven Kündigungen ausüben. Somit behandelte er die eigentlich verschiedenen Tatbestände des LCT von 1931, Art. 76 Abs. 6 LCT und Art. 76. Abs. 7 LCT, mit der Verabschiedung des Krisendekrets nach dem gleichen verwaltungsrechtlichen Verfahren[274], womit er sich umfassende wirtschaftliche Kontrollmöglichkeiten sicherte.

Es ist anzunehmen, dass neben der problematischen Abgrenzung zwischen 76 Abs. 6 LCT[275] und Art. 76 Abs. 7 LCT[276] ein weiterer Grund für eine Genehmigungspflicht jeglicher kollektiven Vertragsbeendigung darin lag, dass ein gerichtliches Vorgehen gegen kollektive Maßnahmen seit Schaffung der neuen Gerichtsbarkeit nicht möglich war. Denn der Arbeitsgerichtsweg war nur für Individualstreitigkeiten eröffnet. Insofern hätte die Kündigung wegen höherer Gewalt, aus disziplinären Gründen oder wegen wirtschaftlicher Krise eine Möglichkeit für den Unternehmer dargestellt, Arbeiter nicht nur ohne behördliche, sondern auch ohne gerichtliche Kontrolle uneingeschränkt zu kündigen. Damit hätte der Staat seiner Verpflichtung aus dem Fuero del Trabajo zuwider gehandelt, das Recht auf Arbeit zu schützen. Das Krisendekret stellte daher eine Reaktion auf die Schaffung der Arbeitsgerichtsbarkeit dar und erfüllt gleichzeitig die Vorgaben des Fuero del Trabajo, ohne das ursprüngliche LCT seinem Wortlaut nach zu ändern oder dem Inhalt nach zu reformieren.

---

271 Villa Gil, La extinción del Contrato de Trabajo, S.148.
272 Bayón Chacón/Pérez Botija, Manual de Derecho del Trabajo, S. 563.
273 Alonso Olea, El despido, S.76.
274 Alonso Olea, El despido, S.81.
275 Version seit dem Dekret vom 26. Januar 1944.
276 Version seit dem Dekret vom 26. Januar 1944.

2) Beendigung des Arbeitsverhältnisses durch Unmöglichkeit

Da der Unternehmer in einem Fall höherer Gewalt genauso handeln musste wie bei wirtschaftlicher Krise und sich seine weitere Vorgehensweise somit allein nach der Behördenentscheidung richtete, kann der Streit[277], ob die Beendigung des Arbeitsverhältnisses bereits durch die Unmöglichkeit an sich, oder aber erst durch die infolge von eingetretener Unmöglichkeit ausgesprochene Kündigung endete, dahin gestellt bleiben, da im Ergebnis, wie bei der krisenbedingten Kündigung auch, ohne die Genehmigung der Behörde das Arbeitsverhältnis weiter bestand.

3) Abfindung des Arbeitnehmers

Wie bei der krisenbedingten Kündigung wurde für den Arbeitnehmer gem. Art. 6 des Krisendekrets vom 26. Januar 1944 der Anspruch auf eine Abfindung vor den Arbeitsgerichten eröffnet, die „ den Grad der Freiwilligkeit des Unternehmers und dessen Gewinne und Verluste während der 4 vorangegangen Trimester, sowie die finanzielle Stellung und familiäre Verbindlichkeiten des Arbeitnehmers“ berücksichtigen sollten.

Kerngedanke dieser Abfindung und seiner Höhe war allerdings vor allem der Grad der Verantwortung des Unternehmers für die Schließung des Betriebs oder die Notwendigkeit von Kündigungen, da der Arbeitnehmer keine Schuld an seiner Kündigung trug.

4) Zwischenergebnis

Im Ergebnis hat der Gesetzgeber die ursprünglich vorgenommene Differenzierung in Art. 76 LCT zwischen wirtschaftlicher Krise und höherer Gewalt durch das Krisendekret außer Kraft gesetzt. Der eigentliche Sinn einer Vertragsbeendigung aufgrund höherer Gewalt, die keine Seite zu verantworten hatte und somit auch keine Seite belasten sollte, wie es das Gesetz in der Fassung von 1931 ursprünglich regelte, hatte sich erübrigt. Die neue Regelung widersprach daher auch dem eigentlichen Sinn des Kündigungsrechts wegen „höherer Gewalt“[278]. Der Staat hat sich für kollektive Kündigungen und Betriebsänderungen das umfassende Recht gegeben, diese Maßnahmen zu kontrollieren, abzulehnen oder

277 Ausführlich dargestellt bei Montoya Melgar, El despido por Fuerza Mayor, in: Revista de Politica Social 85 (1970), S. 96.

278 Montoya Melgar, El despido por Fuerza Mayor, en: Revista de Politica Social 85 (1970), S. 112.

aber zu verändern. Den Gerichten wurde daher jegliche Einwirkungsmöglichkeit auf die kollektive Kündigung entzogen, da der Staat entsprechend dem Fuero del Trabajo[279] als „Hüter der gebührenden Harmonie" fungierte. Somit wurde durch das Krisendekret die Forderung aus dem Fuero del Trabajo nach der Steuerung der Wirtschaft umgesetzt. Der Staat hat sich durch den umgestalteten Kündigungsschutz nach dem Krisendekret auch ein Instrument zur Regelung der Beschäftigung geschaffen[280].

IV. disziplinarische Kündigung

Nach Art. 76 Abs. 8 LCT endete das Vertragsverhältnis von Arbeitnehmer und Arbeitgeber durch die gerechtfertigte Kündigung des Arbeitgebers gegenüber dem Arbeitnehmer.

1) Genehmigung (expediente) für die Zulässigkeit der Kündigung

Die Kündigung im engeren und rein technischen[281] Sinne gem. Art. 76 Abs. 8 LCT galt als Beendigungstatbestand des Arbeitsverhältnisses aufgrund einseitiger, willentlicher Entscheidung des Unternehmers[282]. Der Unterschied zur Beendigung des Arbeitsverhältnisses im Sinne von Art. 76. Abs. 6 und 7 LCT lag also gerade darin, dass diese Kündigungserklärung im engeren Sinn allein auf dem freien Willensentschluss des Arbeitgebers beruhte[283].

Dementsprechend konnte der Arbeitgeber gegenüber einem Arbeitnehmer ohne eine behördliche Genehmigung eine Kündigung im Sinne von Art. 76 Abs. 8 LCT aussprechen. Diese Regelung bestand in dieser Form bereits im LCT von 1931, wobei in Art. 89 LCT von 1931 in einem Maßnahmenkatalog ausgeführt wurde, welche Kündigungen gerechtfertigt und welche ungerechtfertigt waren, weshalb der Arbeitnehmer im Ergebnis zwar immer gekündigt, aber aufgrund der fehlenden Rechtfertigung der Kündigung ggf. zu entschädigen, nicht aber wiedereinzustellen war[284]. Formell hatte sich also die Freiheit zur Kündigung aus dem Gesetz von 1931 trotz einiger Änderungen im Wortlaut,

---

279 Sagardoy Bengoechea, Sobre las crisis laborales o económicas, S. 138.
280 Cremades, El despido en España, in: Revista de Trabajo, 39-40 (1972), S. 11.
281 Alonso García, Curso de Derecho del Trabajo, S. 580.
282 Bayón Chacón, El despido, S.10.
283 Carro Igelmo, El despido justo, S.36.
284 So auch Hernáinz Marquez, El problema del despido en España, in: Revista de Trabajo, 1 (1960), S. 45, wobei die genaue Abwicklung der Abfindung, die auch von der Betriebsgröße abhing, an dieser Stelle außer Betracht bleibt.

welche teilweise dahin stehen können und teilweise bei Darstellung der Kündigungsgründe[285] detailliert behandelt werden, gegenüber dem LCT von 1944 nicht verändert. Es wurden lediglich redaktionelle Änderungen vorgenommen, welche die ideologischen Begriffe des Fuero del Trabajo im LCT umsetzten. So wurde der Patron in Arbeitgeber oder Unternehmer umbenannt, um das Arbeitsrecht mit den Kerngedanken des Fuero del Trabajo zu harmonisieren[286]. Mithin behielt das LCT formell das Recht auf freie und formlose Kündigung eines Arbeitnehmers durch den Arbeitgeber bei[287]. Vergleicht man diese Freiheit zur Kündigung der Arbeitnehmer, wobei der Arbeitgeber maximal mit einer Abfindung belastet wurde, mit der Vorgabe aus Art. I.4. F.T., in dem ausgeführt wurde, dass der Staat die Arbeit an sich schützt, so ergibt sich eine Schieflage, war doch eines der Hauptziele des neuen Staates die Dauerhaftigkeit und Stabilität der Arbeitsbeziehungen[288]. Es erscheint fraglich, ob und wie diese Schieflage zwischen vorhandenem Kündigungsschutz und den Vorgaben des Fuero del Trabajo behoben wurde.

Wie schon in anderen arbeitsrechtlichen Bereichen wurde dieses Problem durch das bereits erwähnte Gesetz vom 16. Oktober 1942[289] gelöst. Die Mehrheit dieser Verordnungen (Reglamentaciónes) für die verschiedenen Arbeitsbereiche führte mit teilweise unterschiedlichen Kriterien die Voraussetzung eines Kündigungsgesuches (expediente disciplinario) ein[290]. Hinter diesem Gesuch stand ein ausgedehntes Verwaltungsverfahren, so die vorangehende Information der Syndikate von einer beabsichtigten Kündigung mit anschließendem Vermittlungsversuch, welche seit den Anordnungen vom 21. Januar 1944 und 22. Oktober 1948 zu erfolgen hatte[291], Einbeziehung des syndikalen Betriebsrates zu Vermittlungen und schließlich eine ausführliche Begründung für die Kündigung, welche mit der Dokumentation der beschrittenen Vermittlungsschritte in einer Kündigungsakte dem Arbeitsgericht vorzulegen war[292]. Mithin musste das Arbeitsgericht über die Zulässigkeit der Kündigung erst nach einem langwierigen Verfahren für den Arbeitnehmer entscheiden. Im Ergebnis entwickelte sich somit das Recht auf eine Kündigung aus disziplinarischen Gründen durch den Arbeitgeber zu einem Kon-

---

285 Siehe bei "6) Die einzelnen Tatbestände", S. 101.
286 Hernáinz Marquez, Tratado Elemental de Derecho del Trabajo, 10°, S. 448.
287 Almansa Pastor, El despido nulo, S. 59.
288 Serrano Bulnes, El despido en la Ley de Contrato de Trabajo y en las Reglamentaciónes de Trabajo, S. 15, in: Justicia Social, 27 (1949).
289 Ley de Bases de Reglamentaciónes.
290 Hernáinz Marquez, Tratado Elemental de Derecho del Trabajo, 10°, S. 448.
291 Almansa Pastor, El despido nulo, S. 60.
292 Carro Igelmo, El despido justo, S. 43.

trollverfahren, das mit der Entscheidung des Richters darüber endete[293], ob alle administrativen Vermittlungswege durchgeführt worden waren. Für besondere Arbeitnehmer, wie solche mit syndikaler Verantwortung, kamen allerdings noch weitere Hindernisse hinzu, welche an späterer Stelle erörtert werden[294].

Diese Tendenz zu dem Erfordernis eines Kündigungsgesuches, welches in der Mehrheit der Reglamentaciónes nach und nach normiert wurde, wurde schließlich durch die Anordnung der Arbeitsbehörde vom 23. April 1947 endgültig manifestiert. Diese erklärte jegliche Kündigungen, die ohne Vermittlungsverfahren und Kündigungsgesuch stattgefunden hatten, für nichtig[295]. Zwar unterschieden sich nach wie vor die verschiedenen Reglamentaciónes in der Strenge der Anforderungen an Vermittlungen und Information, doch blieb somit dem Arbeitgeber endgültig das Recht auf eine disziplinarische Kündigung ohne eine vorherige administrative Kontrolle verwehrt, da das Arbeitsgericht eine Kündigung mangels expediente ohne weitere Prüfung der Umstände für nichtig erklärte[296]. Die Zulässigkeit von Kündigungen wurde somit durch die Reglamentaciónes des Arbeitsministeriums stark eingeschränkt, das somit seinen ideologischen Vorgaben aus dem Fuero del Trabajo in diesem Punkt nachkam. Allerdings stand diese Regelung in den Reglamentaciónes in klarem Widerspruch zu dem Recht auf Kündigung aus Art.76 Abs. 8 LCT[297], nach dessen Wortlaut ein in Art. 77 LCT aufgezählter Rechtfertigungsgrund für eine Kündigung des Arbeitgebers ausreichte.

Dieser Widerspruch führte zu einem ausgedehnten Meinungsstreit über die tatsächliche Zulässigkeit der expediente und das Rangverhältnis der Anordnungen und Verordnungen des Arbeitsministeriums zum LCT, der aber dahinstehen kann, weil er in der Praxis keine Bedeutung erlangte. Die Reglamentaciónes führten das Erfordernis der expedientes für die Zulässigkeit der Kündigung ein und seit der Anordnung vom 23. April 1947 hielt sich die Rechtsprechung zunächst daran.

2) Rechtfertigung der Kündigung

Gem. Art. 76 Abs. 8 LCT führte aber unverändert nicht allein die zulässige, sondern die (zulässige) gerechtfertigte Kündigung zur Beendigung des Arbeitsverhältnisses. Das expediente-Verfahren stellte lediglich eine formelle Vorausset-

---

293 Almansa Pastor, El despido nulo, S. 62.

294 Siehe hierzu "V. Sonderkündigungsschutz", S. 118

295 Nuñez Samper, El nuevo régimen de despido y la jurisprudencia del Tribunal Central de Trabajo, in: Revista de Derecho de Trabajo 23 (1957), S. 73.

296 Pérez Leñero, Instituciones de Derecho Español del Trabajo, S. 249f.

297 So auch Hernáinz Marquez, El problema del despido en España, in: Revista de Trabajo, 1 (1960), S. 46.

zung dar, keine abschließende materielle Prüfung. Es konnte nach damaliger Ansicht[298] keine Kündigung ohne einen rechtfertigenden Grund geben. Die Notwendigkeit einer Rechtfertigung für eine Kündigung des Arbeitnehmers durch den Unternehmer ergab sich aus Art. 77 LCT, der verschiedene Rechtfertigungsgründe aufzählte. Aus dem Gesetz ging somit eindeutig hervor, dass der Unternehmer zur willentlichen Beendigung des Arbeitsverhältnisses eine Rechtfertigung aus dem Gesetz brauchte. Als Rechtfertigungsgründe erkannte das Gesetz gem. Art. 77 LCT versäumte Anwesenheit oder Unpünktlichkeit bei der Arbeit, Disziplinlosigkeit oder Ungehorsam, Schimpfwörter oder fehlenden Respekt, Unfähigkeit, Betrug, Untreue und Vertrauensbruch, Verringerung der Arbeitsleistung, Geschäfte ohne Erlaubnis, Trunkenheit, Mangel an Sauberkeit und Zank und Streitereien an.

Führte der Arbeitgeber bei der Kündigung des Arbeitnehmers einen Rechtfertigungsgrund aus Art. 77 LCT an, so konnte er folglich das Arbeitsverhältnis gem. Art. 76 Abs. 8 LCT gerechtfertigt kündigen. Allerdings blieb dem gekündigten Arbeitnehmer trotz vorheriger Prüfung im Zulässigkeitsverfahren die Möglichkeit, vor Gericht Klage gegen die Kündigungserklärung zu erheben, welches dann das Vorliegen des angeführten Rechtfertigungsgrundes für die Kündigung überprüfte.

3) Rechtsnatur der disziplinarischen Kündigung

Die gerechtfertigte Kündigung war zu verstehen als ein auflösender Akt des Arbeitsvertrages durch den Arbeitgeber, der auf einer schuldhaften Nichterfüllung des Arbeitnehmers basierte[299]. Erkannte das Arbeitsgericht auf die Klage des gekündigten Arbeitnehmers den Kündigungsgrund des Arbeitgebers als rechtfertigend an und war damit der Arbeitsvertrag endgültig beendet, so erscheint diese Rechtsfolge stringenter als das Zivilrecht, wo dem Obsiegenden gem. 1124 Cc. ein Wahlrecht zwischen Erfüllung oder Aufhebung des vertraglichen Verhältnisses blieb[300].

Dieses Ergebnis wurde von Sagardoy Bengoechea deswegen als paradox bezeichnet, da gerade der Kündigungsschutz zum Schutz des Arbeitnehmers vor einer Lösung des Arbeitsvertrages bestand. Fraglich ist also, ob die Kündigung im damaligen spanischen Recht von ihrer Rechtsnatur her eher ein Auflösungstatbestand wegen Nichterfüllung oder aber eine Sanktion war, die auf dem Disziplinarrecht eines Arbeitgebers beruhte. Denn der spanische Arbeitsvertrag enthielt

298 Alonso Olea, El despido disciplinario, S. 45.
299 Sagardoy Bengoechea, El despido laboral, S. 24.
300 Sagardoy Bengoechea, El despido laboral, S. 27.

die Pflicht des Arbeitnehmers auf Unterordnung und ein Weisungsrecht des Arbeitgebers[301], das Ausprägung seines Rechts auf Privateigentum und dessen Anerkennung war[302]. Die Praxisrelevanz der Rechtsnatur der disziplinarischen Kündigung lag dabei in der Frage, ob dem Arbeitnehmer eine Entschädigung nach einer Kündigung nach Art. 77 LCT zugestanden werden sollte und weiterhin, ob die Beweislastverteilung im Prozess ähnlich dem Strafrecht vorzunehmen war[303], wo eine Unschuldsvermutung galt.

a) Kündigung als Sanktion

Nach einer Meinung war die Kündigung allein als ein Akt der Sanktion des Arbeitgebers zur Verteidigung seiner Autorität und Hierarchie[304] zu verstehen, mit der er ein Fehlverhalten, welches in Art. 77 LCT normiert war, bestrafte. Zudem spricht die Aussage Pérez Botija`s[305], dass sowohl gem. Art. 1.214 Cc. als auch nach der Rechtsprechung die Beweislast für das Vorliegen eines rechtfertigenden Grundes im Sinne von Art. 77 LCT beim Unternehmer lag für diese Ansicht. Derjenige der bestrafen möchte, hatte auch darzulegen, dass ein Fehlverhalten vorlag.

Dagegen wurde folgendes angeführt: Dem Charakter der Kündigung als Sanktion widerspreche[306] einerseits, dass im Umkehrschluss auch die Kündigung des Arbeitsverhältnisses durch den Arbeitnehmer, welche gem. Art. 76 Abs. 9 LCT keinerlei Einschränkungen unterlag, was sich unter anderem aus dem damaligen Überangebot an Arbeitskräften begründet lässt[307], als Sanktion eine des Arbeitnehmers gegenüber dem Arbeitgeber zu qualifizieren wäre. Andererseits sollen Sanktionen gerade nicht zur Beendigung eines vertraglichen Verhältnisses führen, sondern dem Fortbestand des Arbeitsverhältnisses dienen. Eine Sanktion soll zu Änderung eines Verhaltens führen, der es allerdings nicht mehr bedarf, wenn der Arbeitnehmer nicht mehr für den Arbeitgeber tätig ist. Damit soll allerdings nicht bestritten werden, dass der Unternehmer in dem Arbeitsverhältnis eine Weisungsbefugnis hatte, sondern lediglich, dass die Kündigung als Sanktionsform ein Ausdruck dieses Weisungsrechts war[308].

---

301 Alonso Olea, El despido, S. 106.
302 Suarez González, La terminación, S. 76.
303 Sagardoy Bengoechea, El despido laboral, S. 29.
304 Pérez Leñero, Instituciónes del Derecho Español, S. 253.
305 Pérez Botija, El Contrato de Trabajo, S. 239.
306 Sagardoy Bengoechea, El despido laboral, S. 27.
307 Kasten, Spanisches Arbeitsrecht im Umbruch, S. 101.
308 Suarez González, La terminación, S. 81.

b) Kündigung als Auflösungstatbestand

Demgegenüber sah eine andere Ansicht die Kündigung nach Art. 76 Abs. 8 LCT allein als untergeordneten Tatbestand der Vertragsbeendigung[309] und damit schlichten Beendigungstatbestand an, da sie gerade nicht Ausdruck eines Weisungsrechts des Unternehmers gewesen sei, sondern Ausdruck des Rücktritts wegen Nichterfüllung unter Aufrechterhaltung des Prinzips der Gleichwertigkeit der Vertragssubjekte aus dem Zivilrecht[310].

Für diese Ansicht, dass die Kündigung nach Art. 76 Abs.8 LCT keinen besonderen Sanktionscharakter habe, sprach auch die Stellung im Gesetz, da die disziplinarische Kündigung neben den anderen Auflösungstatbeständen in einem Artikel aufgeführt wurde und keine besondere Stellung im Gesetz genoß.

c) Mischcharakter

Nach einer vermittelnden Ansicht ließen sich beide Ansichten kombinieren, da sie sich nicht zwangsläufig widersprachen[311]. Die Kündigung war demnach zu verstehen als die Lösung des Vertrages ausgehend vom Unternehmer als Folge der schuldhaften Nichterfüllung des Vertrages durch den Arbeitnehmer. Da der Unternehmer nicht nur als Vertragspartner, sondern als Chef des Unternehmens tätig wurde, lag hierin auch ein Ausdruck seines Weisungsrechts, mithin ein disziplinarischer Akt. Dahinter stand die Ansicht, dass die Besonderheit des Arbeitsvertrags zu berücksichtigen sei, wonach es nie nur Vertragspartner gebe, sondern den Arbeitnehmer, der Teil eines Unternehmens sei, und den Unternehmer, der das Unternehmen führe und somit auch für den Erfolg des Unternehmens verantwortlich sei[312]. Daraus ergab sich, dass die Kündigung auch immer die schwerwiegendste Form einer Sanktion sei, die dem Unternehmer zur Verfügung stand[313].

d) Neubewertung nach dem Fuero del Trabajo

Fraglich ist, welche neue Bewertung das bereits nach altem Recht bestehende Recht auf disziplinarische Kündigung aus dem LCT unter Hinzuziehung der Grundsätze des Fuero del Trabajo erfuhr. Gem. Art. XIII.3. F.T. übernahm der Chef eines Unternehmens dessen Führung, wofür er gegenüber dem Staat ver-

---

309 Alonso Olea, El despido, S.108.
310 Suarez González, La terminación, S. 82.
311 Sagardoy Bengoechea, El despido laboral, S. 29f.
312 Sagardoy Bengoechea, El despido laboral, S. 31.
313 Ramírez Gronda, El Contrato de Trabajo, S. 323 und 326.

antwortlich war. Darüber hinaus bildete die nationale Produktion gem. Art. XI.1. F.T. eine wirtschaftliche Einheit im Dienste des Vaterlandes. Sie zu stützen war Pflicht jedes Spaniers und alle mitwirkenden Kräfte waren dem nationalen Interesse unterzuordnen. Dazu kam die im Fuero del Trabajo in Art. XI.2. F.T. und Art. I.3. F.T. angekündigte Bestrafung von kollektiven und individuellen Akten, welche den Produktionsablauf stören, sowie die Bestrafung von Leistungsverringerung. Verband man die Verantwortlichkeit des Unternehmers gegenüber dem Staat für die Produktion mit dem Stellenwert der Produktion für den Staat und der angekündigten Bestrafung für Produktionsstörungen, so ergab sich eine Verstärkung der Disziplinargewalt des Unternehmers, damit er dieser Verantwortung auch gerecht werden konnte[314]. Die Pflicht des Unternehmers gegenüber dem Staat zur Aufrechterhaltung und Überwachung der Produktion führte somit zu der Disziplinargewalt und Strafbefugnis des Unternehmers[315]. Diese neue Rolle des Unternehmers als dem Staat gegenüber verantwortlicher Betriebsführer erinnerte dabei stark an das deutsche Gesetz zur Ordnung der nationalen Arbeit (AOG) von 1934 als einer arbeitsrechtlichen Umsetzung des „Führerprinzips". Es handelte sich bei dieser Verbindung von Führerprinzip und Arbeitsstrafrecht um ein Konzept, welches genauso wie in Spanien auch im italienischen Korporatismus verwendet wurde, um die Einzelinteressen einem Gemeinschaftswillen unterzuordnen[316].

Darüber hinaus kann man aus der Betonung der Betriebssolidarität im Arbeitsrecht und der Ansicht vom Betrieb als produktiver Einheit, die es durch Disziplinarmaßnahmen zu erhalten und zu schützen galt, die Integration von einem Arbeitsstrafrecht, ausgeübt durch den Unternehmer[317], erkennen. Dieses Strafrecht diente somit dem Schutz des Betriebes, des Arbeiters, wie auch der Ökonomie und der nationalen Sicherheit durch Aufrechterhaltung des betrieblichen Zusammenhaltes und somit aller betrieblichen Interessen[318]. Es handelte sich also nicht um eine Bestrafung durch den Staat, die dem privatrechtlichen Charakter des Arbeitsrechts widerspräche, sondern der Unternehmer strafte für den Staat als Prävention zur Aufrechterhaltung aller insbesondere wirtschaftlichen Interessen[319].

314 Suarez González, La terminación, S. 74.
315 Pérez Leñero, Derecho Penal del Trabajo Español, S. 10.
316 Baylos-Terradillos, Derecho Penal del Trabajo, S. 22.
317 Aguinaga Telleria, Derecho disciplinario del Trabajo, in: Revista de Trabajo, 7 (1952), S. 715.
318 Aguinaga Telleria, Derecho disciplinario del Trabajo, in: Revista de Trabajo, 7 (1952), S. 716.
319 Pérez Leñero, Derecho Penal del Trabajo Español, S. 6.

Im Ergebnis ist daher Brösse[320] zuzustimmen, der in Spanien die Aufhebung des Arbeitsverhältnisses weniger als Ausfluss der freien Entscheidung des Arbeitgebers wertete. Er sah diese Aufhebung vielmehr als eine Maßnahme der Betriebsführung an, die auch vom Allgemeinwohl her –verstanden im Sinne des Franquismus- gesehen richtig und notwendig gewesen sei. Durch die neuen Leitgedanken des Fuero del Trabajo wurde die Kündigung von einem Auflösungstatbestand zu einem Sanktionsinstrument. Untermauert wird diese Betrachtung durch Art. 2 des Dekrets vom 26. Oktober 1956, der die Kündigung ausdrücklich als „disziplinäre Sanktion" des Arbeitgebers definierte, wobei der genaue Inhalt dieses wichtigen Dekrets zu einem späteren Zeitpunkt ausführlicher dargestellt werden wird.

Durch den Strafcharakter der Kündigung rechtfertigte sich nach einer Ansicht[321] aber auch die Notwendigkeit der Einführung des expediente-Verfahrens. Hierdurch wurde der Arbeiter vor zu schneller Bestrafung geschützt. Die stärkste Form der Disziplinierung eines Arbeitnehmers, eine Kündigung, unterlag somit durch das Gesuch und die Dokumentation des Tatbestandes vor dem Arbeitsgericht der staatlichen Kontrolle[322].

4) Systematik der Kündigungsgründe

Die Klassifizierung der verschiedenen Rechtfertigungsgründe einer disziplinarischen Kündigung in Gruppen ist umstritten. Nach der traditionellen Ansicht[323] wurde unterschieden zwischen:

a.) Gründen, die auf einer Schlechtleistung oder Nichterfüllung des Arbeitnehmers beruhten, wie versäumte Anwesenheit oder Pünktlichkeit bei der Arbeit, Disziplinlosigkeit oder Ungehorsam, Unfähigkeit und Verringerung der Arbeitsleistung;

b.) Verletzung der Treuepflicht, nämlich Betrug, Untreue und Vertrauensbruch und Geschäfte ohne Erlaubnis;

c.) außervertragliche Gründe, so Schimpfwörter oder fehlender Respekt, Zank und Streitereien, Trunkenheit und Mangel an Sauberkeit;

Eine andere Ansicht[324] unterschied zwischen:

---

320 Brösse, Wirtschaftsordnung und Arbeitsrecht in Spanien, S.103.

321 Serrano Bulnes, El despido en la Ley de Contrato de Trabajo y en las Reglamentaciónes de Trabajo, in: Justicia Social, 27 (1949), S. 16f.

322 Apalategui Asúa, El despido laboral, S. 36f.

323 Pérez Botija, Curso de Derecho del Trabajo, S. 281.

324 Pérez Leñero, Instituciones del Derecho Español, S. 256-265.

a.) wirtschaftlichen Gründen, also versäumte Anwesenheit oder Pünktlichkeit bei der Arbeit, Disziplinlosigkeit oder Ungehorsam, Unfähigkeit und Verringerung der Arbeitsleistung;

b.) moralisch-professionellen Gründen, Betrug, Untreue und Vertrauensbruch und Geschäfte ohne Erlaubnis;

c.) moralisch-individuellen Gründen, Schimpfwörter oder fehlenden Respekt, Zank und Streitereien, Trunkenheit und Mangel an Sauberkeit;

Letztlich unterschieden sich die beiden Modelle nur durch verschiedene Benennung der einzelnen Gruppen[325]. Fraglich ist aber, ob die disziplinarische Kündigung auf die im Gesetz genannten Fälle beschränkt, also abschließend geregelt war, oder aber der Tatbestand wie die Kündigung wegen höherer Gewalt in Art. 76 Abs. 6 LCT offen gefasst war und daher ergänzt werden konnte.

5) Charakter der Kündigungsgründe

Es geht folglich um das Problem, ob der Tatbestand des Art. 77 LCT einen limitierenden Charakter hatte oder aber als Beispielskatalog diente, der beliebig erweitert werden konnte.

a) Limitierender Charakter

Vom Wortlaut des Gesetzes her wurden die aufgezählten Gründe des Art. 77 LCT als Rechtfertigung für eine Kündigung „zugelassen". Daraus schloß eine Ansicht[326], dass Art. 77 LCT einen Numerus clausus von Kündigungsgründen aufstellte, der analoge Anwendungen oder eine andersartige Erweiterung des Tatbestandes nicht zuließ. Im Gegensatz zu Art. 77 LCT stand die Norm des Art. 78 LCT. Gem. Art. 78 LCT konnte der Arbeitnehmer aus verschiedenen Gründen seinen Arbeitsvertrag kündigen, wobei die Norm seinem Wortlaut nach ausdrücklich eine beliebige Erweiterung der in Art. 78 LCT genannten Gründe durch Analogien erlaubte. Im Umkehrschluss musste man daher davon ausgehen, bei Art. 77 LCT gerade keine Analogien zuzulassen[327], da diese nicht ausdrücklich zugelassen waren.

Weiterhin hatte der Gesetzgeber in Art. III.6. F.T. ausdrücklich festgelegt, dass er die Sicherheit und Kontinuität der Arbeit überwache. Daraus lässt sich schließen, dass der Gesetzgeber selbst auch ausdrücklich eine Erweiterung des

325 So auch Carro Igelmo, El despido justo, Seite 58.

326 Benítez de Lugo, Extinción del Contrato de Trabajo, S. 119; Carro Igelmo, El despido justo, S.52-56.

327 Carro Igelmo, El despido justo, S. 53.

Kündigungstatbestandes gesetzlich festlegen musste und somit zumindest kein Spielraum für Analogien seitens der Rechtsprechung oder Behörden offen stand[328].

b) Beispielscharakter

Eine andere Ansicht betonte die Komplexität des Arbeitsrechts, so dass auch die im Gesetz genannten Gründe für eine Beendigung des Arbeitsvertrages einem ständigen auch zeitlichen Wechsel unterworfen seien, weshalb das Gericht die Berechtigung für eine Kündigung abzuwägen habe und Analogien, mithin eine Erweiterung des Tatbestandes, zulässig seien[329]. Gem. Art. 1 des Dekrets vom 26. Oktober 1956 wurde aber nochmals nachdrücklich festgeschrieben, dass nur die in Art. 77 LCT genannten Gründe eine Kündigung rechtfertigten, weshalb spätestens seit Geltung dieser Norm die Erweiterung des gesetzlichen Tatbestandes unzulässig war[330].

c) Gemischte Theorie

Nach einer vermittelnden Ansicht[331] wurde eine Erweiterung des Tatbestandes bereits indirekt im Gesetz zugelassen. Denn Art. 77 b) LCT legte den Ungehorsam gegenüber Reglamentaciónes, die in Übereinstimmung mit dem Gesetz erlassen wurden, als Kündigungsgrund fest. Daraus geht hervor, dass es dem Gesetzgeber oblag, mittels Reglamentaciónes den Tatbestand des Art. 77 LCT nicht unbedingt zu erweitern, aber diese allgemeinen Gründe zumindest nach seinen Vorstellungen zu präzisieren[332]. Im Ergebnis entsprach diese Ansicht einerseits dem Erfordernis des Fuero del Trabajo nach Festlegung der Kündigungsgründe durch den Gesetzgeber, andererseits hatte die Exekutive durch Erlass verschiedenster Reglamentaciónes für verschiedene Sparten die Möglichkeit, flexible Regelungen zu treffen. Inwieweit dieser Spielraum der Behörden für den Erlass von konkretisierenden Reglamentaciónes und deren Auslegung durch die Gerichte zu einer Verfälschung des eigentlichen Tatbestandes von Art. 77 LCT führten, ist allerdings fraglich und wird in Folge noch zu untersuchen sein. Fest steht jedoch, dass eine Möglichkeit bestand, die einzelnen Tatbestände, die eine Kündigung rechtfertigten, durch das Instrument der Reglamentaciónes zu erweitern. Auch in

328 Gallart Folch, Derecho Español, S. 83.
329 Krotoschin, Instituciones de Derecho del Trabajo, S. 249.
330 Carro Igelmo, El despido justo, S. 54.
331 Pérez Botija/ Bayón Chacón, Manual de Derecho del Trabajo, S. 587.
332 Ähnlich Eugenio Blanco, El delito extralaboral como causa justa de despido, in: Revista de Trabajo, 7 (1957), S. 541.

diesem Fall sollten die Reglamentaciónes entsprechend behördlicher Vorstellungen im Einzelfall in den Kündigungsschutz eingreifen können.

6) Die einzelnen Tatbestände

Fraglich ist, wie die einzelnen Rechtfertigungsgründe aus Art. 77 LCT für eine Kündigung im Sinne von Art. 76 Abs. 8 LCT ausgestaltet waren.

a) Versäumte Anwesenheit oder Pünktlichkeit bei der Arbeit, las faltas de asistencia o de puntualidad al trabajo

Gem. Art. 77 a) LCT galt „eine wiederholte und ungerechtfertigte Unpünktlichkeit oder die Abwesenheit vom Arbeitsplatz" als Rechtfertigungsgrund für eine Beendigung des Arbeitsverhältnisses durch den Unternehmer. Hierin spiegelte sich die oberste Verpflichtung des Arbeitnehmers gem. Art. 60 LCT wieder, sorgfältig bei der Ausübung der Arbeit zu sein; dies begann mit regelmäßigem und pünktlichem Erscheinen, Art. 76 Abs. 8 LCT[333].

Der Tatbestand des Art. 77 a) LCT setzte sich aus zwei verschiedenen Gründen, Unpünktlichkeit oder Abwesenheit, mit jeweils denselben Anforderungen, Wiederholung des Fehlverhaltens und fehlender Rechtfertigung des Fehlverhaltens, zusammen[334], ein Grundsatz, der von der Rechtsprechung entwickelt wurde[335]. Da sich beide Gründe allein schon verschiedentlich stark auf den Arbeitsplatz allgemein auswirken, mußten die Anforderungen zur Erfüllung der Tatbestandsalternative auch unterschiedlich gefasst werden[336]. Dazu kommt, dass sich jeder Grund unterschiedlich stark auf einen bestimmten Arbeitsplatz und in Folge auch auf die Produktion auswirkt, da die Verspätung eines Linienbusfahrers stärkere Auswirkungen hat, als die anderer Berufszweige[337]. So wurde einem Linienbusfahrer aufgrund einer zehnminütigen Verspätung wegen der konkreten Auswirkungen für die Öffentlichkeit die Kündigung erklärt[338]. Das Gesetz selbst be-

333 So zumindest Suarez González, La terminación, S. 88.

334 Pérez Botija, El Contrato de Trabajo, S. 240; Sagardoy Bengoechea, El despido laboral, S. 67.

335 Urteil des Tribunal Supremo vom 30. November 1943, abgedruckt in: Carro Igelmo, El despido justo, S. 375.

336 Benítez de Lugo, Extinción del Contrato de Trabajo, S. 121f.

337 Rojas Castillo, Despido de obreros, S. 11.

338 Urteil des Tribunal Supremo vom 21. September 1945, abgedruckt in: Carro Igelmo, El despido justo, S. 375.

stimmte im Gegensatz dazu, dass lediglich wiederholtes Fehlverhalten eine Kündigung rechtfertige, nicht aber die konkrete Anzahl des Fehlverhaltens[339].

Daraus folgt, dass die Konkretisierung der Anforderungen durch Reglamentaciónes für jeden Arbeitszweig speziell vorgenommen werden konnte, um die Eigenarten jedes Arbeitszweiges und die Schwere der Auswirkungen berücksichtigen zu können[340]. Die Reglamentaciónes sollten minutiös regeln, wofür der Gesetzgeber im LCT lediglich einen Rahmen vorgegeben hatte[341]. Es sollten dem intellektuellen und kulturellen Niveau und dem Verantwortungsbewusstsein der Arbeitnehmer angepasste Regelungen geschaffen werden[342]. Somit wurde je nach Berufszweig durch die Reglamentaciónes bestimmt, ab wie vielen Verspätungen oder Abwesenheiten dieses Verhalten als wiederholt und damit als für eine Kündigung ausreichend zu qualifizieren war und damit eine Kündigung rechtfertigte. Hierdurch ergaben sich teilweise erhebliche Unterschiede[343]. So sah eine Verordnung der Metallindustrie eine Kündigung nach 20 Verspätungen im Jahr vor, eine Siemens-Betriebsvereinbarung von 1964 erachtete 5 Verspätungen im Monat als wiederholt. Der Staat entschied somit bereits vor der Rechtsprechung, wie eng er die Grenzen für den jeweiligen Bereich stecken wollte. Es bestand ein erheblicher Einflussbereich der Arbeitsbehörde mittels ihrer Reglamentaciónes.

Problematisch ist dabei, inwieweit dem Gericht überhaupt noch ein Beurteilungsspielraum verblieb[344]. Je mehr Reglamentaciónes erlassen wurden, desto weniger hatte ein Gericht zu qualifizieren, ob das Fehlverhalten als schwer oder wiederholt zu qualifizieren war. Darin zeigt sich, dass die Befugnis des Arbeitsgerichts zur rechtlichen Bewertung mit zunehmendem Erlass von Reglamentaciónes verdrängt wurde, da diese den Bewertungsmassstab behördlich festlegten.

aa) Rechtfertigung des Fehlverhaltens

Kernproblem des Tatbestandes war, ob eine Rechtfertigung für das Fehlverhalten vorlag[345]. Fraglich ist, wie die Anforderung der fehlenden Rechtfertigung für die Abwesenheit oder Verspätung definiert war. Unter Rechtfertigung war dabei die

339 Peso y Calvo, Las faltas repetidas e injustificadas de puntualidad o de asistencia al trabajo como causa justa de despido, S. 61.

340 Sagardoy Bengoechea, El despido laboral, S. 67.

341 Montoya Melgar, Las causas de despido en las reglamentaciónes y reglamentos de régimen interior, S. 219.

342 Peso y Calvo, Las faltas repetidas e injustificadas de puntualidad o de asistencia al trabajo como causa justa de despido, S. 62.

343 Carro Igelmo, El despido, S. 65ff.

344 So auch Suarez González, La terminación, S. 89.

345 Carro Igelmo, Las causas justas de despido en la doctrina del T.C.T, in: Revista de Derecho del Trabajo, 10 (1955), S. 82.

Existenz von Gründen zu verstehen, die unabhängig vom Willen des Arbeitnehmers waren und für die er weder die Schuld, noch die Verantwortung trug[346]. Grundsätzlich bestand ein subjektiver Maßstab[347], ob der Arbeitgeber die Abwesenheit oder Verspätung als gerechtfertigt akzeptierte oder nicht, wobei die Krankheit des Arbeitnehmers, Unfall, Tod oder schwere Krankheit von Angehörigen, Schwangerschaft der Arbeitnehmerin selbst oder Schwangerschaft der Frau des Arbeitnehmers und öffentliche Verpflichtungen, sowie der Militärdienst als objektive Rechtfertigungsgründe[348] anerkannt wurden, die auch im Gesetz in Art. 67 und 79 LCT normiert waren.

Problematisch gestaltete sich zum einen der Urlaub als eigentliches gerechtfertigtes Fehlen vom Arbeitsplatz, wenn der Arbeitnehmer in dieser Zeit für eine andere Firma arbeitete, statt sich zu erholen. In diesem Fall wurde dem Arbeiter lediglich wegen eines Verstoßes gegen die Pflicht zur Regeneration der Lohn gekürzt[349].

Wesentlich schwieriger gestaltete sich die Frage, ob der Arbeiter ungerechtfertigt fehlte, wenn er sich in polizeilicher oder durch andere Behörden angeordneter Untersuchungshaft befand. Zwar war unumstritten, dass der Arbeitnehmer selbst unfreiwillig vom Arbeitsplatz fernblieb, da er schließlich in der Haft festgehalten wurde. Allerdings entwickelten Rechtsprechung und Literatur eine Rechtsfigur, den sog. despido por detención (Kündigung aus Haftgründen), der dem Arbeitgeber ein Kündigungsrecht einräumte. Diese Rechtsfigur wurde später auch in einige Reglamentaciónes aufgenommen und wird an späterer Stelle ausführlich behandelt[350].

bb) Abgrenzung zwischen Abwesenheit vom Arbeitsplatz gem. Art 77 a) LCT und Verlassen des Arbeitsplatzes, abandono del trabajo, gem. Art. 76 Abs. 9 LCT

Ein besonderes Problem[351] ergab sich zudem noch aus der Abgrenzung, ob der Arbeitgeber lediglich ungerechtfertigt und wiederholt dem Arbeitsplatz fernblieb, oder aber diesen definitiv verlassen hatte. Das Verlassen des Arbeitsplatzes durch den Arbeitnehmer konnte nämlich bereits gem. Art. 76 Abs. 9 LCT zur Beendigung des Arbeitsvertrages führen. Der Arbeitnehmer erklärte in diesem Fall kon-

---

346 Alonso García, Curso de Derecho del Trabajo, S. 585.
347 Ṣagardoy Bengoechea, El despido laboral, S. 69.
348 Suarez González, La terminación, S. 88.
349 Peso y Calvo, Las faltas repetidas e injustificadas de puntualidad o de asistencia al trabajo como causa justa de despido, S. 77.
350 Siehe dazu S. 132.
351 Suarez González, La terminación, S. 89.

kludent durch sein Fernbleiben vom Arbeitsplatz die Kündigung seines Arbeitsvertrages[352], die keinerlei Beschränkungen unterlag, da der Arbeitsmarkt über ausreichend Arbeitskräfte verfügte.

Problematisch war also, wann bereits in der fehlenden Anwesenheit eines Arbeitnehmers ein Verlassen des Arbeitsplatzes vorlag, so dass der Arbeitsvertrag bereits durch dessen Kündigungserklärung beendet war, oder ab wann ein wiederholtes, ungerechtfertigtes Fehlen eine Kündigungsereklärung durch den Arbeitgeber rechtfertigte, welche dann aber wieder ein gültiges expediente-Verfahren voraus setzte[353]. Die Rechtsprechung setzte die Grenze bei fünfzehn aufeinander folgenden Tagen des Fehlens[354]. Allerdings entfiel die Brisanz dieser Abgrenzung mit der Reformierung, die durch das Dekret vom 26. Oktober 1956 eintrat, da mit dieser Reformierung die Beantragung eines Kündigungsverfahrens (expediente) nicht mehr Wirksamkeitsvoraussetzung einer Kündigung war und es dem Arbeitgeber somit gleich war, ob er nach 10 Tagen des Fehlens die Kündigung erklärte oder nach 15 Tagen das Fehlen als Beendigungserklärung durch den Arbeitnehmer ansah[355].

Im Ergebnis blieb der Tatbestand des Art. 77 a) LCT von 1931 auch nach der Reform des LCT unverändert erhalten. Fraglich ist allerdings, ob seine Auslegung durch die Rechtsprechung diesem Rechtfertigungsgrund einen anderen Charakter verlieh, was bei Behandlung der Rechtsfigur einer Kündigung aus Haftgründen[356] untersucht werden wird.

b) Disziplinlosigkeit oder Ungehorsam, la indisciplina o desobediencia

Gem. Art. 77 b LCT waren „Disziplinlosigkeit oder der Ungehorsam gegenüber arbeitsrechtlichen Vorschriften, die in Übereinstimmung mit dem Gesetz erlassen wurden“ Rechtfertigungsgrund einer Beendigung des Arbeitsverhältnisses durch den Unternehmer. Dabei wurde zwischen dem Tatbestand der Disziplinlosigkeit und des Ungehorsams unterschieden. Fraglich ist zunächst die eigentliche Bedeutung des Tatbestandes.

Gem. Art. 69 LCT war es „die Pflicht des Arbeitnehmers, die Vorschriften der Arbeit zu befolgen, wie auch die Anordnungen und Instruktionen des Chefs, bzw. seiner Repräsentanten.“ Art. 77 b LCT setzte damit Art. 69 LCT konkret

352 Lozano Montero, El despido y el abandono de trabajo, in: Revista de Legislación Social, 190 (1959), S. 235.

353 Lozano Montero, El despido y el abandono de trabajo, in: Revista de Legislación Social, 190 (1959), S. 235.

354 So Carro Igelmo, El despido, S. 63.

355 Carro Igelmo, El despido, S. 64.

356 Siehe dazu S. 132.

um, der dem Arbeitgeber das Kündigungsrecht zusprach, wenn der Arbeitnehmer diese Pflicht nicht respektierte[357]. Eigentlicher Regelungszweck dieser Norm war die Befolgung spezifischer Richtlinien und Anordnungen des Arbeitsrechts[358]. Es ging dabei vor allem um Sicherheitsvorschriften und betriebliche Anweisungen bzgl. der Organisation des Betriebes, sprich Regelungen, die einen sicheren, koordinierten und ungehinderten Arbeits- und Produktionsablauf ermöglichen sollten. Auch diese Vorschrift bestand in gleicher Form in der ursprünglichen Fassung des LCT von 1931. Allerdings besagte Art. 77 b LCT in der Fassung von 1931 ausdrücklich, dass nur Regelungen vom Tatbestand erfasst wurden, welche zum Zeitpunkt des Erlasses dieses Gesetzes bereits in Kraft getreten waren, d.h. neue Regelungen wurden nicht berücksichtigt. In der neuen Fassung von 1944 entfiel dieser einfache Zusatz.

Darüber hinaus wurde die Ansicht entwickelt, dass der Begriff „Vorschriften der Arbeit“ (Span.: Reglamentos de trabajo) so weit wie möglich auszulegen war und somit jede zwingende Norm, vom Gesetz bis zur innerbetrieblichen Anordnung, einschloß[359]. Es konnte somit objektiv gegen Regelungen durch Disziplinlosigkeit oder subjektiv gegen konkrete Anweisungen mit Ungehorsam verstoßen werden[360]. Diese neue Auslegung wurde von der Rechtsprechung durch ein Urteil des Tribunal Supremo von 1964 endgültig bestätigt, wonach unter „Reglamentos“ iSv Art. 77 b LCT jegliche behördliche Verordnungen, wie auch innerbetriebliche Anordnungen und sogar Kollektivvereinbarungen zu verstehen waren[361]. Arbeitsrecht sei nicht als abgeschlossener Raum zu begreifen, sondern sämtliche Ge- und Verbotsnormen müssten sich darin wieder finden. Der Tatbestand des Art. 77 b) LCT war damit durch Rechtsprechung und Reglamentaciónes jeder Art erweitert worden und unbeschränkt erweiterbar[362].

Somit wurde auch in diesem Bereich ein Einfallstor für Verhaltensregeln geschaffen, indem bei Verstoß gegen arbeitsrechtliche Normen gleich welcher Art eine Kündigung des Arbeitnehmers gerechtfertigt war. Durch Erlass von arbeitsrechtlichen Verordnungen war eine Verhaltenssteuerung der Arbeitnehmer möglich geworden, die ein Kündigungsrecht ermöglichte, ohne an den eigentlichen Kündigungsgründen etwas zu ändern. Neben dem Rauchverbot an bestimmten Orten (Verordnung der Druckindustrie) oder der Pflicht zur Wartung der Maschinen konnte beispielsweise auch in den Reglamentos die kollektive Unterord-

---

357 Suarez González, La disciplina como causa de despido, S. 85.

358 Carro Igelmo, El despido, S. 104.

359 Benítez de Lugo, Extinción del Contrato de Trabajo, S. 126.

360 Sagardoy-Bengoechea, El despido laboral, S. 74.

361 Urteil des Tribunal Supremo vom 2. Dezember 1964, Aranzadi 1964, N°5601.

362 Carro Igelmo, Las causas justas de despido en la doctrina del T.C.T, in: Revista de Derecho del Trabajo, 10 (1955), S 82.

nung innerhalb der staatlichen Syndikate, oder auch das Verbot der Sabotage, die Beeinträchtigung der Produktion durch kollektive Verhaltensweisen nach Art. XI.2. F.T. angeordnet und bei Nichtbefolgung durch Kündigung gem. Art. 77 b LCT geahndet werden[363].

Im Ergebnis schuf diese Interpretation des Art. 77 b LCT die weitgehendste Kontroll- und Disziplinierungsmöglichkeit[364] des Arbeitnehmers und somit ein Instrument seiner Verhaltenssteuerung. Art. 77 b LCT sollte nach seiner neuen Fassung ein Ausdruck für die soziale Disziplin darstellen, die es in der Arbeitsbeziehung einzuhalten galt[365]. Carro Igelmo[366] vertrat sogar die Ansicht, dass der eigentlich begrenzte Kündigungskatalog somit hinfällig war, da jegliches Verhalten, welches unerwünscht war, in neuen Verordnungen untersagt und somit bei Nichtbefolgung durch Kündigung geahndet werden konnte.

Im Ergebnis konnte Art. 77 b LCT durch den Erlass neuer Arbeitsverordnungen als Auffangtatbestand dienen, falls der Katalog des Art. 77 LCT nicht mehr ausreichte. Der Ungehorsam als Tatbestandsalternative in Verbindung mit der weiten Auslegung des Begriffs „Reglamento“, der auch innerbetriebliche Anweisungen des Vorgesetzten beinhalten konnte, stellte darüber hinaus eine Betonung der Sanktions- und Strafrechtsfunktion des Arbeitsrechts dar und bestärkte die Ansicht über die Kündigung als stärkstes Sanktionsinstrument. Die in den neuen Reglamentaciónes aufgeführten Verbotsnormen, deren Missachtung zur Kündigung im Sinne von Art.77 b LCT berechtigte, bildeten somit den Strafkatalog des neuen Arbeitsstrafrechts[367]. Durch eine simple Änderung des Gesetzestextes war der Behörde und dem Arbeitgeber ein unbegrenzter Spielraum gegeben worden, Kündigungstatbestände zu schaffen. Die Behörden konnten dadurch Stück für Stück neue Verhaltensmassregeln aufstellen, die der Arbeitgeber überwachte und bei Verstößen mit einer Kündigung bestrafen konnte.

c) *Schimpfwörter oder fehlender Respekt, los malos tratamientos y las faltas de respeto y consideracion*

Gem. Art. 77 c) LCT waren „Schimpfwörter (wörtlich übersetzt: die schlechte Behandlung von Wort oder Arbeit) oder ein schwerer Fall von fehlendem Respekt oder Hochachtung gegenüber dem Unternehmer, seinen Familienangehöri-

---

363 Carro Igelmo, Las causas del despido-sanción en las Reglamentaciónes Nacionales de Trabajo, in: Boletin de divulgación social, 104 (1955), S. 202.

364 Carro Igelmo, Las causas del despido-sanción en las Reglamentaciónes Nacionales de Trabajo, in: Boletin de divulgación social, 104 (1955), S. 202.

365 Pérez-Botija, El Contrato de Trabajo, S. 241.

366 Carro Igelmo, El despido, S. 107.

367 Carro Igelmo, El despido, S. 112.

gen gegenüber, oder aber gegenüber Personen, die mit ihm leben, gegenüber seinen Vertretern, Chefs oder sogar Schimpfwörter gegenüber Arbeitskollegen“ ein Rechtfertigungsgrund einer Beendigung des Arbeitsverhältnisses durch den Unternehmer.

Im Gegensatz zu dem Wortlaut der Version des LCT von 1931, der anders aufgebaut und formuliert war, fällt hauptsächlich auf, dass der Begriff des Patrons durch den Begriff des Unternehmers oder auch Arbeitgebers ausgetauscht worden ist. Allerdings wurde diese Änderung in der Terminologie an vielen Stellen des Gesetzes vorgenommen und wurde als symbolischer Versuch gesehen, den Gegensatz zwischen höhergestelltem Patron und Arbeiter aufzuheben und durch den Begriff Arbeitgeber/Arbeitnehmer die Verwirklichung der vaterländischen Produktionsgemeinschaften zu verdeutlichen[368]. Die Änderungen des Art. 77 c) LCT waren somit insgesamt rein grammatikalisch und dienten lediglich der Perfektionierung und genaueren Bestimmung des Tatbestandes[369].

Nach García[370] erwuchs aus dem Arbeitsverhältnis die allgemeine Verpflichtung der „guten Führung“, die auch durch die zunehmende Anonymität der Großbetriebe nicht etwa an Bedeutung verlor. Gerade während der Arbeitszeit lebe der Arbeiter in einer besonderen Gemeinschaft, die speziellen strukturellen Regelungen unterliege und sich notwendigerweise an spezielle Formalien zu halten habe, um ein einträgliches Zusammenleben bei der Arbeit zu ermöglichen. Art. 77 c) LCT war somit Ausdruck dieser Verpflichtung. Sein Tatbestand setzte sich aus drei Situationen zusammen: Der schlechte Umgang mit der Arbeit an sich, mit Worten oder aber auch der Mangel an Respekt und Hochachtung. Drei verschiedene Personen, bzw. Personenkreise, wurden geschützt: Der Unternehmer selbst, seine Familie sowie seine Repräsentanten und schließlich die anderen Arbeitnehmer. Außenstehende konnten nur unter besonderen Umständen geeignetes Tatsubjekt sein, nämlich für den Fall, dass sie in einem besonderen Bezug zu dem Arbeitsverhältnis an sich standen[371], beispielsweise Hotelgäste. Dass auch der Arbeitgeber dieser Zusammengehörigkeit verpflichtet war, zeigte sich an Art. 1 eines Dekrets vom 5. Januar 1939[372]. Demnach konnte der Arbeitgeber für den Missbrauch seiner Autorität zur Rechenschaft gezogen werden. Darüber hinaus berechtigte der Missbrauch der Autorität durch den Arbeitgeber den Arbeitnehmer zur sofortigen Beendigung des Arbeitsverhältnisses.

---

368 Pérez Botija, Curso de Derecho del Trabajo, S. 43ff.

369 Carro Igelmo, Los malos tratamientos y las faltas de respeto, in: Boletín de Divulgacion Social, 117 (1956), S. 324.

370 Alonso García, Curso de Derecho del Trabajo, S. 140ff.

371 Tovillas Zorzano, El régimen jurídico del despido en España, S. 184.

372 Decreto vom 5. Januar 1939, Aranzadi 1939.

Hinter diesem Rechtfertigungsgrund einer Kündigung stand der Gedanke, dass eine Beleidigung oder mangelnder Respekt gegenüber dem Chef eines Betriebes zu einer möglichen Beeinträchtigung dieser besonderen Betriebsgemeinschaft führen konnte. Es ging dabei nicht um eine ökonomische Beeinträchtigung, sondern um einen moralischen Schaden der Betriebsgemeinschaft, den möglichen Verlust von Autorität und Disziplin[373]. Das Fundament dieses Kündigungsgrundes lag somit in der Verteidigung von Hierarchie und Moral im Betrieb und war daher ein Ausdruck für den Disziplinarcharakter, den die Kündigung als härteste Sanktion für undiszipliniertes Verhalten hatte[374]. Wann eine schwere Verfehlung, welche die Betriebsgemeinschaft beeinträchtigen konnte, konkret vorlag, ausreichend für die Rechtfertigung einer Kündigung, das oblag wiederum der Einschätzung der Rechtsprechung, doch wurden auch in diesem Tatbestand durch staatliche Reglamentaciónes bestimmte Verhaltensweisen zur Konkretisierung des Tatbestandes aus Art. 77 c) LCT normiert. So legte eine Vielzahl von Reglamentaciónes[375] fest, dass die Blasphemie am Arbeitsplatz eine schwere Verfehlung darstelle, die eine Kündigung gem. Art. 77 c) LCT rechtfertige.

An diesem Beispiel wird zum einen deutlich, wie durch den Erlass von Reglamentaciónes der Kündigungsschutz instrumentalisiert werden konnte, ohne den eigentlichen Tatbestand zu ändern. Auf der anderen Seite war diese konkrete Verordnung ein Beispiel für die Umsetzung des Fuero del Trabajo. In dessen Präambel wurde Spanien als ein Staat definiert, der die katholische Tradition wieder erneuern möchte, um zu alter Größe zu finden. Umsetzung dieser Präambel im Kündigungsschutz war somit die Kündigung aufgrund des Tatbestandes der Blasphemie. So begründete Pérez Botija die Kündigung aus diesem Grund auch damit, dass die Blasphemie am Arbeitsplatz eine Beleidigung jedes Arbeitskollegen und des Chefs darstellen würde, deren Werte verletzt und angegriffen würden, weshalb das soziale Gefüge der Betriebsgemeinschaft beeinträchtigt worden sei[376]. Im Ergebnis blieb der Kündigungsgrund des Art. 77 c) LCT äußerlich unverändert erhalten, doch wurde er durch die Konkretisierung des Tatbestandes in einigen Reglamentaciónes ein Ausdruck des Versuchs, katholische

373 Carro Igelmo, Los malos tratamientos y las faltas de respeto, in: Boletín de Divulgación Social, 117 (1956), S. 327.

374 Saavedra Acevedo, Los malos tratos y faltas de respeto como causa justa de despido, S. 99.

375 Bspw. Reglementación für Frisöre, Grafische Künste, Fischerei, Zementindustrie usw., aus Carro Igelmo, Los malos tratamientos y las faltas de respeto, in: Boletín de Divulgación Social, 117 (1956), S. 327.

376 Pérez Botija, El Contrato de Trabajo, S. 243; Carro Igelmo, Los malos tratamientos y las faltas de respeto, in: Boletín de Divulgación Social, 117 (1956), S. 327.

Werte im Arbeitsleben zu etablieren. Wie die Rechtsprechung zu diesem Tatbestand argumentierte, wird an anderer Stelle dargestellt[377].

d) Unfähigkeit, la ineptitud

Gem. Art. 77 d) LCT war die „Unfähigkeit des Arbeiters in Bezug auf die Arbeit, für die er eingestellt wurde", ein Rechtfertigungsgrund einer Beendigung des Arbeitsverhältnisses durch den Unternehmer.

In der Literatur wurde dieser Kündigungsgrund teilweise als völlig überflüssig angesehen[378]. Nach Alonso Olea[379] sollte eine anfänglich bekannte Unfähigkeit nämlich nicht zur Kündigung berechtigen, da der Arbeitnehmer bereits in der Probezeit deswegen hätte entlassen werden können. Wurde diese anfängliche Unfähigkeit dem Arbeitgeber erst später bekannt, so hätte der Vertrag wegen eines wesentlichen anfänglichen Fehlers bei Vertragsabschluss annulliert werden können, womit sich ebenfalls die arbeitsvertragliche Beziehung gelöst hätte. Vor diesem Hintergrund waren nach Bayón Chacón und Pérez Botija[380] folgende Voraussetzungen an eine Kündigung wegen Unfähigkeit geknüpft: Sie musste zunächst wahrhaftig sein und nicht nur vorgetäuscht, da in diesem Fall ein anderer Tatbestand einschlägig war. Darüber hinaus musste die Unfähigkeit dem Arbeitgeber bei Abschluss des Vertrages unbekannt gewesen sein. Es musste sich um eine generelle Unfähigkeit handeln, welche nicht vorlag, wenn der Arbeitnehmer nur Teilaufgaben seiner Arbeitsleistung nicht erbringen konnte. Darüber hinaus hatte sie dauerhaft und nicht nur vorübergehend zu sein. Im Ergebnis sollte abgewogen werden, ob der Mangel in der Person des Arbeitnehmers, sein Defekt, die Produktionsgemeinschaft in ihrer Gesamtheit schwächte oder gar Arbeitskollegen gefährdete. In diesem Fall war nämlich der Arbeitgeber verpflichtet, dem Arbeitnehmer zum Schutz der Betriebsgemeinschaft entsprechend den Vorgaben des Fuero del Trabajo zu kündigen.

e) Betrug, Untreue und Vertrauensmißbrauch, el fraude, deslealtad y abuso de confianza

Gem. Art 77 e) LCT waren „Betrug, Untreue oder der Missbrauch von Vertrauen in vertrauensvollen Geschäftsbereichen" ein Rechtfertigungsgrund einer Beendi-

---

377 Siehe dazu S. 135 f.

378 Vida Soria, La ineptitud del trabajador respecto a la ocupación o trabajo para que fue contratado, S. 110; Suarez González, La disciplina como causa de despido, S. 94.

379 Alonso Olea, El despido, S. 132ff.

380 Bayon Chacón/Pérez Botija, Manual de Derecho del Trabajo, S. 574ff.

gung des Arbeitsverhältnisses durch den Unternehmer. Die drei Alternativen des Art. 77 e) LCT ähnelten sich in ihrem moralischen Charakter, wobei die Untreue eher spirituell wirkte, während Betrug und Vertrauensmissbrauch materieller zu fassen waren[381]. Trotz der Dreiteilung des Tatbestandes war der Übergang zwischen den Alternativen so fließend, dass eine exakte Trennung kaum möglich war und eine einheitliche Betrachtung stattfand.[382]

Das Arbeitsverhältnis unterscheidet sich von anderen Rechtsverhältnissen vornehmlich durch einen sehr persönlichen Charakter, der auf dem gegenseitigen Vertrauen der am Arbeitsvertrag beteiligten Subjekte basiert[383]. Dieses gegenseitige Vertrauen und Hoffen auf „gute Führung im allgemeinen" führte zu dem Recht auf Kündigung bei Verletzung dieses Vertrauens[384], da Ehrlichkeit und Treue zu den Hauptpflichten des Arbeiters zählten[385]. Zum einen legte bereits Art. 70 LCT die Treuepflicht des Arbeiters gegenüber dem Betrieb fest, die in einigen Artikeln konkretisiert wurde. Hierzu gehörten unter anderem der Abbau von Hemmnissen, welche den Arbeitsablauf erschwerten gem. Art. 62 LCT, die Bewahrung von Betriebsgeheimnissen gem. Art. 72 LCT, keine Entgegennahme von Trinkgeldern ohne Einwilligung des Arbeitgebers gem. Art. 71 LCT und das Verbot der Schaffung von Konkurrenz. Die Verletzung dieser Treuepflichten sollte zu einer Kündigung im Sinne von Art. 77 LCT berechtigen. Im Vergleich zu dem LCT von 1931, in dem dieser Tatbestand in Art. 89 LCT geregelt war, wurde der Tatbestand lediglich um die Alternative der Untreue ergänzt und somit erweitert. Carro Igelmo[386] sah die Erweiterung dieses Tatbestandes um das Element der Untreue dabei als Ausdruck der moralischen Vorstellungen des Fuero del Trabajo, welche stark durch das deutsche Gesetz für die Ordnung der Nationalen Arbeit (AOG) beeinflusst worden seien. Die Treue des Arbeitnehmers zu der Arbeit und die treue Pflichterfüllung bei der Arbeit waren danach vom Staat und von Gott auferlegt. Es handelte sich also um eine Mischung aus den sozialkatholischen Einflüssen des Fuero del Trabajo und dem deutschen Führerprinzip.

Prinzipiell setzte der Art. 77 e) LCT schon von seinem Wortlaut eine absichtliche Begehung der Tatbestandsalternativen voraus. Damit grenzte sich der Tatbestand von Art. 77 d) ab. Umstritten war, ob der Tatbestand darüber hinaus einen Schaden für den Betrieb voraussetze, der kausal durch die Handlung entstan-

381 Pérez Leñero, Instituciones de Derecho Español del Trabajo, S. 261.
382 Apalategui Asúa, El despido laboral, S.51.
383 Tovillas Zorzano, El régimen juridíco del despido en España, S. 197.
384 Rodríguez Piñero, El régimen juridíco del despido en España, in: Revista de Política Social, 77 (1968), S. 12.
385 Pérez Botija, El Contrato de Trabajo, S. 246.
386 Carro Igelmo, El despido, S. 218f.

den sein musste, wenngleich ein moralischer Schaden ausreichend sein sollte[387]. Allerdings setzte sich mit Unterstützung der Rechtsprechung die Ansicht durch, dass allein der Verlust von Vertrauen zwischen Arbeitnehmer und Arbeitgeber ausreichend sei[388], ohne dass substantiell ein Schaden für den Betrieb als Einheit vorzuliegen habe. Die vorsätzliche Begehung einer Handlung, die allein das Vertrauensverhältnis verletzte, ohne dass ein wirtschaftlich nachteiliger Erfolg der Handlung eintrat, reichte somit aus.

Fraglich ist allerdings weiterhin, welche Verhaltensweisen zu einer Kündigung im Sinne von Art. 77 e) LCT berechtigten. War der Katalog an möglichen Tatbeständen eigentlich im LCT selbst bereits in der Fassung von 1931 festgeschrieben aber auch begrenzt worden, so konnte dieser durch den Erlass der Reglamentaciónes, die gesetzeskonkretisierend wirken sollten, beliebig erweitert werden. Dieser Eingriff verwundert nicht, bedenkt man, dass die Reglamentaciónes ein Arbeitsrecht gestalten sollten, welches auf der Grundidee der Zusammenarbeit der beteiligten Personen basierte. Betrachtet man das Treueverhältnis im Arbeitsrecht als Basis für das Arbeitsverhältnis, so entsprach dieser Regelungseingriff durch die Reglamentaciónes in den Tatbestand des Art. 77 e) LCT den Vorgaben des Art. III. 4. F.T., wonach der Staat die Basis der Arbeitsbedingungen festlegte[389]. Insofern wurde Art. 77 e) LCT auch als Realisierung der moralisch ethischen Werte des Fuero del Trabajo angesehen[390].

So ließen sich die Art. 77 e) LCT konkretisierenden Reglamentaciónes in verschiedene Gruppen unterteilen[391]. Die erste Gruppe betraf Untreue bei der Arbeit, als da wären das Preisgeben von betriebsinternen Geheimnissen, Raub, Diebstahl am Arbeitsplatz. Kriterium dieser Untreue war dabei wiederum nicht der Erfolg der Handlung, ein Schaden, sondern allein die Handlung als vertrauensbrechende Maßnahme. Die zweite Gruppe schloss das Verhalten gegenüber Arbeitskollegen mit ein. Dahinter stand die Überlegung, dass durch bestimmte Verhaltensweisen nicht allein das Vertrauen zum Arbeitgeber belastet werden konnte, sondern dass der Betrieb als Produktionseinheit im Sinne von Art. VIII.2. F.T. als Ganzes betroffen war. Der Fuero del Trabajo betonte gerade die herausragende Bedeutung der Produktionseinheiten und die Wichtigkeit des Zusammenhaltes von Arbeitgeber und allen Arbeitnehmern in diesen Einheiten. Im Umkehrschluss beschädigten Handlungen gegen Mitarbeiter die Produktionseinheit des Betriebes und auch indirekt immer das Vertrauensverhältnis zum Arbeitgeber. Daher wurden in einigen Reglamentaciónes u.A. auch die Gefährdung

387 Benítez de Lugo, Extinción del Contrato de Trabajo, S. 150.
388 Pérez Botija, El Contrato de Trabajo, S. 246.
389 González Encabo, El fraude, la deslealtad o el abuso de confianza, S. 129.
390 González Encabo, El fraude, la deslealtad o el abuso de confianza, S. 132.
391 Carro Igelmo, El despido, S. 238ff.

von Arbeitskollegen und das Bestehlen von Arbeitskollegen unter die Strafe der Kündigung gestellt[392].

Eine weitere Gruppe bestrafte Verhaltensweisen, durch die Dritte außerhalb des Betriebs geschädigt werden konnten. Dahinter stand die Überlegung, dass solche Verhaltensweisen während der Arbeitszeit oder falls sie mit der Arbeitsbeziehung verbunden waren, nicht Sinn und Zweck einer Arbeitsbeziehung entsprachen. Gem. Art. XI.1. F.T. diente nämlich die Arbeit allein dem Vaterland und es war die Pflicht eines jeden, diese Aufgabe zu erfüllen und zu verteidigen. Zum einen wurden davon Verhaltensweisen, die zu möglichen Schäden des Staates führen konnten, umfasst. So durfte der Arbeiter für illegale politische Propaganda[393] gekündigt werden, da er die Produktionseinheit nicht im Sinne der Ideale der F.E.T y de las J.O.N.S. gebrauchte, sondern sich außerhalb der juristischen und sozialen Ordnung des Betriebes stellte[394]. In anderen Reglamentaciónes[395] wurde die Sabotage mit Kündigung bestraft, da diese Schädigung des Staates gem. Art. XI.2. F.T. sanktioniert werden sollte. In den Reglamentaciónes für Theater und Zirkus wurden solche Verhaltensweisen sanktioniert, welche die öffentliche Moral gefährden konnten. Auch Verhaltensweisen, welche die Rechtsgüter des Einzelnen gefährden konnten, bspw. fehlender Respekt gegenüber dem Publikum im Theater, Mangel an Ethik in Krankenhäusern oder das Senden illegaler Inhalte in der Radiobranche rechtfertigten eine Kündigung.

Doch wurden in weiteren Reglamentaciónes auch Verhaltensweisen unter die Sanktion der Kündigung gestellt, die in keinem direkten Zusammenhang mit der ausgeübten Tätigkeit standen. Diese Erweiterung des Arbeitsrechts auf Bereiche, welche auf den ersten Blick in keinem Zusammenhang mit dem Arbeitsverhältnis an sich standen, begründete die Literatur[396] mit der Verbindung des Arbeitslebens mit dem Privatleben. Das Arbeitsleben war auch nach dem Fuero del Trabajo Teil der menschlichen Persönlichkeit. Es bestand eine Art Osmose zwischen

---

392 Carro Igelmo, Las causas del despido-sanción en las Reglamentaciónes Nacionales de Trabajo, in: Boletín de Divulgacion Social, 104 (1955), S. 206.

393 Reglamentación für den Betriebszweig Gemüsekonserven, aus Carro Igelmo, Las causas del despido-sanción en las Reglamentaciónes Nacionales de Trabajo, in: Boletín de Divulgación Social, 104 (1955), S. 204.

394 Carro Igelmo, Las causas del despido-sanción en las Reglamentaciónes Nacionales de Trabajo, in: Boletín de Divulgación Social, 104 (1955), S. 205.

395 Bspw. Reglamentación für den Betriebszweig Marzipan und Weihnachtsgebäck., aus Carro Igelmo, Las causas del despido-sanción en las Reglamentaciónes Nacionales de Trabajo, in: Boletín de Divulgación Social, 104 (1955), S. 203.

396 Eugenio Blanco, El delito extralaboral como causa justa de despido, in: Revista de Trabajo, 7 (1957), S. 547.

Privatleben und Arbeitsleben[397]. Da an jede Tätigkeit andere Verhaltensweisen geknüpft waren, erwartete man von einem Bankangestellten auch andere Umgangsformen als von einem Seemann. Auftreten und Reputation gehörten je nach Berufsstand zum Arbeitsverhältnis, was den besonderen Wert und die Bedeutung der Arbeit zum Ausdruck brachte[398]. Grundsätzlich war darauf abzustellen, ob die Verhaltensweisen geeignet waren, das Vertrauensverhältnis gegenüber dem Arbeitgeber zu belasten. Durch diese Argumentation konnten somit Verhaltensweisen, welche geeignet waren, den Respekt gegenüber dem Arbeitgeber aufgrund privater Tätigkeiten zu verlieren, in den Reglamentaciónes mit einer Kündigung unter Strafe gestellt werden. Darüber hinaus enthielten die Reglamentaciónes mehrheitlich Regelungen, die eine Kündigung im Sinne von Art. 77 e) LCT rechtfertigten, sobald der Arbeitnehmer für Verhaltensweisen mehr als 6 Monate inhaftiert worden war[399]. Das Arbeitsrecht wurde dadurch vom Schutzrecht zu Gunsten des Arbeitnehmers mehr zu einem „Sanktionsrecht in Händen des Arbeitgebers“[400]. Im Ergebnis machte der Staat durch Inhaftierung und Bestrafung bestimmter Verhaltensweisen von der Möglichkeit Gebrauch, mit Erlass von Reglamentaciónes das Arbeitsrecht zu einem Verhaltenscodex umzuformen. Die Missachtung dieses Verhaltenscodex konnte mit der Kündigung bestraft werden, ohne dass man an strafrechtliche Grundsätze wie „in dubio pro reo“ oder aber „nulla poena sine lege“ gebunden war. Das fern dem Arbeitsleben stehende Verhalten wurde somit durch die Reglamentaciónes als Kündigungsgrund normiert und verwendet. So gab es in den Reglamentaciónes für Privatbanken eine Norm, die zur Kündigung gem. Art. 77 e) LCT rechtfertigte, sobald der Arbeitnehmer „sich regelmäßig an Orten aufhielt, an denen u.A. metálico (ein verbotenes Glücksspiel)“ oder andere solcher Spiele gespielt wurden[401]. Das Arbeitsrecht entwickelte sich somit zu einem vom eigentlichen Strafrecht unabhängigen Disziplinierungsmechanismus in den Händen des staatlich gelenkten Arbeitgebers.

---

397 Eugenio Blanco, El delito extralaboral como causa justa de despido, in: Revista de Trabajo, 7 (1957), S. 544.

398 Carro Igelmo, El despido, S. 249ff.

399 Carro Igelmo, Las causas del despido-sanción en las Reglamentaciónes Nacionales de Trabajo, in: Boletín de Divulgación Social, 104 (1955), S. 208.

400 Cuello Calón, Eugenio, Derecho Penal, Tomo I, Barcelona 1948, S. 36.

401 Carro Igelmo, Las causas del despido-sanción en las Reglamentaciónes Nacionales de Trabajo, in: Boletín de Divulgación Social, 104 (1955), S. 207.

f) Verringerung der Arbeitsleistung, la disminución del rendimiento

Gem. Art. 77 f) LCT war die „freiwillige und kontinuierliche Verringerung der normalen Arbeitsleistung“ Rechtfertigungsgrund einer Beendigung des Arbeitsverhältnisses durch den Unternehmer.

Dieser Artikel bestand in seiner ursprünglichen Fassung auch schon im LCT von 1931. Aus vertraglicher Sicht war die Arbeitsleistung das Gegenstück für den Arbeitslohn[402]. Sah man die ordnungsgemäße Pflichterfüllung der Arbeit als Hauptaufgabe des Arbeiters an, Art. 60 LCT, so rechtfertigte eine absichtliche Verringerung der Arbeitsleistung eine Kündigung, da er seiner Pflicht im Arbeitsverhältnis nicht mehr nachgekommen ist[403]. Dies galt natürlich um so mehr in einem Staat, in dem die Arbeitsleistung wichtiger Bestandteil eines Produktionsprozesses war, welcher nicht nur der Befriedigung von Arbeitnehmer und Arbeitgeber diente, sondern einheitlich ein Dienst am spanischen Vaterland, ein Fundament des neuen Staates war[404]. Neben dem Aspekt der Vertragserfüllung bekam dieser Kündigungsgrund mit der neuen Bewertung der Arbeit im Fuero del Trabajo zusätzlich einen moralischen Aspekt. Es ging dabei nicht um einen qualitativen Mangel bei der Arbeit, wie in Art. 77 d) LCT, sondern die Quantität, eine freiwillige Verringerung der Arbeitsleistung. Diese moralische Verpflichtung kam einerseits direkt in Art. XI.2. F.T. zum Ausdruck, wonach individuelle oder kollektive Akte, welche die Normalität der Produktion oder deren Ablauf beeinträchtigten, als Delikte gegen das Vaterland selbst eingestuft wurden. Folglich war eine Minderleistung nicht nur eine Schlechterfüllung der Vertragspflicht, sondern ein Delikt gegen den Staat. Verstärkt wurde diese Bedeutung des Deliktscharakters zusätzlich durch das Dekret vom 5. Januar 1939. Dieses Dekret griff im Fuero del Trabajo als unerwünscht festgelegte Verhaltensweisen auf und deklarierte diese zu Straftatbeständen, welche mit Geldstrafen, Haft, aber auch mit Verlust des Arbeitsplatzes als möglicher Sanktion verbunden waren. Darüber hinaus wurde in den Reglamentaciónes ebenfalls mehrheitlich die Verringerung der Arbeitsleistung untersagt. Als Kriterium diente die Freiwilligkeit der Verringerung, auch als Abgrenzung zu Art. 77 d) LCT, wie auch Wiederholung dieses absichtlichen Verhaltens, damit der Arbeitnehmer nicht lediglich für ein einmaliges, momentanes Verhalten, sondern für eine Art „untreuen Verhaltens“[405] be-

---

402 Carro Igelmo, La disminución del rendimiento como causa de despido, in: Revista de Trabajo 1 (1957), S. 11.

403 Suarez González, La terminación, S. 98.

404 Hernáinz Marquez, Tratado Elemental de Derecho del Trabajo, 10°, S. 199.

405 So jedenfalls Pérez Botija, El Contrato de Trabajo, S. 294.

straft würde[406]. Auch hier wird zu untersuchen sein, wie und in welchen Fällen sich die Rechtsprechung dieses Grundes bediente.

g) Geschäfte ohne Erlaubnis, las negociaciónes sin permiso

Gem. Art. 77 g) LCT war das „Betreiben eines Geschäfts oder Gewerbes auf eigene Rechnung ohne Erlaubnis des Unternehmers" Rechtfertigungsgrund einer Beendigung des Arbeitsverhältnisses durch den Unternehmer. Es handelte sich hierbei um den letzten Kündigungsgrund, welcher aus dem ursprünglichen LCT von 1931 übernommen worden war. Der Tatbestand konnte durch zwei Alternativen erfüllt werden. Einerseits bedingte die Treuepflicht gegenüber dem Arbeitgeber, dass der Arbeitnehmer seine Arbeitskraft vollwertig zur Verfügung stellte und nicht mehreren Arbeitgebern diente. Der Arbeitnehmer hatte seinem Betrieb seine Arbeitsleistung und seine Kraft in vollem Umfang zur Verfügung zu stellen. Darüber hinaus war es dem Arbeitnehmer untersagt, auf eigene Rechnung in Konkurrenz zu dem eigenen Arbeitgeber Ware herzustellen und zu vertreiben[407].

Da dieser Tatbestand bereits hinreichend konkret gefasst worden war, benötigte er keine weiteren Konkretisierungen in den Reglamentaciónes de Trabajo[408]. So besagte bereits Art. 73 LCT, dass „der Arbeiter verpflichtet ist, seinem Arbeitgeber weder Konkurrenz zu schaffen, noch die zu unterstützen, die dem Arbeitgeber gegenüber in Konkurrenz stehen". Die Reglamentaciónes beschränkten sich daher zumeist darauf, den Tatbestand des Art. 77 g) LCT mit verschiedenen Wortlauten wiederzugeben, ohne jedoch den Charakter des eigentlichen Tatbestandes zu verändern. Im Endeffekt lag der Kern dieses Kündigungsgrundes wieder in der Treuepflicht gegenüber dem Arbeitgeber, so dass man weder für dessen Konkurrenz arbeiten sollte, noch selber welche produzieren sollte, sondern dem Arbeitgeber im Gegenseitigkeitsverhältnis mit seiner vollen Arbeitskraft zur Verfügung zu stehen hatte.

h) Trunkenheit, la embriaguez

Gem. Art. 77 h) LCT galt „gewohnheitsmäßige Trunkenheit" als Rechtfertigungsgrund einer Beendigung des Arbeitsverhältnisses durch den Unternehmer. Dieser Artikel wurde mit der Reformierung des LCT 1944 neu zu dem bereits

---

406 Carro Igelmo, La disminución del rendimiento como causa de despido, in: Revista de Trabajo, 1 (1957), S. 12.

407 Tovillas Zorzano, El régimen jurídico del despido en España, S. 207.

408 Hernández Martín, LCT, Art. 77 apart. g): hacer negociaciónes de comercio o de otra industria, por cuesta propia o de otra persona, sin autorización del empresario, S. 163.

seit 1931 bestehendem gesetzlichem Katalog der Kündigungsgründe hinzugefügt. Die Trunkenheit während der Arbeit konnte schon zuvor eine Kündigung des Arbeitgebers nach sich ziehen, da Trunkenheit immer zu einer Schlechtleistung am Arbeitsplatz führen kann[409]. Art 77 g) LCT bedroht aber explizit die gewohnheitsmäßige Trunkenheit (Alkoholismus) und die aus dieser Trunkenheit resultierende regelmäßige Schlechterfüllung des Arbeitsvertrages mit der Kündigung. Unproblematisch war dieser Tatbestand hinsichtlich des Verhaltens am Arbeitsplatz, da der Arbeiter, sobald er betrunken war und dabei im Kontakt mit Außenstehenden stand, immer auch die betriebliche Einheit schädigte.[410] Problematisch war allerdings die Kündigung für gewohnheitsmäßige Trunkenheit außerhalb des Arbeitsplatzes. Benítez de Lugo sah allein darin den Sinn der Einführung dieser Norm, ein solches Verhalten zu sanktionieren, da die Trunkenheit während der Arbeit schon vorher zur Erfüllung eines Kündigungstatbestandes wegen Schlechtleistung ausreichend gewesen sei[411]. Die Einführung dieses Kündigungstatbestandes und die Ausweitung auf das Privatleben sei somit eine Betonung des Gebotes der guten Führung[412]. Dieser Kündigungstatbestand widersprach damit allerdings Art. 69 LCT, wonach die Regeln der guten Führung für den Arbeitnehmer außerhalb des Arbeitsplatzes nur gelten sollen, sobald er auch im Hause des Arbeitgebers wohnhaft war und somit die Moral und Ordnung des Arbeitgebers gestört werden konnte[413]. Es war zudem aber nicht notwendig, dass ein wirklicher Schaden für den Betrieb an sich entstand, vielmehr reichte die Möglichkeit einer Schädigung aufgrund regelmäßiger Trunkenheit aus[414]. Der Gesetzgeber wusste dabei die Trunkenheit im Einzelfall durchaus vom Alkoholismus als Krankheit zu unterscheiden, da er sich auf mangelnde Kapazitäten durch übermäßigen Konsum von Alkohol bezog und nicht eine konkrete Pflichtverletzung mit daraus resultierendem Schaden[415]. So wurde noch durch ein Urteil des Tribunal Supremo[416] festgestellt, dass ein Arbeitnehmer, welcher an Alkoholismus leide, nicht gerechtfertigt aufgrund einer Verringerung seiner Arbeitsleistung im Sinne von Art. 77 f) LCT gekündigt werden könne, da er nicht freiwillig handele.

409 Carro Igelmo, El despido, S. 330.
410 Suarez González, La terminación, S.100.
411 Benítez de Lugo, Extinción del Contrato de Trabajo, S. 168.
412 Serrano Carvajal, El despido: La embriaguez y falta de aseo, S. 201.
413 Carro Igelmo, Las causas del despido-sanción en las Reglamentaciónes Nacionales de Trabajo, in: Boletín de Divulgación Social, 104 (1955), S. 2.
414 Tovillas Zorzano, El régimen jurídico del despido en España, S. 211.
415 Pérez Botija, El Contrato de Trabajo, S. 253.
416 Urteil des Tribunal Supremo vom 22. Januar 1951, abgedruckt in: Carro Igelmo, El despido, S. 339.

Eine Kündigung wegen regelmäßiger Trunkenheit hätte ggf. aber gerechtfertigt sein können.

Die Einführung dieses Tatbestandes sollte dem Geist des Fuero del Trabajo entsprechen, wonach das Arbeitsverhältnis menschlicher aber auch moralischer gestaltet sein sollte, damit es zur Erziehung des Arbeitnehmers dienen konnte[417]. Im Ergebnis zeigt auch die Einführung dieses Tatbestandes die Betonung der Kündigung als Sanktions- und Disziplinierungselement. Das Arbeitsrecht wurde somit genutzt, um gesellschaftliche Verhaltensweisen zu steuern, indem man Arbeitnehmern die Kündigung erklärte, die regelmäßig Alkohol in zu hohen Mengen konsumierten, was der Moralvorstellung widersprach. Pérez Leñero[418] kritisierte 1949 daher diesen Tatbestand, da einerseits keine genaue Abgrenzung zur Alkoholkrankheit bestehe. Andererseits beeinträchtige das Trinken den Arbeitsplatz nicht direkt und der Haushalt des Arbeitnehmers unterliege laut LCT gerade nicht dem Gebot der guten Führung. Drittens sei eine genaue Definition des Verhaltens äußerst schwierig.

i) Mangel an Sauberkeit, la falta de aseo

Gem. Art.77 i) LCT galt „der Mangel an Sauberkeit immer dann, wenn der Arbeiter dadurch Aufmerksamkeit erregt oder gerechtfertigte Klagen seiner Arbeitskollegen hervorgerufen hat, welche an demselben Ort arbeiten müssen“ als Rechtfertigungsgrund einer Beendigung des Arbeitsverhältnisses durch den Unternehmer. Auch dieser Kündigungsgrund wurde mit der Reformierung des LCT 1944 eingeführt, stellt mithin eine neue Regelung dar. Es handelte sich nach Ansicht von Carro Igelmo 1957 um den Kündigungsgrund, welcher am stärksten das Privatleben des Arbeitnehmers betreffe[419].

Dahinter stand allerdings der Gedanke, dass die Gesellschaft durch einfache ethische und moralische Regelungen geschützt werden sollte. Gerade am Arbeitsplatz kann und konnte sich ein regelmäßiger Mangel an Hygiene an diesem Ort schnell zu einem hygienischen Problem für die gesamte Gesellschaft ausweiten[420]. Man benutzte also einen Kündigungsgrund um eine Art „Volkserziehung“ zu einem Standard an Hygiene vorzunehmen. An diesem Beispiel zeigt sich, dass die Kündigung nicht den Charakter einer Beendigung des Arbeitsverhältnisses aufgrund einer Schlechtleistung des Arbeitnehmers hatte, sondern auch wieder ein Sanktionsinstrument zu dessen Erziehung war. Dabei hatte die Hygiene des

417 Carro Igelmo, El despido, S. 329.
418 Pérez Leñero, Instituciones del Derecho Español de Trabajo, S. 264f.
419 Carro Igelmo, El despido, S. 343.
420 Pérez Botija, Curso de Derecho del Trabajo, S. 253.

Arbeitnehmers in den meisten Fällen keine Auswirkungen auf die Qualität der Arbeit, sondern es sollte lediglich über den Einfluss des Arbeitgebers eine Erziehung des Arbeitnehmers vorgenommen werden. Das privatrechtliche Arbeitsverhältnis wurde somit zu einem öffentlich rechtlichen Erziehungsinstrument.

j) Zank und Streitereien, las riñas y pendencias

Gem. Art. 77 LCT war das „häufige, ungerechtfertigte Verursachen von Zank und Streitereien mit Arbeitskollegen" ein Rechtfertigungsgrund einer Beendigung des Arbeitsverhältnisses durch den Unternehmer.

Auch dieser Kündigungsgrund wurde erst nachträglich mit der Reform 1944 eingeführt. Eigentlich wurden solche Verhaltensweisen schon durch die Tatbestände der Artt. 77 b) und c) LCT erfasst, mithin war die Einführung nicht notwendig[421]. Allerdings sollten der neue Leitgedanke der Betriebsgemeinschaft und die Wichtigkeit eines friedlichen Miteinanders besonders betont werden. Die Produktion konnte nur effektiv im Geist von Kameradschaft funktionieren, welcher nach dem Fuero del Trabajo alle Mitglieder des neuen Staates beseelte. So sprach Sagardoy Bengoechea diesem Kündigungsgrund eine wirkliche Bedeutung und Notwendigkeit ab[422]. In den verschiedenen Reglamentaciónes war die Bedeutung dieses Grundes eher gering. Einzig und allein eine Ausweitung auf Dritte, welche im direkten Kontakt mit dem Arbeitsplatz standen, fand vereinzelt statt. Auch wurden vereinzelt Tatbestandsmerkmale eingeschränkt. Bayón Chacón und Pérez Botija[423] begründeten dies an dem Beispiel eines Praktikanten, welcher während einer Operation im Krankenhaus einen Streit mit dem operierenden Personal began. Dieser Zwischenfall habe solch schwerwiegende Auswirkungen gehabt, dass Wiederholungsfälle ausgeschlossen werden mussten. Abschließend ist festzustellen, dass die neu eingeführten Tatbestände juristisch nicht notwendig waren, aber einen Versuch darstellten, den neuen Moral- und Disziplinarcharakter des Arbeitsverhältnisses zu betonen.

V. Sonderkündigungsschutz

Ein erweiterter Kündigungsschutz wurde unter anderem Betriebsräten, Syndikatsvertretern, bei der F.E.T. y de las J.O.N.S. politisch engagierten Arbeitnehmern und Kriegsveteranen in verschiedensten Dekreten, Verordnungen und

421 Pérez Botija, Contrato de Trabajo, S. 201.
422 Sagardoy Bengoechea, Las riñas o pendencias, S. 201.
423 Bayón Chacón/Pérez Botija, Manual de Derecho del Trabajo, S. 614.

Reglamentaciónes zugestanden. Die vielen Einzelfallregelungen würden den Rahmen dieser Arbeit sprengen, weshalb lediglich eine Übersicht über die wichtigsten Regelungen erfolgt. Arbeitnehmer, die aufgrund ihrer Stellung als Betriebsrat, Syndikatsvertreter oder anderer politischer Stellungen Sonderkündigungsschutz beanspruchten, hatten grundsätzlich das Recht und den Anspruch darauf, nur nach der Durchführung eines ausführlichen expediente-Verfahrens gekündigt zu werden[424], unabhängig davon, in welchem Industriezweig sie tätig waren. Dieses Verfahren dauerte einen Monat und die expediente-Akte mußte nach Abschluss des Verfahrens und vor der Weitergabe an die Arbeitsgerichte der syndikalen Provinzdelegation vorgelegt werden[425].

Diese überprüfte wiederum den gesamten Vorgang. Begründet wurde dieses langwierige Verfahren allerdings mit der Notwendigkeit, Vertreter der Syndikate und ähnliche Funktionäre besonders überprüfen zu müssen, um zu gewährleisten, das diese ihre Vorbildfunktion wahren könnten und diese nicht beeinträchtigt sei[426]. Im Endeffekt führte das langwierigere Vermittlungsverfahren, das teilweise auch auf Kriegsveteranen und Parteianhänger der F.E.T. y de las J.O.N.S. ausgeweitet wurde, dazu, dass die ohnehin schwer durchsetzbare Kündigung weiter erschwert und in die Länge gezogen wurde. So führte die Intensivierung und weitere Überprüfung des expediente-Verfahren zu einer Ausweitung des Kündigungsschutzes für Privilegierte, die quasi unkündbar wurden.

Stand nach dem Gesetz (Art. 81 Abs. 3 LCT) dem Arbeitnehmer nur das Recht zu, zwischen einer Abfindung oder einem Recht auf Wiedereinstellung für den Fall einer ungerechtfertigten Kündigung zu wählen, sobald der Betrieb mehr als 50 Angestellte hatte, so wurde dieses Recht Vertretern der Syndikate unabhängig von der Größe des Betriebes eingeräumt. In den Dekreten vom 5. Juli und 7. Dezember 1945 wurde die Beschränkung des Wahlrechts auf Großbetriebe für Syndikatsvertreter explizit aufgehoben. Im Ergebnis konnte damit ein Betrieb kaum einen privilegierten Arbeitnehmer entlassen, da sich dieser ansonsten wieder seinen Arbeitsplatz unabhängig von der Größe des Betriebes einklagte.

Zudem wurden solchen Arbeitnehmern zusätzliche Berufungsmöglichkeiten gewährt und ihre Stellung vor Gericht gestärkt. Sie hatten sowohl bei der Erstellung der expediente-Akte ausgedehntere Mitwirkungs- und Anhörungsrechte als auch im eigentlichen Arbeitsprozess vor Gericht[427]. Der Sonderkündigungsschutz wurde allerdings erst wirklich bedeutend, als der allgemeine Kündigungsschutz

---

424 Amer Amer, Los Jurados de Empresa, in: Revista de Trabajo, 4 (1954), S. 409.

425 Hernáinz Marquez, Tratado Elemental de Derecho del Trabajo, 10.a edición, S. 456f.

426 Apalategui Asúa, El despido laboral. S. 88.

427 Apalategui Asúa, El despido laboral, S.98.

im Zuge wirtschaftlicher Liberalisierung gelockert wurde, die Lockerungen aber nicht den Sonderkündigungsschutz erfassten[428]. Dies wird im Einzelnen noch dargestellt.

VI. Zwischenergebnis

1) Veränderungen durch Reglamentaciónes

Auf den ersten Blick sieht es so aus, als habe der Gesetzgeber den eigentlichen Kündigungsschutztatbestand äußerlich nicht wesentlich verändert. Bei näherem Hinsehen wird aber klar, dass sich das Franco-Regime durch die Reglamentaciónes die Möglichkeit verschaffte, den Charakter des Kündigungsschutzes grundlegend zu verändern. So wurden viele Leitgedanken des Fuero del Trabajo erst durch eine Interpretation der Kündigungsgründe in den Reglamentaciónes in den Kündigungsschutz eingearbeitet. Die Reglamentaciónes typisierten somit die Tatbestände eines Arbeitsstrafrechts[429]. Durch sie wurde die Idee der „guten Führung" als wichtiges Element einer nationalsyndikalistischen Arbeitsideologie betont[430]. Der Staat kam somit seinen politischen Moralvorstellungen nach, ohne den ursprünglichen Wortlaut des Gesetzes zu verändern, indem er die Eingriffsmöglichkeiten der Behörden stark erweiterte. Die neu eingeführten Tatbestände hatten keine schwerwiegende Bedeutung und betonten die Gedanken von Disziplin und Ordnung. Allerdings wurde in diesem stärkeren Disziplinarcharakter auch eine Betonung der persönlichen Verantwortung des Arbeiters für seine Arbeit gesehen, welche aus dem Fuero del Trabajo stammte[431]. Diese neuen Elemente des Arbeitsverhältnisses galten demnach als wichtige Bausteine der neuen moralischen Ordnung, in der ein Arbeiter nicht nur Weisungsempfänger war, sondern selber Verantwortung und Treuepflichten übernahm.

2) Beschäftigungsstabilität

Wie bereits festgestellt nahm der Staat sich das Recht, dass keine Kündigung eines Arbeitnehmers aus wirtschaftlichen Gründen ohne seine Genehmigung ausge-

---

428 Alonso Olea, Derecho Procesal del Trabajo (II, in: Revista de Trabajo 1 (1968), S. 16.

429 Baylos-Terradillos, Derecho Penal del Trabajo, S. 22.

430 Aguinaga Telleria, Derecho disciplinario del trabajo, in: Revista de Trabajo 7 (1952), S. 717.

431 Pérez Botija, Algunas consideraciónes, S.741f.

sprochen werden durfte. Laut Alonso Olea[432] war dieser Kündigungstatbestand als kollektive Kündigung zu bezeichnen. Fraglich ist, inwieweit diese neue Regelung eine Umsetzung der Vorgaben des Fuero del Trabajo darstellte.

Folgt man bezüglich der Regelung des Kündigungsschutzes der Ansicht Bayón Chacón's[433], wonach dabei immer zwischen der Stabilität der Beschäftigungsverhältnisse und der Entscheidungsfreiheit abzuwägen war, so zeigt sich, wie durch die erforderlich gewordenen Genehmigungsverfahren der Staat die Freiheit zur Kündigung zu Gunsten der Beschäftigungsstabilität einschränkte.

Da bereits in der Präambel des Fuero del Trabajo festgestellt worden war, dass sich die Wirtschaft den staatlichen Interessen unterzuordnen habe und der Gewinn zum Nutzen des Volkes eingesetzt werden sollte, aber darüber hinaus der Staat gem. Art. I.8. F.T. ein Recht auf Arbeit garantierte, gem. Art. III.6. F.T. die Sicherheit und Kontinuität der Arbeit überwachte und gem. Art. XII.1. F.T. jegliches Privateigentum dem nationalen Interesse untergeordnet wurde, musste der Staat in logischer Konsequenz zur Erreichung dieses Ziels der Arbeitsplatzgarantie den Arbeitsmarkt steuern und kontrollieren, damit nicht das Recht eines Arbeitnehmers auf einen Arbeitsplatz aus Gründen der Gewinnmaximierung eines Unternehmers verloren ging. Natürlich ließ der Staat aber Kündigungen aus wirtschaftlicher Not in letzter Konsequenz zu, da er auch gem. Art. XII.1. F.T. das Privateigentum anerkannte. Folglich entnahm der Staat aus dem Fuero del Trabajo das Recht, zu entscheiden, wann eine wirtschaftliche Lage Kündigungen rechtfertigte, wobei Maßstab lediglich das nationale Wohl sein konnte, das Leitprinzip des Fuero del Trabajo für „die spanische Schicksalsgemeinschaft“ war. Dem Staat oblag es also abzuwägen, inwieweit eine Kündigung von Arbeitnehmern nützlich war, weil damit ein Betrieb gerettet wurde, der die nationale Produktion weiter führt, oder inwieweit der unwirtschaftlich arbeitende Betrieb nützlicher war, da Arbeitsplätze erhalten blieben. Auch bei Investitionen zur Steigerung der Produktivität in einem Betrieb war demnach abzuwägen, inwieweit der Steigerung der Produktivität des Unternehmens der Nachteil von arbeitslosen Arbeitnehmern gegenüberstand[434]. Somit erhob der Staat das Prinzip der Beschäftigungsstabilität unter seiner Kontrolle zu einem seiner Hauptinteressen. Die Beschäftigungspolitik war ein Kernbereich des spanischen Arbeitsrechts, welcher einer zentralen administrativen Kontrolle unterlag[435].

---

432 Alonso Olea, El despido, S. 82.

433 Bayón Chacón, Significado económico y social del despido, S. 27.

434 Granda, La productividad en relación a precios y salarios, in: Revista de Trabajo 6 (1952), S. 623.

435 Maravall Casesnoves, La política de empleo, in: Revista de Trabajo, 36 (1971), S. 7.

Auf der anderen Seite musste diese verordnete und gesteuerte Vollbeschäftigung sich auch auf andere Bereiche des Arbeitsrechts auswirken, da die verordnete personelle Überkapazität einiger Unternehmen in irgendeiner Form kompensiert werden musste, damit die zwangsweise Weiterbeschäftigung nicht automatisch zum Ruin aller Firmen führte. Gelöst wurde dieses Problem durch eine enge Verzahnung der staatlichen Beschäftigungs- mit der Lohnpolitik, die durch die Reglamentaciónes ebenfalls völlig in die Hände des Staates kam[436]. Um den wirtschaftlichen Ruin der Unternehmen zu verhindern, mussten die Arbeitnehmer somit die Sicherheit ihrer Arbeitsplätze mit dem Preis von niedrigen Löhnen bezahlen. So argumentierte man, ein sozialer Staat wie Spanien müsse immer die Löhne anhand der Produktivität der Arbeitnehmer regulieren und bemessen. Der Arbeitslohn ergab sich aus einem vom Staat festgesetzten Wert, unter Abwägung von Arbeitsproduktivität und Lebenshaltungskosten[437].

Aus diesem Zusammenspiel von Lohnfestsetzung und Beschäftigungspolitik wird deutlich, wie der Staat sich entsprechend Art. III.4. F.T. selbst ermächtigte, „die Grundlagen der Arbeit festzusetzen" und dieses Prinzip umsetzte. Die Vorgaben des Fuero del Trabajo wurden im Kündigungsschutz in Verbindung mit den Reglamentaciónes genutzt, damit der Staat ein komplettes Instrument zur Wirtschaftssteuerung in Händen hielt.

Im Ergebnis setzte der Staat somit die Ideologie des Fuero del Trabajo und seiner geistigen Grundlagen um. Der Staat garantierte grundsätzlich das von „Gott gewollte" Recht auf Arbeit, stellte es aber immer unter den nationalen Erfolg. Sofern bestätigte sich auch in der Umsetzung des Fuero del Trabajo im Kündigungsschutz die bei der Kommentierung des Fuero del Trabajo von Serrano[438] aufgestellte These, dass der soziale und religiöse Charakter von Arbeit unter dem nationalen Erfolg des Vaterlandes zu stehen habe.

Gerade zu Beginn der Franco -Diktatur diente damit das enge Zusammenspiel von staatlichen Eingriffen in die Löhne und dem starken Schutz des Arbeitnehmers vor wirtschaftlich begründeten Kündigungen zur Etablierung des Regimes[439]. Der Kündigungsschutz stellt sich als Umsetzung der staatlichen Autarkiepolitik dar. So wurde auf dem dogmatisch zweifelhaften Weg per Reglamentaciónes (Ministererlass) das liberale Prinzip des LCT aufgehoben, entsprechend der neuen Grundauffassung, „dass die Vertragsfreiheit ohne jegliche Beschränkungen unvereinbar mit der Stabilität und Kontinuität der Arbeit ist[440]".

---

436 Brösse, Wirtschaftsordnung und Arbeitsrecht in Spanien, S. 70.

437 Granda, La productividad en relación a precios y salarios, in: Revista de Trabajo, 6 (1952), S. 615.

438 Serrano, El Fuero del Trabajo, S. 43f.

439 Montoya Melgar, Ideología y lenguaje, S. 355f.

440 Frühbeck Olmedo, Das Prinzip der Beschäftigungsförderung im Arbeitsrecht, S. 31.

C. Kündigung und Arbeitsgerichtsbarkeit

Vor dem Machtwechsel wurden Arbeitsstreitigkeiten noch vor den paritätisch aus Arbeitnehmern und Arbeitgebern besetzten „Tribunales“ gelöst[441]. Nach dem Fuero del Trabajo sollte diese Funktion durch den Staat ausgeübt und damit auch der Prozess kontrolliert werden. Fraglich ist zunächst, wie die Zuständigkeit der neuen Arbeitsgerichtsbarkeit, die erst gem. Art. VII. F.T. eingeführt wurde, für kündigungsrechtliche Streitigkeiten in das System des Kündigungsschutzes einbezogen wurde. Unter Arbeitsgerichtsbarkeit im weitesten Sinne ist der Inbegriff aller von einem Staat geschaffenen oder zugelassenen Einrichtungen zur Feststellung, Verwirklichung und Sicherung von Rechten und Rechtsverhältnissen arbeitsrechtlicher Art zu verstehen[442]. Hierunter fiel auch die nach dem Krisendekret zuständige Exekutive. Im vorliegenden Falle war aber unter Arbeitsgerichtsbarkeit eine solche im engeren Sinne, also ein Zweig der Judikative zu verstehen.

Die Schaffung einer eigenen Gerichtsbarkeit für Streitigkeiten aus einem Arbeitsverhältnis hatte dabei verschiedene Gründe[443]. Zum einen bestand eine besondere Dringlichkeit für die Lösung dieser Konflikte, da unter Umständen die Lebensgrundlage des Arbeitnehmers von dem Ausgang der Streitigkeit abhing und der Arbeitgeber für den ungehinderten Fortlauf seiner Produktion keine langen Rechtsstreitigkeiten und Prozesskosten auf sich nehmen konnte. Sinn der Justiz musste es dabei sein, diese Begehren zu realisieren. Darüber hinaus bestand aber auch ein übergeordnetes allgemeines Interesse an der Lösung solcher Konflikte, da der ungehinderte Ablauf der Produktion das Wohl aller betraf[444]. Dies galt umso mehr zur Zeit der Franco-Ära, da gem. Art. I.5. F.T. ihrer Arbeitsverfassung die Arbeit ein Tribut für das nationale Vermögen war.

I) Eröffnung des Gerichtsweges bis 1962

Gem. Art. 1 T.R.P.L. in der Fassung vom 17. Oktober 1940 war die „Arbeitsgerichtsbarkeit für alle Ansprüche aus individuellen Konflikten zuständig, welche sich auf der sozialen Linie des Rechts befinden“. Somit war nach dem Gesetz für kollektive Streitigkeit der Gerichtsweg nicht eröffnet. Auf den Folgeseiten wird

441 Montoya Melgar, La jurisdicción laboral y el Fuero del Trabajo, in: Revista de trabajo 96 (1963), S. 215.
442 Hueck, die Arbeitsgerichtsbarkeit, S. 1.
443 Pérez Botija, Curso de Derecho del Trabajo, S. 314.
444 Pérez Botija, Curso de Derecho del Trabajo, S. 314.

sich der Frage gewidmet, welche Begründung für diesen Ausschluss gegeben wurde.

1) kollektive Rechtsstreitigkeiten

Nach einer Ansicht[445] lag im Gesetz lediglich eine falsche Terminologie vor, da individueller und kollektiver Konflikt mit juristischem und ökonomischem Konflikt, bspw. dem Streit um eine Lohnerhöhung, verwechselt worden seien. Ein kollektiver Konflikt sollte immer dann vorliegen, wenn im Gegensatz zum Individualkonflikt auf einer der beiden Seiten (Kläger oder Beklagter) mehr als eine Person stand, somit sogar auch bei gesammelten Kündigungsklagen. Der ökonomische Konflikt sei dagegen kein in Rechtsnormen gründender Streit und daher kein Fall für einen Rechtsweg. Da allerdings beim ökonomischen Konflikt meistens mehrere Beteiligte auf einer Seite stünden, handele es sich somit fast immer auch um kollektive Konflikte, weshalb diese falsche Terminologie benützt worden sei. Daher sei zwar jegliche kollektive Streitigkeit von der Arbeitsgerichtsbarkeit ausgeschlossen, aber eigentlich die ökonomische Streitigkeit gemeint worden. Diese Ansicht stimmte nicht mit der Praxis überein, da eine Mehrheit von Klägern oder Beklagten immer zu einer Abweisung durch die Arbeitsgerichte aufgrund fehlender Kompetenz führte[446].

Nach einer anderen Ansicht[447] war ein Individual-Konflikt grundsätzlich ein juristischer Streit über die Auslegung des Arbeitsvertrages, unabhängig von der Anzahl der Prozessbeteiligten, während der kollektive Konflikt immer ein reiner Interessenkonflikt und daher keiner Gerichtsbarkeit unterworfen sei. Demzufolge war die Beschränkung der Gerichtsbarkeit auf individuelle Konflikte eine Beschränkung auf juristische Konflikte und daher dogmatisch völlig logisch. Allerdings ging auch dieser Ansatz an der Praxis der damaligen Rechtsprechung vorbei, da sich das Tribunal de Trabajo auch dann für unzuständig erklärte, wenn mehrere Arbeitnehmer kollektiv gegen eine Kündigung wegen desselben Sachverhaltes vorgingen. In der Praxis wurde somit auch ein juristischer kollektiver Konflikt als bloßer Streit von Mehreren begriffen, während Streitigkeiten Einzelner über soziale Fragen als Individualkonflikt vor den Arbeitsgerichten zugelassen wurden.

445 Alonso Olea, La materia contenciosa laboral, S. 12ff.

446 Eine Rechtsprechungsübersicht zur Unzuständigkeit der Gerichte bei kollektivem Vorgehen bei Alonso García, Derecho Procesal del Trabajo, S. 465ff.

447 Hernáinz Marquez, Tratado Elemental de Derecho del Trabajo, 10.a edición, S. 710f.

Nach einer letzten Ansicht[448] lag diese Trennung im staatlichen Konzept. War eine Vielzahl von Arbeitnehmern betroffen, war auch die Allgemeinheit in stärkerem Maße betroffen, weshalb die Lösung solcher Probleme direkt der staatlichen Kontrolle unterliegen sollte.

Grundsätzlich hätte die Eröffnung von kollektiven Streitigkeiten aber auch nicht in das ideologische Konzept des „Fuero del Trabajo“ gepasst. Bei einer Verneinung des Gegensatzes von Arbeitern und Arbeitgebern und deren staatlichem Zusammenschluss konnte es theoretisch gar nicht zu kollektiven Streitigkeiten kommen. Wie bereits dargestellt, gingen der Fuero del Trabajo und das Wirtschaftsprogramm der Falange davon aus, dass durch den Zusammenschluss aller am Arbeitsverhältnis Beteiligten in einem vertikalen Syndikat die vom Marxismus propagierten Gegensätze von Arbeitnehmern und Inhabern der Produktionsmittel aufgehoben worden seien, genau wie die aus dem Kapitalismus verursachte Ausbeutung des Arbeitnehmers. Folglich durfte es nach dieser Ideologie überhaupt nicht zu kollektiven Konflikten kommen. Jegliches Konfliktpotential sollte gerade durch Regelungen innerhalb und untereinander im Syndikat behoben werden. Bei Streitigkeiten jeglicher Art sollten die Syndikatsbesprechungen zu einvernehmlichen Lösungen führen. Im Ergebnis bestimmte ohnehin das Arbeitsministerium in seinen Reglamentaciónes, ob die Arbeitsbedingungen geändert wurden oder nicht. Darüber hinaus waren ausgedehnte kollektive Konflikte Vorgänge, die einen normalen Produktionsablauf störten, und somit im Fuero del Trabajo, wie auch im Strafrecht gem. Art. 222 Còdigo Penal als Straftatbestand normiert waren[449].

So wurde bspw. noch im Gesetz vom 20. Juli 1959[450] in Art. 2 festgelegt,

1.dass der Streik neben einem Delikt ein Vergehen gegen die öffentliche Ordnung ist, gleich welche Motivation oder Gründe er hat, weshalb es keine Unterscheidung zwischen legalen und illegalen Streiks gebe,

2.dass die Aussperrung grundsätzlich gegen die öffentliche Ordnung verstößt, es sei denn, sie sei durch behördliche Anordnung legalisiert.

Wenn also kollektive Verhaltensweisen einer Gruppe und kollektive Konflikte zum einen durch die Ordnung des Fuero del Trabajo verhindert werden sollten und damit gar nicht erst als existent betrachtet wurden, konnte man nicht auf der anderen Seite eine Gerichtsbarkeit zur Lösung solcher Konflikte zulassen, die eigentlich mit Strafe bedroht waren. Allein wegen der fundamentalen Aufgabe der Syndikate bestand daher rein theoretisch keine Notwendigkeit zur gericht-

448 Brösse, Wirtschaftsordnung und Arbeitsrecht in Spanien, Seite 70.
449 Alonso García, Derecho Procesal del Trabajo, S. 402.
450 Ley de Orden Público (span.: Gesetz über die öffentliche Ordnung) vom 20. Juli 1959, Aranzadi 1959.

lichen Beilegung kollektiver Streitigkeiten[451]. Nach Hernáinz Marquez wurde der heraufbeschworene Konflikt der sozialen Klassen durch moderne Tendenzen beigelegt, indem Arbeitgeber und Arbeitnehmer sich nicht mehr bekämpften, sondern gemeinsam die über diesen Unterschied hinausragenden Ziele von Fortschritt und Produktion zu erreichen suchten, was zu einer Verringerung jeglicher Konflikte führte[452].

Demgegenüber hatten die zuvor zur Lösung arbeitsrechtlicher Probleme bestehenden Tribunales sogar Tarife bestimmt und weitere Arbeitsbedingungen festgelegt. Waren diese Aufgaben nun den staatlichen Syndikaten übertragen worden, so bestand auch nicht mehr die Notwendigkeit, Streitigkeiten darüber den Arbeitsgerichten vorzulegen[453].

2) individuelle Konflikte

Zwar wurde die Gerichtsbarkeit auf individuelle Konflikte begrenzt, doch bestand die Zuständigkeit für alle Individualkonflikte „auf der sozialen Linie des Rechts“ (Art. 1 T.R.P.L.). Die Gerichtsbarkeit galt somit auch für bloße Interessenkonflikte[454], d.h. nicht nur juristische Probleme, wie zum Beispiel Probleme aus und über die Anwendbarkeit einer konkreten Norm, sondern jeglicher Konflikt eines Arbeitnehmers mit einem Arbeitgeber unterstand der Arbeitsgerichtsbarkeit. Mithin wurde der Gerichtsbarkeit im Arbeitsrecht ein viel weiterer Spielraum als in anderen Bereichen gegeben, da ein Urteil nicht allein die Anwendung von Gesetzen auf einen konkreten Sachverhalt enthielt, sondern selbst normativ und regelnd im Sinne eines Gesetzes war[455]. Ein Richter musste weit stärker als sonst neben rein juristischen auch soziale und politische Wertungen vornehmen.

3) Abfindungen

Das Recht auf eine Abfindung des Arbeitnehmers im Falle einer ungerechtfertigten Kündigung wurde in Art. 81 LCT geregelt. Bayón Chacón[456] sah die Abfindung als Bestrafung des Arbeitgebers an. Dieser habe das Gebot der Beschäfti-

451 Brösse, Wirtschaftsordnung und Arbeitsrecht in Spanien, S.65.

452 Hernáinz Marquez, Tratado Elemental de Derecho del Trabajo, 10.a edición, S 707.

453 Montoya Melgar, La jurisdicción laboral y el Fuero del Trabajo, in: Revista de trabajo 96 (1963), S. 221.

454 Alonso García, Curso de Derecho del Trabajo, S. 259f.

455 Alonso García, Curso de Derecho del Trabajo, S. 260.

456 Torvillas Zorzano, El régimen jurídico del despido en España, S. 67; Bayón Chacón, La indemnización expropiatoria en el despido sin causa, in: Revista de Trabajo, 13 (1966), S. 61.

gungsstabilität aus Art. III. F.T. verletzt und sei dafür durch den Staat auch strafrechtlich zur Verantwortung zu ziehen. Neben der Bestrafung wegen Verletzung des Gebots der Beschäftigungsstabilität müsse auch der Ausgleich dafür vorgenommen werden, dass dem Arbeiter aufgrund einer Pflichtverletzung des Unternehmers die wirtschaftliche Grundlage entzogen worden sei. Daher war bei der Höhe der Abfindung zu berücksichtigen, wie schwer es dem Arbeiter nach seinem Alter, Beruf und Wohnort fallen würde, eine neue Arbeit zu finden. Die Abfindung sollte ferner andererseits eine Art Belohnung für die bisherige Treue zum Betrieb darstellen, weshalb sich deren Höhe unter anderem nach der Dauer der Betriebszugehörigkeit richtete. Auch stellte die Abfindung eine Fürsorge für die Zukunft dar, weshalb das soziale Umfeld mitberücksichtigt werden musste[457], beispielsweise die Anzahl der zu versorgenden Kinder.

Die Abfindung stellte aber vor allem ein juristisches Instrument dar, um einen Ausgleich zwischen zwei wichtigen Prinzipien des Arbeitsrechts vorzunehmen. Da dem Arbeitnehmer nur für den Fall einer ungerechtfertigten Kündigung durch einen Betrieb mit mehr als 50 Angestellten überhaupt das wahlweise Recht auf Wiedereinstellung statt einer Abfindung zustand, wurde im Ergebnis das Prinzip der Harmonie im Betrieb höher eingestuft als das Prinzip der Beschäftigungsstabilität[458]. Ein Verbleib in dem Betrieb trotz einer ungerechtfertigten Kündigung war schwer möglich. Dem Arbeitgeber sollte demnach nicht zugemutet werden, einen Arbeitnehmer, den er nicht mehr im Betrieb haben mochte, nicht entlassen zu können. Diese Bevorzugung des Prinzips der Betriebsharmonie gegenüber der Beschäftigungsstabilität, die gerade durch die Rechtfertigungsgründe im Kündigungsschutz garantiert werden sollte, wurde demnach durch die Abfindung ausgeglichen.

a) Abfindungen bei wirtschaftlichen und krisenbedingten Kündigungen

Obwohl die Arbeitsgerichte nicht die Zulässigkeit von wirtschaftlichen und krisenbedingten Kündigungen überprüfen konnten, da ihnen für kollektive Konflikte die Zuständigkeit fehlte, war Ihnen laut Gesetz die Zuständigkeit für die Bestimmung einer Abfindung erteilt worden. Die festgeschriebene Zuständigkeit der Gerichte für die Festlegung einer Entschädigung beruhte dabei auf dem Gedanken, dass der Arbeitnehmer im Fall von Kündigungen dieser Art ebenso wenig ein Verschulden wie der Unternehmer zu tragen hatte. Art. 6 des Dekretes vom 26. Januar 1944 legte dabei fest, dass das Gericht bei der Höhe der Abfindung

457 Pérez Botija, Algunas consideraciónes, S.743f.

458 Bayón Chacón, La indemnización expropiatoria en el despido sin causa, in: Revista de Trabajo, 13 (1966), S. 69.

den Grad der Freiwilligkeit der unternehmerischen Entscheidung für den Personalabbau berücksichtigen mußte. Dabei wurden die Gerichte allerdings nicht von Amts wegen tätig, sondern die gekündigten Arbeitnehmer hatten gem. Art. 5 des Dekretes vom 26. Januar 1944 die Einleitung des Abfindungsprozesses vor Gericht zu beantragen. Problematisch hieran war, dass sich damit eine Vielzahl von Arbeitnehmern an die Gerichte wendete, weshalb diese eigentlich unzuständig gewesen wären, da es um die Entscheidung eines kollektiven Rechtsproblems ging[459]. Die Rechtsprechung versuchte diesen Widerspruch zu umgehen, indem sie anführte, dass es sich bei dem Gesuch um Festsetzung der Entschädigungen nicht um einen Kollektivprozess, sondern um eine Summe von Individualkonflikten handelte[460]. Suarez González[461] argumentierte hingegen, die Lösung des Arbeitsverhältnisses müsse aufgrund seiner sozialen Bedeutung für viele Arbeitnehmer administrativ überwacht werden. Die Festsetzung der Entschädigung sei hingegen nicht die Lösung eines kollektiven Konfliktes, sondern die Bestimmung, in welchem Umfang jeden Arbeitnehmer Konsequenzen durch die administrative Entscheidung der Kündigung träfen.

b) Abfindungen bei disziplinarischer Kündigung

Wurde im Prozess, das heißt nach Kündigung eines Arbeitnehmers unter Vorlage der expediente, da ohne diese die Kündigung ex tunc nichtig war, das Fehlen eines Rechtfertigungsgrundes festgestellt, so war die Kündigung ungerechtfertigt und damit unwirksam. Dem zu Unrecht gekündigten Arbeitnehmer wurde zur Wahl gestellt, ob er wiedereingestellt werden oder aber eine Abfindung erhalten wollte, welche in der Höhe durch das Arbeitsgericht zu bestimmen war. Diese Abfindung betrug bis zu einem Jahresgehalt, was in Betracht der extrem niedrigen Löhne durchaus zu verkraften war. Allerdings lag in dieser Regelung zunächst ein Einfallstor zur Umgehung des Kündigungsschutzes. Das Wahlrecht – Wiedereinstellung oder Abfindung- stand nämlich bei Kleinbetrieben mit weniger als 50 Arbeitnehmern dem Arbeitgeber zu. Berücksichtigt man, dass weit mehr als die Hälfte aller Unternehmen in Spanien Kleinbetriebe waren[462], so konnte sich der Arbeitgeber in Kleinbetrieben unabhängig von dem Vorliegen eines Rechtfertigungsgrundes eines Arbeitnehmers durch die Zahlung einer Abfindung in Höhe eines Jahresgehaltes von diesem trennen. Diese Regelung führte im Ergebnis dazu, dass der Arbeitgeber eines Kleinbetriebes die gerechtfertigte

---

459 Alonso Olea, El despido, S. 89.
460 Urteil des Tribunal Supremo vom 9. Dezember 1953, Aranzadi 1953, N° 3078.
461 Suarez González, La terminación, S. 276.
462 Nuñez Samper, El nuevo régimen de despido, in: Revista de Derecho de Trabajo, 23 (1957), S. 74.

Kündigung eines Arbeitnehmers erkaufen konnte und widersprach damit dem Kerngedanken des Fuero del Trabajo, wonach der Arbeitnehmer gerade nicht zu einer handelbaren Ware herabgewürdigt werden sollte[463].

In diesem Punkt zeigte sich wiederum, dass die Harmonie im Betrieb über das Prinzip der Beschäftigungsstabilität gestellt wurde. Schließlich wurde die Übertragung des Wahlrechts auf den Arbeitgeber in Kleinbetrieben damit begründet, dass dieser in Kleinbetrieben viel häufiger mit den Arbeitern in persönlichen Kontakt trete und zusammenlebe, so dass die Harmonie bei nicht erwünschten Arbeitnehmern gestört sein könnte[464]. Doch konnte sich über Umwege auch der Großbetrieb die Kündigung erkaufen, indem er den Anspruch auf Wiedereinstellung nicht erfüllte. Nach Art. 99 I LPL war er nämlich für den Fall, dass er die Wahl des Arbeitnehmers auf Wiedereinstellung nach einer ungerechtfertigten Kündigung nicht erfüllte, zu einer weiteren Entschädigung zu verurteilen. Diese Abfindung durfte die Höhe des Lohns für bis zu 4 Jahre und nicht weniger als die Abfindung bei bloß rechtswidriger Kündigung ohne Verurteilung des Arbeitgebers zur Wiedereinstellung betragen[465]. So konnte diese Entschädigung dann so hoch angesetzt werden, dass der Arbeitnehmer die Wiedereinstellung selten verweigerte, weshalb sich spanische Unternehmer auch über die starke Einschränkung für die Kündigungen von Mitarbeitern beschwerten[466]. Im Ergebnis bestand aber zumindest theoretisch die Möglichkeit, sich die Kündigung eines Arbeitnehmers zu erkaufen. Diese Möglichkeit bestand ohnehin nur für Großbetriebe, welche sich diese Lösung eventuell auch eher leisten konnten. Der Kleinbetrieb wählte von vornherein selbst die Abfindung statt einer Wiedereinstellung und kam gar nicht erst in diesen Konflikt.

Bei dieser Betrachtung darf aber nicht übersehen werden, dass lediglich die Wirksamkeit der Kündigung erkauft werden konnte, nicht aber deren Zulässigkeit. So führte das Fehlen des expediente-Verfahrens nicht zu einem wahlweisen Anspruch auf Abfindung oder Wiedereinstellung, sondern das Gericht erklärte die Kündigung für nichtig. Im Ergebnis könnte man somit das expediente-Verfahren als Umsetzung des Fuero del Trabajo beschreiben, der die Schwächen des alten Kündigungsschutzes, welcher leicht durch die Zahlung einer Abfindung umgangen werden konnte, zumindest teilweise aufgefangen hat.

---

463 So auch Kasten, Spanisches Arbeitsrecht im Umbruch, S. 81.

464 Torre Arredondo, Aspectos singulares de nuestro Derecho de Trabajo ante el jurista social, S. 323.

465 Art. 202 LPL.

466 Brösse, Wirtschaftsordnung und Arbeitsrecht in Spanien, S. 107.

4) Zwischenergebnis

Durch die Unzuständigkeit der Arbeitsgerichte für kollektive Konflikte bestimmte allein die Exekutive, ob Kündigungen mehrerer Arbeitnehmer aus wirtschaftlichen Gründen oder bei höherer Gewalt zulässig waren. Den Arbeitnehmern blieb keine Möglichkeit, sich gegen diese Entscheidungen der Exekutive zu schützen. Dieser staatliche Interventionismus bei kollektiven Kündigungen gilt als eines der Hauptmerkmale des spanischen Kündigungsschutzes in der Nachkriegszeit[467]. Die Exekutive übte eine totale Wirtschaftskontrolle aus.

II. Analyse der Arbeitsrechtsprechung

Die neugeordnete Arbeitsgerichtsbarkeit war laut Gesetz lediglich für individuelle Kündigungen zuständig sowie für die Festsetzung der Abfindungen bei wirtschafts- oder krisenbedingten Kündigungen. Es fragt sich, ob und wie sich in der Rechtsprechung der ersten Jahre der ideologische Einfluss aus dem Fuero del Trabajo niederschlug.

1) Leitentscheidungen aus verschiedenen Bereichen

Da die oben ausgeführten Rechtfertigungsgründe einer disziplinarischen Kündigung auch nach der genaueren Umschreibung in einigen Reglamentaciónes noch einen Auslegungsspielraum offen ließen, soll im folgenden Absatz untersucht werden, welche Tatbestände die Rechtsprechung in einer Funktion als politisches Unterdrückungsinstrument besonders sanktioniert hat.

Es gilt allerdings zu berücksichtigen, dass sich in Spanien, vor allem in den Großstädten, nach dem Bürgerkrieg ein starker Verfall des Lebensstandards vollzog. Erst nach 1954 befand man sich aufgrund der großzügigen Unterstützung mit ausländischen Krediten, welche vornehmlich aus den Vereinigten Staaten kamen[468], wieder auf dem Stand von 1935. Direkt nach dem Krieg fand man eine durch den Krieg geschwächte und unter Hunger leidende Arbeiterklasse vor, deren Organisation völlig zerstört worden war[469]. Sämtliche Organisation waren verboten worden; die Funktionäre tot oder ins Exil geflohen[470]. Die anhaltenden Deportationen und Militärgerichtsprozesse lähmten darüber hinaus die Arbeiter-

467 Navarro Nieto, Los despidos colectivos, S. 41.

468 So zumindest Soto Carmona, La transformación de la clase obrera Madrileña, S. 54.

469 De Mingo Blasco, La conflictividad individual en Madrid bajo el Franquismo, S. 124.

470 Sagardoy Bengoechea/León Blanco, El poder sindical en España, S. 24.

klasse. So kam es, dass in Madrid von allen Arbeitsrechtsprozessen von 1942-1975 lediglich 9 % in den 40er Jahren statt gefunden haben[471]. Bedenkt man, dass sich diese Prozesse auf Kündigungsschutz, Arbeitsunfälle, Lohn und sonstige Klagen verteilten, so kommt man lediglich auf eine geringe Anzahl von Kündigungsschutzprozessen mit politischer Relevanz. Dies gilt umso mehr, als zu Beginn der Franco- Diktatur die politischen Säuberungsaktionen und Unterdrükkungen durch Gesetze offen angeordnet wurden. Der politische Widerstand in der Arbeiterklasse hielt sich somit in den ersten Jahren des Franco-Regimes in Grenzen.

Aus den ersten Jahren lassen sich daher nur wenige Urteile als Einzelbeispiele anführen, die ein Bild der Rechtsprechung wiedergeben.

a) Versäumte Anwesenheit oder Pünktlichkeit bei der Arbeit, las faltas de asistencia o de puntualidad als trabajo

aa) Teilnahme am Miliärdienst

Sowohl im reformierten LCT, als auch in der vorigen Fassung waren im Gesetz spezielle Gründe festgelegt, welche eine Abwesenheit vom Arbeitsplatz entschuldigten. Damit mußte der Arbeitsplatz für die Zeit der Abwesenheit auch freigehalten werden. Gem. Art. 90 Nr. 2 des LCT vom 21. November 1931 zählte hierzu auch die Abwesenheit, die auf der Ableistung der Wehrpflicht beruhte. Mit Urteil vom 6. Juli 1943[472] stellte das Tribunal Supremo unmissverständlich fest, dass darunter nicht der Dienst in der „Roten Armee“, gemeint war die Armee der Volksfront, falle. Als sich nach dem Bürgerkrieg ein Arbeitnehmer gegen seine Kündigung wegen Abwesenheit zur Wehr setzen wollte, führte das Tribunal Supremo dazu aus, dass nur der Dienst für die legitime, nationale Staatsgewalt ein Fernbleiben von der Arbeit entschuldige. Daher sei ab 1937 die Einordnung in die Reihen der Roten Armee als „Verlassen des Arbeitsplatzes“ durch den Arbeitnehmer zu werten. Eine Kündigung sei von daher gar nicht nötig gewesen und somit auch nicht angreifbar, sondern der Arbeitnehmer habe seinen Arbeitsplatz für den Dienst in der gegen den Staat gerichteten Armee verlassen und somit sein Arbeitsverhältnis selbst beendet.

471 De Mingo Blasco, La conflictividad individual en Madrid bajo el Franquismo, S. 149ff.

472 Urteil des Tribunal Supremo vom 6. Juli 1943, Aranzadi 1943, N°908.

bb) El despido por detencion (Kündigung aus Haftgründen)

Aus den häufigen Verhaftungen der ersten Jahre des Franco- Regimes entwickelte sich eine Rechtsfigur, welche über den gesamten Zeitraum des Franco Regimes eine wichtige Bedeutung hatte[473]. Wurde ein Arbeitnehmer in Untersuchungshaft genommen, so fehlte er bei der Arbeit. Auch lag keine Rechtfertigung für das Fehlen vor, da die Haft im Gesetz nicht als Rechtfertigungsgrund normiert war. Problematisch war allerdings, dass der Arbeitnehmer nicht freiwillig fehlte. Wäre er nicht in der Haft festgehalten worden, so wäre er bestimmt freiwillig zur Arbeit erschienen. Es musste somit eine Begründung gefunden werden, um einem Arbeitnehmer, der aus verschiedenen Gründen in Untersuchungshaft genommen worden war, seien es politische, militärische oder rein strafrechtliche, ein freiwilliges Fehlen bei der Arbeit zu unterstellen, um ihm gerechtfertigt die Kündigung erklären zu können.

Das Tribunal Supremo stellte mit einem Grundsatzurteil vom 28. Oktober 1952[474], welches vor allem von strafrechtlichen Dogmatikern angegriffen wurde[475], die Weiche für eine solche Begründung. Demnach fehlte der Arbeitnehmer zum Zeitpunkt der Abwesenheit vom Arbeitsplatz sicherlich unfreiwillig. Allerdings soll nach dem Tribunal Supremo auf den Grund abzustellen sein, der dazu geführt habe, dass es dem Arbeitnehmer unmöglich geworden sei, bei der Arbeit zu erscheinen. Dieser Grund sei auf seine Natur und Qualität hin zu untersuchen. Habe der Arbeitnehmer den Grund des Fehlens, die Haft, bewusst selber durch eine Handlung herbeigeführt, so fehle er damit freiwillig. Er habe aufgrund eigenen Willens bewusst ein Delikt begangen und damit sei er nach dem entsprechenden Gesetz zu inhaftieren[476]. Diese Argumentation hatte sich bereits aus einer Reihe von Entscheidungen des Tribunal Supremo entwickelt und wurde weiter fortgeführt. Die Freiheitsberaubung gegen den Arbeitnehmer führte zu einer Unmöglichkeit am Arbeitsplatz zu erscheinen und somit zu einer gerechtfertigten Kündigung, da das Gesetz keinen derartigen Entschuldigungstatbestand kannte und der Firma nicht zugemutet werden konnte, wie lange auch immer, den Arbeitsplatz frei zu halten[477].

---

473 Torre-Schaub, Un ejemplo del poder político de la jurisprudencia española franquista: El despido por detención, in: Fallstudien zur spanischen und portugiesischen Justiz, S. 645.

474 Urteil des Tribunal Supremo vom vom 28. Oktober 1952, Aranzadi 1952, N° 1838.

475 Torre-Schaub, Un ejemplo del poder político de la jurisprudencia española franquista: El despido por detención, in: Fallstudien zur spanischen und portugiesischen Justiz, S. 650.

476 Urteil des Tribunal Supremo vom 28. Oktober 1952, Aranzadi 1952, N° 1838.

477 Urteil des Tribunal Supremo vom 9. Januar 1956, Aranzadi 1956, N°313.

Hinter dieser Argumentation stand die Theorie, dass bei deliktischen Handlungen nach dem Schema vorzugehen sei, dass der Grund für den Grund, der Grund der Verursachung sei (causa causae, causa causati). Die Kernelemente des Grundsatzurteils vom 28. Oktober 1952 wurden in Folge in vielen Urteilen wiederholt. So wurde entsprechend der Vorgabe des Urteils bei Urteilen des Tribunal Supremo 1960 häufig auf das Motiv der Verhaftung abgestellt. Doch war es schon vor der endgültigen Etatblierung dieser Rechtsfigur zum Ende der 50er Jahre vereinzelt zu Kündigungen wegen Abwesenheit aus Haftgründen gekommen. In den dem angeführten Urteil vom 28. Oktober 1952 vorhergehenden Entscheidungen führte das Tribunal Supremo aus, dass eine freiwillige deliktische Handlung, die strafrechtlich zu einer Haftstrafe führe, eine Kündigung wegen langfristiger freiwilliger Abwesenheit vom Arbeitsplatz mit sich bringe[478]. Doch reichte seit diesem Urteil vom 28. Oktober 1952 grundsätzlich die Untersuchungshaft aus. Sobald das Verhalten eines Arbeiters einen Tatbestand verwirklicht hatte, zu dessen Aufklärung er in Untersuchungshaft genommen wurde, konnte er gekündigt werden, wenn er die Untersuchungshaft wirklich durch sein Verhalten veranlasst hatte. In einem Urteil vom 10. April 1957[479] stützte das Tribunal Supremo seine Argumentation lediglich auf den fehlenden Entschuldigungsgrund des Arbeitnehmers. Es prüfte also gar nicht, ob der Arbeitnehmer freiwillig oder unfreiwillig gefehlt hatte, sondern stellte lediglich darauf ab, ob der Arbeitnehmer sein mehrtägiges Fehlen am Arbeitsplatz mit einem im Gesetz normierten Grund entschuldigen konnte. Dabei stellte es fest, dass die Untersuchungshaft gerade keinen gesetzlich normierten Entschuldigungstatbestand darstellte. Brisant hieran ist, dass strafrechtlich der Arbeitnehmer in Untersuchungshaft noch als unschuldig galt, arbeitsrechtlich konnte er aber schon mit einer Kündigung bestraft werden. Darin lag ein klarer Verstoß gegen den „in dubio pro reo“ Grundsatz.

Es kam somit zu einer Verflechtung von Strafrecht und Arbeitsrecht, weshalb Alonso Olea den Kündigungsgrund nach Art. 77 a) LCT auch als strafrechtlichen Kündigungsgrund einstufte[480]. Die Freiheitsberaubung von Arbeitnehmern, herbeigeführt durch polizeiliche, militärische oder rein verwaltungsrechtliche Untersuchungshaft, wurde somit zu einem Mittel, um Arbeitnehmern gerechtfertigt die Kündigung erklären zu können. Die Behörden brauchten demnach lediglich Arbeiter aufgrund eines nicht gebilligten Verhaltens ein paar Tage in Untersuchungshaft zu stecken und veranlassten somit indirekt, dass diesen Arbeitern

478 Torre-Schaub, Un ejemplo del poder político de la jurisprudencia española franquista: El despido por detención, in: Fallstudien zur spanischen und portugiesischen Justiz, S. 645.

479 Urteil des Tribunal Supremo vom 10. April 1957, Aranzadi 1957, N° 1556.

480 Pérez Botija, Curso de Derecho del Trabajo, S. 275.

durch eine gerechtfertigte Kündigung die wirtschaftliche und soziale Grundlage durch Verlust des Arbeitsplatzes entzogen wurde. Allerdings gewann dieser Kündigungsgrund insoweit erst mit dem Erstarken der Gewerkschaften und des politischen Widerstandes an Bedeutung, was an späterer Stelle[481] erläutert werden wird.

b) Indisziplin oder Ungehorsam, la indisciplina o desobediencia

Wie bereits festgestellt diente dieser Tatbestand vor allem dadurch als Einfallstor der Verwaltung, als durch den Erlass neuer Rechtsnormen auch neue unerwünschte Verhaltensweisen mit der Kündigung bestraft werden konnten. Doch gebrauchte vereinzelt auch die Rechtsprechung diesen Kündigungsgrund als Instrument.

In seinem Urteil vom 2. Juni 1941[482] entschied das Tribunal Supremo, dass ein Arbeitnehmer durch seine Funktion als Repräsentant der Gewerkschaft U.G.T. die „rote Subversion des 18. Juli 1936", Beginn des Bürgerkriegs, unterstützt habe und ein wichtiger Teil dieser Bewegung gewesen sei. Er habe somit respektlos gegenüber seinem Betrieb und seinem Arbeitgeber gehandelt und sei für dieses Verhalten gerechtfertigt zu kündigen. Allein schon an diesem Urteil zeigt sich, wie willkürlich die Rechtsprechung teilweise argumentierte, wenn, wie im konkreten Fall, ein Arbeitnehmer für seine Gewerkschaftszugehörigkeit vor Beginn des Bürgerkrieges gerechtfertigt gekündigt werden konnte.

Weiterhin belegt das Urteil des Tribunal Supremo vom 12. November 1942[483], wie undifferenziert die Gerichte teilweise argumentierten. So wurde in diesem Urteil eine Kündigung für gerechtfertigt erklärt, weil der Arbeitnehmer als störendes Element in seinem Betrieb aufgefallen sei und damit die Ordnung und ordnungsgemäße Produktion gefährdet habe. Fallen die damaligen Urteile im allgemeinen sehr kurz und ohne eine ausführliche Begründung aus, so zeigt dieses Urteil, wie unbestimmt und vage teilweise argumentiert wurde, da eine konkrete Verhaltensweise des Arbeitnehmers, die ein Fehlverhalten ausmachen könnte, in dem Urteil nicht benannt wurde. Bedenkt man, dass es sich bei diesem Urteil um eine Entscheidung des höchsten Gerichts handelt, lässt sich ungefähr erahnen, mit welchen Begründungen die niedrigeren Gerichte argumentierten, um Kündigungen von Arbeitnehmern aus politischen Gründen zu rechtfertigen.

Dass Art. 77b) LCT in vielfacher Hinsicht als Auffangtatbestand benutzt wurde, beweist ein weiteres Urteil des Tribunal Supremo vom 12. November

---

481 Siehe dazu S. 177
482 Urteil des Tribunal Supremo vom 2. Juni 1941, Aranzadi 1941, N° 765.
483 Urteil des Tribunal Supremo vom 12. November 1942, Aranzadi 1942, N°1353.

1942[484]. Das Tribunal Supremo führte aus, dass die Beleidigung eines Vorgesetzten in Gegenwart von Arbeitskollegen unter Benutzung gotteslästernder Vokabeln den anwendbaren Reglamentaciónes widerspreche und daher zu einer gerechtfertigten Kündigung führe, da gleichzeitig der Tatbestand der Blasphemie als auch des mangelnden Respekts gegenüber Vorgesetzten erfüllt sei. Beide Verhaltensweisen stellten daher eine Indisziplin dar. Es fragt sich allerdings, warum die Kündigung nach Art. 77b) LCT in Verbindung mit den anwendbaren Reglamentaciónes ausgesprochen wurde, statt den Arbeitnehmer mit dem dafür vorgesehenen Tatbestand aus Art. 77c) LCT zu kündigen. Daraus geht hervor, dass es den Arbeitsgerichten weniger um eine dogmatisch saubere Begründung und Argumentation, sondern vielmehr um das schlichte Ergebnis ging, im Bedarfsfalle eine Kündigung als Disziplinarmaßnahme zu rechtfertigen. Im Ergebnis spielte es aber für den Arbeitnehmer keine Rolle, ob er im Falle von Blasphemie nach Art. 77c) LCT oder Art. 77b) LCT gekündigt wurde.

Die Rechtsprechung benötigte wenig Spielraum, damit dieser Kündigungsgrund des Art. 77b) LCT als politisches Instrument eingesetzt werden konnte. Nachdem der Streik bereits als Akt gegen den Staat im Fuero del Trabajo und in Art. 222 des Strafgesetzes verboten worden war, konnte jegliche Form des Arbeitskampfes zu einer berechtigten Kündigung nach Art. 77b) LCT führen, unabhängig davon, ob es sich um einen politischen oder einen rein arbeitsrechtlichen Streik handelte.

c) Schimpfwörter oder fehlender Respekt, los malos tratamientos y las faltas de respeto y consideracion

Nachdem die Blasphemie auch strafrechtlich in Art. 239 des Codigo Penal verboten war, brauchte das Arbeitsgericht ebenfalls wenig Spielraum, um die Kündigung eines Arbeitnehmers aus diesem Grund für gerechtfertigt zu erklären. So wurde in einem Urteil des Tribunal Supremo vom 29. Mai 1954[485] die Kündigung eines Arbeitnehmers für gerechtfertigt erklärt, der außerhalb der Arbeitszeit den Sohn des Arbeitgebers beleidigt und dabei blasphemische Äußerungen getan habe. Das Arbeitgericht führte aus, dass eine blasphemische Äußerung grundsätzlich gravierend sei und einen massiven Respektverlust darstelle, weshalb eine blasphemische Äußerung prinzipiell eine Kündigung rechtfertige. Von dem Wortlaut der Norm her galt aber primär die Beleidigung des Arbeitgebers oder

484 Urteil des Tribunal Supremo vom 12. November 1942, abgedruckt in: Carro Igelmo, El despido justo, S. 399.

485 Urteil des Tribunal Supremo vom 29. Mai 1954, abgedruckt in: Carro Igelmo, El despido justo, S. 442.

seiner Angehörigen als Grund für die Kündigung, da diese einen Mangel an Respekt gegenüber dem Arbeitgeber zeigte.

Die gewachsene Bedeutung der Einheitsgewerkschaften, welche im Arbeitsverhältnis den Staat repräsentierten, geht aus dem Urteil des Tribunal Central vom 27. Januar 1951[486] hervor. Demnach wurde die Kündigung eines Arbeitnehmers für gerechtfertigt erklärt, welcher nicht etwa seinen Arbeitgeber oder dessen Angehörige, sondern den Vertreter des Syndikats beleidigt hatte.

d) Betrug, Untreue und Vertrauensmißbrauch, el fraude, deslealtad y abuso de confianza

Dieser Tatbestand stellte vor allem auf die moralischen Pflichten des Arbeitnehmers ab. Paradox erscheint dabei die Ansicht der Rechtsprechung, dass die Maßstäbe an das Verhalten des Arbeitnehmers um so schärfer zu fassen seien, je länger der Arbeitnehmer in dem Betrieb arbeitete[487]. Der Arbeitnehmer konnte sich demnach nicht einmal einen einzigen eher moralisch verwerflichen Fehler leisten, wenn er lange Jahre treu dem Betrieb gedient hatte. Mit seiner Zugehörigkeit zum Betrieb kannte er die moralischen Maßstäbe und Verhaltensregeln und konnte sich demnach leichter darauf einstellen und dementsprechend verhalten. So begründete das Tribunal Supremo in einem Urteil vom 19.09.1944[488], dass die lange Arbeit des Arbeitnehmers für die Mutter des Arbeitgebers und nun für den Arbeitgeber selbst dessen Verstoß noch verschlimmere.

Prinzipiell betonte das Arbeitsgericht seine Unabhängigkeit gegnüber anderen Rechtsgebieten. Insbesondere in einem Urteil vom 30.6.1954[489] legte das Tribunal Central fest, dass die Arbeitsrechtsprechung grundsätzlich völlig unabhängig von der Rechtsprechung der Strafgerichte sei. Doch sollte der Kündigungsgrund an sich gerade einen Maßstab für die soziale Verantwortung des Arbeiters darstellen, weshalb auch Verhaltensweisen Dritten gegenüber das Vertrauen in den Arbeitnehmer erschüttern könnten. So wurde Arbeitnehmern in zahlreichen Urteilen auch nach strafrechtlichen Vergehen gekündigt, weil die strafrechtlich relevante Verhaltensweise zu einem Vertrauensbruch gegenüber dem Arbeitnehmer

---

486 Urteil des Tribunal Central vom 27. Januar 1951, abgedruckt in: Carro Igelmo, El despido justo, S. 164.

487 Urteil des Tribunal Central vom 17. Mai 1954, abgedruckt in: Carro Igelmo, El despido justo, S. 517.

488 Tribunal Supremo in einem Urteil vom 19. September 1944, Aranzadi 1944, N°1011.

489 Urteil des Tribunal Central vom 30. Juni 1954, abgedruckt in: Corniero Suarez/Alvarez de Miranda, El Tribunal Central de Trabajo y su doctrina, S. 122, Nr. 344.

geführt hätte. Bedenkt man, dass das Strafrecht zahlreiche Straftatbestände enthielt, die Verhaltensweisen gegen den Staat oder seine Führung verboten, konnte auch über diese Hintertür eine Kündigung des Arbeitnehmers wegen Bruch des Vertrauens aus politischen Gründen erfolgen. Zudem erklärte das Tribunal Supremo in seinem Urteil vom 11. November 1940[490] die Kündigung eines Arbeitnehmers für gerechtfertigt, welcher während der „revolutionären Zeitspanne" mit einem Führer der roten Arbeiterräte zusammengearbeitet hätte, was einen Bruch des Vertrauens in die politische Zuverlässigkeit des Arbeitnehmers darstelle. An diesem Grundsatzurteil des höchsten Arbeitsgerichts zu Beginn der Franco- Ära zeigt sich, wie weit der Begriff des Vertrauensverhältnisses zwischen Arbeitgeber und Arbeitnehmer ausgeweitet und als Kündigungsgrund benutzt wurde.

Die betonte Unabhängigkeit der Arbeitsgerichte von den Strafgerichten sollte es eigentlich ermöglichen, Akte zu sanktionieren, welche ausschließlich im Arbeitsverhältnis bestraft werden sollten und gerade keinen Straftatbestand erfüllten[491], bspw. der Vertrauensbruch gegenüber dem Arbeitgeber. Igelmo wies 1955 auf die Möglichkeit hin, Verhaltensweisen zu bestrafen, die für eine strafrechtliche Verurteilung schlichtweg nicht ausreichten[492]. Beispielsweise wurde im Urteil des Tribunal Supremo vom 13. Mai 1963[493] die Kündigung eines Arbeitnehmers für gerechtfertigt gehalten, welcher auf die Frage seiner Arbeitskollegen, weshalb er bei der letzten Sitzung gegenüber dem Betrieb gewisse Forderungen gestellt habe, antwortete, er habe die Revolution entfachen und Widerstand anregen wollen. Darin liege ein Akt, der die Harmonie im Betrieb störe und somit die nationale Produktion beeinträchtige. Somit liege ein Akt vor, welcher auf das betriebliche Vertrauensverhältnis einwirke und mit der Sanktion der Kündigung zu bestrafen sei. Das Arbeitsrecht wurde also genutzt, um Verhaltensweisen arbeitsrechtlich zu bestrafen, für die eine strafrechtliche Verurteilung nicht vorgesehen war.

e) Verringerung der Arbeitsleistung, la disminución del rendimiento

Ihren eigentlichen Sinn hatte diese Norm darin, zu verhindern, dass der Arbeitnehmer während seiner Arbeitszeit anderen Tätigkeiten nachging und seine arbeitsrechtlich geschuldete Tätigkeit vernachlässigte. So war gem. Urteil des Tri-

---

490 Urteil des Tribunal Supremo vom 11. November 1940, Aranzadi 1940, N° 1036.

491 Urteil des Tribunal Central vom 17. Mai 1954, abgedruckt in: Carro Igelmo, El despido justo, S. 517.

492 Carro Igelmo, Las causas justas de despido en la doctrina del Tribunal Central de Trabajo, in: Revista de Derecho de Trabajo, 10 (1955), S. 85.

493 Tribunal Supremo vom 13. Mai 1963, Aranzadi 1963, N°2112.

bunal Central vom 17.Mai 1954[494] die Kündigung gerechtfertigt, weil der Arbeitnehmer während der Arbeitszeit mehrmals schlafend aufgefallen war, oder aber gem. Urteil des Tribunal Central vom 29. März 1951[495], weil einige Arbeiter während der Arbeitszeit gemeinsam Glückspiele veranstalteten und betrieben.

Mit der gestiegenen Bedeutung der Arbeitsleistung als Teil des nationalen Vermögens wurde die Verringerung der Arbeitsleistung zu einem wichtigen Kündigungsgrund, um Streiks, welche nach dem Strafgesetzbuch sowie dem Fuero del Trabajo verboten waren, für die aber kein gesonderter Kündigungsgrund existierte, zu sanktionieren. So galt die Kündigung vieler Arbeitnehmer einer Firma, die sich gemeinsam einer kollektiven Bewegung anschlossen, als gerechtfertigt, weil die kollektive Betätigung an sich nicht nur einen Bruch der Disziplin darstelle, sondern weil zudem die Beteiligung an dieser Bewegung eine Verminderung der Produktion herbeiführe. Daher könnten alle Beteiligten wegen Verringerung der Arbeitsleistung allein wegen der Beteiligung an dem Streik gekündigt werden, ohne selbst das kollektive Handeln ausgelöst oder initiiert zu haben[496].

So bezeichnete ein Urteil die willentliche Verringerung der Arbeitsleistung von mehreren Arbeitnehmern als Basis eines gerechtfertigten Kündigungsgrundes, selbst wenn die Ursache der Verringerung in einem gemeinsamen Protest der Arbeitnehmer liege[497]. Durch den Fuero del Trabajo und das Strafgesetz war der Rechtsprechung allerdings schon von Gesetzes wegen vorgegeben, wie auch bei den meisten Reglamentaciónes, dass für einen Streik, mithin die willentliche Verringerung der Arbeitsleistung im Sinne von Art. XI.2.F.T., die Kündigung auszusprechen war.

2) Die kollektive disziplinarische Kündigung

Wie bereits festgestellt, war nach dem Konzept des Fuero del Trabajo ein Streik immer ein politischer Akt gegen den Staat[498], da schließlich der Staat die Arbeitsbedingungen und Gehälter festsetzte. Mithin war der Streik als kollektive Betätigung verboten, stellte aber auch einen Kündigungsgrund dar, da der sich im Streik befindende Arbeitnehmer zu diesem Zeitpunkt willentlich seine Arbeits-

494 Urteil des Tribunal Central vom 17. Mai 1954, abgedruckt in: Carro Igelmo, El despido justo, S. 517.
495 Urteil des Tribunal Central vom 17. Mai 1954, abgedruckt in: Carro Igelmo, El despido justo, S. 516.
496 Urteil des Tribunal Supremo vom 08. Juni 1954, Aranzadi 1954, N°1783.
497 Urteil des Tribunal Central vom 26.Juni 1954, abgedruckt in: Carro Igelmo, El despido justo, S. 517.
498 Fernandez González, El despido en los conflictos colectivos, S.212.

leistung verringerte. So verwirklichte der Streik zum einen bereits den Tatbestand der Nichterfüllung der Arbeitsleistung und rechtfertigte somit eine Kündigung, andererseits widersprach er den Gesetzen und rechtfertigt eine Sanktion[499]. Almansa Pastor[500] sah den Streik, da eine Anerkennung kollektiven Handelns im Recht nicht bestand, als eine Sammlung individueller Konflikte oder Proteste, die auf demselben Grund beruhten. Eine Rechtfertigung für diesen Protest sei allerdings nicht gegeben. Diese Betrachtungsweise entsprach den dogmatischen Vorgaben des Fuero del Trabajo, da mit Gründung der Einheitsgewerkschaften kollektives Handeln de facto nicht stattfinden sollte und von der Theorie her auch nicht möglich war.

Problematisch ist allerdings, dass Arbeitnehmer, welche gemeinsam streikten und damit den Tatbestand der absichtlichen Verringerung der Arbeitsleistung erfüllten, auch gemeinsam disziplinarisch gekündigt wurden. Vom Konzept der Kündigungsgründe her wurde nämlich bereits festgestellt, dass die disziplinarischen Kündigungen lediglich als individuelle Kündigung konzipiert waren. So hatte der Gesetzgeber keinen Tatbestand für kollektives Fehlverhalten geschaffen, wohl auch um die Existenz solcher Konflikte von vorne herein zu leugnen. Im Ergebnis wurden Arbeitnehmer, welche gemeinsam gestreikt hatten, für eine kollektive Verhaltensweise mit einem Individualkündigungsgrund bestraft. Das Problem, welches sich hieraus ergab, betrifft die Möglichkeiten des Rechtsschutzes. Bei den krisenbedingten Kündigungen, welche meist auch kollektive Kündigungen waren, hatte der Staat ein Interesse daran, die Kündigung ausführlich auf ihre Rechtfertigung hin zu überprüfen und unter allen Umständen zu verhindern, dass viele Arbeitnehmer entlassen wurden, weil dadurch sein Leitprinzip der Beschäftigungsstabilität nicht mehr eingehalten werden konnte. Die Arbeitnehmer waren somit vor kollektiven Kündigungen mit wirtschaftlichem Hintergrund ausreichend geschützt. Im Individualkündigungsschutz diente zum einen das expediente-Verfahren der Kontrolle der Kündigung, darüber hinaus hatte der Arbeitnehmer aber die Möglichkeit, vor den Arbeitsgerichten gegen die Kündigungen vorzugehen.

Fraglich ist somit, wie sich eine Mehrzahl von Arbeitnehmern gerichtlich gegen eine Kündigung nach einem Streik zu Wehr setzen konnte, wenn jeder wegen vorsätzlicher Verringerung der Arbeitsleistung gekündigt worden war. Ähnlich wie bei dem Problem von Abfindungen hätte das Gericht die Möglichkeit gehabt, diese Streitigkeit als eine Anzahl einzelner Individualarbeitsstreitigkeiten zu be-

499 García Abelan, Derecho de conflictos colectivos de trabajo, S. 139.
500 Almansa Pastor, Efectos de la huelga sobre las relaciónes individual de trabajo y de seguridad social, in: Revista de Trabajo, 49 (1975), S. 11.

greifen. Es fehlte wiederum an einer gesetzlichen Regelung. Nach Alonso Olea handelte es sich um eine der größten Lücken des LCT[501].

Die Rechtsprechung hielt sich streng an den Wortlaut des Art. 1 T.R.P.L, nach dem die Arbeitsgerichtsbarkeit für alle Ansprüche aus individuellen Konflikten zuständig war, welche sich auf der sozialen Linie des Rechts befinden. In einem Urteil vom 6. April 1960[502] führt das Tribunal Supremo aus, dass in einem solchen Fall eine juristische Intervention, um die Rechtfertigung einer Kündigung zu überprüfen, ausgeschlossen sei. Der Grund für die Kündigung liege in der Beteiligung an einem Streik, welcher im März 1958 statt gefunden habe. Es handele sich hierbei um eine kollektive Streitigkeit, welche den entsprechenden Behörden zugewiesen sei, weshalb das Gericht nicht zuständig sei. Auch in einem Urteil vom 24. Juni 1959[503] lehnte das Tribunal Supremo eine Zuständigkeit der Arbeitsgerichte ab. Zwar seien die klagenden Arbeitnehmer aus Sicht des Gerichts gerechtfertigt gekündigt worden, da sie sich an einem Streik beteiligt hätten. Doch reiche die Zuständigkeit über solche Fragen zu entscheiden nicht bis zu den Gerichten, sondern sei allein den Behörden zugewiesen. In einem Urteil vom 24. Februar 1959[504] wies das Tribunal Supremo explizit darauf hin, dass bei einer Kündigung wegen der Teilnahme an einem Streik kein Verfahren für die Festsetzung einer Abfindung statthaft sei, da es sich gerade um eine disziplinarische Kündigung handele, um die Teilnahme an dem Streik zu bestrafen. Der Streik habe eine zerstörende Wirkung. Es sei daher den Behörden zugewiesen, die Ordnung wieder herzustellen.

Konnte bereits an der Konzeption des Fuero del Trabajo die Auffassung festgestellt werden, dass der Streik nach den Erfahrungen aus der Republik den Staat in eine Krise bringen könnte, so wurde nun versucht, diesen völlig unter der Kontrolle der Behörden zu halten. Franco selbst bezeichnete den Streik als ein Recht der Wildnis, da er „erlaube einen Wirtschaftssektor zu attackieren und der ganzen Wirtschaft Schaden zuzufügen[505]“. Auch Castejon[506] erläutert in seinem Aufsatz die Geschichte von Streiks und kommt zu dem Ergebnis, dass der Streik eine soziale Krankheit sei. Das Delikt Streik sei ein Delikt gegen die Ökonomie und somit gegen die Freiheit der Arbeit. Streiks wurden mit Strafe bedroht, zogen eine Kündigung nach sich und eine gerichtliche Kontrolle blieb verwehrt. Neben den Repressionen gegen die Gewerkschaften und ihre Mitglieder in den ersten

501 Alonso Olea, El despido, S. 156.
502 Urteil des Tribunal Supremo vom 6. April 1960, Aranzadi 1960, N° 1517.
503 Urteil des Tribunal Supremo vom 24. Juni 1959, Aranzadi 1959, N° 3259.
504 Urteil des Tribunal Supremo vom 24. Februar 1959, Aranzadi 1959, N° 289.
505 Aus Ruiz Resa, Trabajo y Franquismo, S. 72.
506 Castejón, Del delito de la huelga al delito contra la económia nacional, in: Revista de Trabajo, 2 (1944), S. 263.

Jahren der Franco-Zeit und der Bildung der Einheitsgewerkschaft sollte also durch die Kündigung der Aktivisten eine eigenständige Arbeiterbewegung von vorne herein ausgeschaltet sein und die staatliche Kontrolle der Arbeitnehmer garantiert werden.

Benito del Pozo[507] kommt zu dem Schluss, dass sich die neu geschaffene Arbeitsgerichtsbarkeit in den ersten zwanzig Jahren ihres Wirkens durch eine „skandalöse Parteilichkeit" auszeichnete. Die Einstellung der Arbeitsgerichte zu arbeitsrechtlichen Konflikten lief demnach völlig kohärent mit den autoritären Prinzipien des Staates, der sich den kollektiven Konflikten widmete.

D. Fazit

Nach einer von Repression gezeichneten Kriegs- und Nachkriegsphase wurden entsprechend der nationalsyndikalistischen Ideologie der Staat, die Wirtschaft und auch der Kündigungsschutz ausgerichtet. Auf den ersten Blick erschien das neue Wirtschaftssystem wie ein vom Staat überwachter Vertrag zwischen Arbeitnehmern und Arbeitgebern. Den Arbeitnehmern wurden Arbeitsplätze staatlich entsprechend dem Gebot der Beschäftigungsstabilität versprochen und gesichert, da wirtschaftliche Kündigungen nur schwer möglich waren. Auf der anderen Seite wurde ihnen das Recht auf Streiks und eigene Interessenorganisation zur Durchsetzung ihrer Interessen untersagt. Dem Arbeitgeber wurde der Zwang zur Beschäftigung mit der Garantie von Niedriglöhnen abgegolten. Letztendlich bezahlten also die Arbeitnehmer die Sicherheit ihres Arbeitsplatzes mit dem Verzicht auf Betätigungsfreiheit und mit niedrigen Löhnen. Der Kündigungsschutz schien somit die neue Ideologie der ganzheitlichen nationalen Bewegung zum Wohle aller Klassen widerzuspiegeln.

Jedoch zeigten sich bei genauerem Hinsehen starke Widersprüche. Den Kleinbetrieben war es sofort, den Großbetrieben zu höheren Kosten möglich, sich aus dem Kündigungsschutz frei zu kaufen. Es zeigte sich, dass die Bedeutung und Anerkennung des Privateigentums im Fuero del Trabajo damit über die Prämisse gestellt wurde, dass der Arbeitnehmer nicht lediglich als handelbare Ware eingestuft werden sollte. Dieser Gegensatz von Kapitalinteressen und Arbeit sollte doch gerade vermieden werden. War der Arbeitgeber hingegen nicht bereit, die Kündigungen zu erkaufen, trug er die Kosten der versteckten Arbeitslosigkeit, indem er nicht etwa eine Arbeitslosenversicherung bezahlte, sondern nicht gebrauchte Arbeitnehmer zu Niedriglöhnen weiterbeschäftigen musste. Es konnte also keine Rede von einer einheitlichen Bewegung sein, bei der eine Vereinigung

507 Benito del Pozo, La clase obrera asturiana durante el franquismo, S. 367.

von Arbeitnehmer- und Arbeitgeberinteressen zum gemeinsamen Wohl statt gefunden hatte. Vielmehr zwang der Staat den beiden Gruppen Zugeständnisse auf, die für beide Seiten einen Verlust an Handlungsfreiheit und wirtschaftlichem Gewinn bedeuteten, aber die Konflikte aus der Vorkriegszeit hemmten.

Gleichzeitig zeigten die Veränderungen am Kündigungsschutz, welche nicht etwa durch einen kompletten Systemwechsel, sondern durch die verschiedensten Reglamentaciónes vorgenommen wurden, wie den einzelnen Kündigungstatbeständen der disziplinarischen Kündigung politische Elemente beigefügt wurden. Das Arbeitsverhältnis bestand nicht nur aus Arbeitnehmer und Arbeitgeber, sondern der Staat trat als Dritter zum Arbeitsverhältnis hinzu. Die Stellung des Arbeitgebers war in dem Verhältnis zum Arbeitnehmer weiter übergeordnet, da er die neue disziplinarische Ordnung durch eine Art Arbeitsstrafrecht vertrat. Der Kündigungsschutz war somit nicht nur ein Wirtschaftsinstrument, sondern wirkte unterschwellig auch als politisches Repressionsinstrument des Staates weiter.

Franco galt nicht als ein überzeugter Faschist, Doktrinär oder Ideologe, sondern tat als Pragmatiker nichts anderes, als seine Politik den Erfordernissen der Umstände anzupassen[508]. So konnte man auch anhand des Kündigungsschutzes sehen, dass zwar das System anhand der ideologischen Leitlinien neu geordnet wurde, die Franco mit der politischen Macht übernommen hatte, doch wurden schon ansatzweise pragmatische Änderungen vorgenommen, die vor allem der Kontrolle des Staates durch das Regime zugute kamen.

508 Fusi, Franco, S. 69.

4. Kapitel: Die Liberalisierung der Wirtschaft und ihre Auswirkungen auf den Kündigungsschutz

Im letzten Kapitel konnte dargestellt werden, wie während der Franco- Diktatur die Staatsorganisation unter Verwendung auchdes Kündigungsschutzes bis Mitte der 50er Jahre umgestaltet wurde. Die Basis dieses Prozesses war eine neue Ideologie zur Machtetablierung.

A. Wirtschaftliche und juristische Reformen

Fraglich ist allerdings, wie sich dieser Umbau des Staates, der mit der autarken Wirtschaftsordnung verbunden war, auf die Entwicklung Spaniens auswirkte.

I. Historische Entwicklung

Spanien wurde nach dem Niedergang der Achsenmächte von den westlichen Demokratien weitgehend isoliert. Bis Anfang der fünfziger Jahre versuchte der Staat, die Wirtschaft umfassend zu kontrollieren und sich um jeden Preis von Importen unabhängig zu machen[509]. Ausländische Produkte wurden weitgehend vom Markt ausgeschlossen. Zwar betrieb das Regime keine rein faschistische Wirtschaftspolitik, doch entsprachen zumindest viele Einzelmaßnahmen den Zielvorstellungen der Falange. Um den Zielvorstellungen der Falange, Unterordnung der Wirtschaft unter die Politik, zu genügen und die Politik der Autarkie durchzusetzen, griff der Staat massiv in den Wirtschaftsprozess ein[510]. Zum einen wurden den Unternehmen Kündigungen aus wirtschaftlichen Gründen fast unmöglich gemacht, gleichzeitig sollte Unkündbarkeit durch extrem geringe Löhne, welche vom Arbeitsministerium festgesetzt wurden, ausgeglichen werden. Die Rentabilität der Betriebe musste gegenüber dem Kriterium „Sicherheit am Arbeitsplatz“ zurücktreten.

---

509 Bernecker, Sozialgeschichte, S.297.
510 Bernecker, Arbeiterbewegung und Sozialkonflikte, S.120.

1) Wirtschaftliche Probleme

Diese Zielsetzungen des Systems, verbunden mit der wirtschaftlichen Isolation, waren für die wirtschaftliche Entwicklung Spaniens äußerst negativ. Die Leistungsbereitschaft sank aufgrund der als ungerecht empfundenen niedrigen Entlohnung und den Unternehmern fehlte jegliche Investitions- und Rationalisierungsbereitschaft. Folge war eine Stagnation der wirtschaftlichen Entwicklung[511]. Erst 1948 erreichte Spanien überhaupt wieder den Stand der Industrieproduktion von 1929. Bis Ende der 50er Jahre blieb Spanien ein Agrarland mit einer international konkurrenzunfähigen Industrie[512]. Spanien befand sich in einer wirtschaftlich desolaten Situation, da die überwiegend durch Staatsanleihen finanzierte Autarkiepolitik unter anderem ein Haushaltsdefizit, ein Handelsbilanzdefizit, eine hohe Inflationsrate und in einigen Sektoren Produktionsüberschüsse zur Folge hatte[513].

Die Arbeitgeber konnten noch teilweise aus der verfahrenen Situation, dass aufgrund der Tarifstruktur die Löhne immer weiter hinter den Preisen zurück blieben, Profit schlagen. Da die Gewerkschaften zerstört waren und seit Beginn der 50er Jahre infolge des Bevölkerungswachstums ein großer Druck auf den Arbeitsmarkt einsetzte, konnte der Einkommensumverteilung zugunsten der Eigentümer von Produktionsmitteln vorerst kein wirkungsvolles Hindernis entgegen gesetzt werden. Dem gegenüber konnten viele Arbeiter nur durch Ausübung eines Zweit- oder gar Drittberufes (pluriempleo) das für den Lebensunterhalt ihrer Familie erforderliche Existenzminimum verdienen[514].

2) Zurückgehender Einfluss der Falange

Die Falange war für den Sieg Francos im Bürgerkrieg zwar sehr wichtig gewesen, geriet aber unter dem an Franco orientierten personifizierten Herrschaftssystem in eine untergeordnete Rolle. Während des Bürgerkrieges waren 60% der „Alt-Falangisten" bereits gefallen und Franco konnte die Führungsschwäche nutzen, um die Falange zu absorbieren und politisch zu institutionalisieren[515], weshalb ihr als eigentlicher Machtbereich nur noch der Staatssyndikalismus blieb. Die Posten an der Spitze der Syndikate wurden ausschließlich an Falangisten vergeben. Mit einer Stabilisierung der politischen Mächte in den 50er Jahren sank die Bedeutung der Falange für Franco aber, zumal er sich zusehends auf das

511 Kasten, Spanisches Arbeitsrecht Im Umbruch, S. 54.
512 Bernecker/Pietschmann, Geschichte Spaniens, S. 347.
513 Montoya Melgar, Ideología y Lenguaje, S. 377.
514 Bernecker, Gewerkschaftsbewegung und Staatssyndikalismus in Spanien, S. 62.
515 Bernecker/Pietschmann, Geschichte Spaniens, S. 338.

Militär zu stützen begann[516]. Darüber hinaus wurde die Entwicklung der Falange zunehmend von der Entwicklung des internationalen Faschismus bestimmt[517]. Daher büßte der faschistische Flügel mit dem Niedergang der Achsenmächte zunehmend an Einfluss ein. Die wirtschaftliche Krise führte die Regierung sodann vor die Frage, ob sie die von der Falange vertretene Linie wirtschaftlicher Isolierung beibehalten oder endgültig aufgeben und sich für eine liberalere Ordnung der Wirtschaft entscheiden sollte.

3) Mobilisierug und Zusammenschluss der Arbeiterschaft

Mit Ende des Bürgerkrieges war zunächst jegliche freie Organisation von Arbeitnehmern durch die Abschaffung der Gewerkschaften von der Bildfläche verschwunden[518]. Allerdings blieb die desolate Wirtschaftslage nicht ohne Auswirkung auf die Arbeiterbewegung. In der Theorie war jeglicher Klassenkampf durch die Syndikatsbildung vermieden worden. In der Realität wurde die Arbeiterklasse durch die Lohnpolitik einem wachsenden Elend ausgesetzt, dem eine größer werdende Konzentration von Reichtum und wirtschaftlicher Macht in den Händen weniger Unternehmer gegenüberstand[519]. In den Jahren 1952 und 1953 herrschte in Spanien das niedrigste Lohnniveau der Nachkriegszeit[520]. Als Folge der Unzufriedenheit organisierten sich die Arbeitnehmer zunehmend in unabhängigen Gewerkschaften (außerhalb des Syndikats) und es konnte ein Anstieg von Arbeitskämpfen festgestellt werden[521]. Die alten Gewerkschaften UGT, CNT, ELA-STV u.A. begannen derweil sich im Ausland zu formieren und mit Hilfe internationaler Gewerkschaftsvereinigungen eine Organisationsstruktur aufzubauen[522]. Gerade im Baskenland und in Asturien gelang es den Gewerkschaften, Kontakt zu ihrer alten Basis herzustellen und die Arbeitnehmer außerhalb der Einheitsgewerkschaft zu formieren.

Zudem waren die Syndikate einfach nicht in der Lage, die Arbeiterschaft zu integrieren. Da die Syndikate bei den Festsetzungen der Lohn- und Arbeitsbedingungen nur mitwirken konnten, diese aber nicht festsetzen durften, verkamen sie in ihrer Funktion zu einer bloßen sozialpolitischen Beratungsstelle[523]. Der man-

516 Bernecker/Pietschmann, Geschichte Spaniens, S. 339.
517 Bernecker, Spanische Geschichte, S. 100.
518 Bernecker, Arbeiterbewegung und Sozialkonflikte, S.105.
519 Bernecker, Arbeiterbewegung und Sozialkonflikte, S.121.
520 De Mingo Blasco, La conflictividad individual en Madrid bajo el Franquismo, S. 153.
521 Kasten, Spanisches Arbeitsrecht Im Umbruch, S. 64.
522 Oficina Internacional del Trabajo, Situacion Sindical, S. 24.
523 Bernecker, Arbeiterbewegung und Sozialkonflikte, S.120.

gelnde Verhandlungsspielraum auf der einen Seite, sowie die fehlende demokratische Legitimation führten daher zu einer geringen Akzeptanz der Syndikate in der Arbeiterschaft. Somit lag die soziale Realität mit steigender Organisation der Arbeiter und zunehmenden Arbeitskämpfen völlig neben der normativen Theorie der Falange und des Fuero del Trabajo. Waren die Einheitsgewerkschaften gerade geschaffen worden, um kollektive Konflikte zu verhindern, so stellten sie sich für den Arbeiter meist als „Gendarm der Produktion“ dar, um das Privateigentum der Unternehmer zu schützen[524]. Angesichts der Abhängigkeit der Syndikate von den politischen Mandatsträgern kann dies auch nicht weiter verwundern. Die hierarchische Organisation des Staates und mit ihr der Gewerkschaften sah vor, dass die jeweiligen politischen Mandatsträger des Movimiento entsprechend dem Führerprinzip von oben nach unten die weiteren politischen Verantwortlichen und damit auch die Vorstände der Syndikate ernannten und natürlich auch kontrollierten[525]. Um den Arbeitnehmern trotzdem das Gefühl einer gewählten Repräsentation zu geben, wurde ein Wahlrecht zur Bestimmung der Syndikatsvertreter durch Verordnung vom 22.Oktober 1944[526] festgeschrieben. Doch vergewisserte sich die Falange sehr genau, dass nur Kandidaten auf der Liste zur Wahl der direkt wählbaren Vertreter standen, deren politische Zuverlässigkeit über jeden Zweifel erhaben war[527]. Darüber hinaus wurde von den ins Exil verbannten Gewerkschaften und deren in Spanien verbliebenen Anhängern eine Beteiligung an den Syndikatswahlen als Beteiligung am Franco-Regime abgelehnt.

Aufgrund der desolaten wirtschaftlichen Situation kam es zu Beginn der fünfziger Jahre zunächst zu spontanen Streik- und Protestaktionen wie dem Straßenbahnboykott von Barcelona (1951) und einige Zeit später zu den lang anhaltenden und ausdauernd geführten asturischen Minenstreiks von 1957/58. Bei diesen Streiks bildeten sich spontane Arbeiterkommissionen als Verhandlungsorgane außerhalb des Sindicato- Apparates, die als Embryos der CCOO und damit als der Ursprung der Arbeiterbewegung gelten[528]. Ein Generalstreik in Katalonien von Februar bis März 1951 wurde nach einem Monat brutal durch die Guardia Civil in Barcelona niedergeschlagen. Es folgten Verhaftungen und Verfolgungen, die in ihrer Intensität an die Nachkriegszeit erinnerten[529]. Merkmal dieser Aufstände war allerdings, dass sich die Proteste eher gegen die wirtschaftliche Situation im Allgemeinen richteten und höhere Löhne gefordert wurden.

---

524 Aparicio, El sindicalismo vertical y la formación del estado franquista, S. 73ff.
525 Babiano Mora, Emigrantes, Cronómetros y huelgas, S. 51.
526 Orden vom 22.10.1944, Aranzadi 1944.
527 Aparicio, El sindicalismo vertical y la formación del estado franquista, S. 199f.
528 Köhler, Spaniens Gewerkschaftsbewegung, S. 73.
529 Costa Font/L.T., El movimiento obrero español durante la dictadura franquista (1939-1962), S. 670f.

1956/57 führten enorme Preissteigerungen zu sozialen Unruhen unter den Arbeitern in ganz Spanien (Lohnstreiks). Während sich die Arbeiter 1956 höhere Löhne erkämpften, führte außenwirtschaftlich das ungleiche Verhältnis von Importen und Exporten zu einem enormen Handelsbilanzdefizit[530]. Die starre und mit einem Entlassungsverbot gekoppelte Lohnpolitik erreichte somit weder die Verhinderung sozialer Konflikte noch die Förderung des Wirtschaftswachstums. Der Staat war also zu einer grundlegenden Änderung seiner Politik gezwungen.

Die wachsende Zahl der Aufstände führte zu dem absoluten Novum, dass die Unternehmer begannen, außerhalb offizieller Strukturen Tarifverhandlungen mit authentischen Arbeitnehmervertretern zu führen[531]. Der Staat sah sich damit plötzlich seiner Einwirkungsmöglichkeiten auf das Arbeitsverhältnis beraubt und musste akzeptieren, dass sich eine bis dahin nicht anerkannte Vertragsform, der Tarifvertrag „sui generis" entwickelte[532]. Diese „schwarzen" Tarifverträge entzogen sich der staatlichen Kontrolle[533].

II. Der Reformprozess

Es war offensichtlich geworden, dass mit der Wirtschaftspolitik der Falange kein Ausweg mehr aus der dramatischen wirtschaftlichen Situation gefunden werden konnte. Unter diesen Bedingungen kam es 1957 zu einer Kabinettsumbildung, die gleichzeitig als Kräfteverschiebung innerhalb der regimetragenden politischen Familien angesehen wird[534]. Mitglieder des katholischen Laienordens Opus Dei übernahmen die Wirtschafts- und Finanzpolitik des Regimes unter Zurückdrängung der falangistischen Sektoren. Es handelt sich dabei um eine Gruppe Rechtskonservativer mit Unterstützung vor allem aus Bankenkreisen, deren Schlüsselfiguren, Carrero Blanco und General Alonso Vega, Ratgeber der Nationalbank und enger Vertrauter Franco`s, den neuen wirtschaftlichen Kurs Spaniens einleiteten[535]. Der Zusammenhalt der politischen Führungselite konzentrierte sich dabei lediglich auf die Unterordnung unter den Caudillo.

530 Bernecker/Pietschmann, Geschichte Spaniens, S. 351.
531 González Ortega, Kollektivverhandlungen, in: Däubler, Arbeitsbeziehungen, S. 99.
532 Montoya Melgar, Ideología y Lenguaje, S. 372f.
533 Oficina Internacional del Trabajo, Situación Sindical, S. 24.
534 Köhler, Spaniens Gewerkschaftsbewegung, S. 59.
535 Casas/Carricajo/Castaño/Cortés, GETAFE, S. 42.

1) wirtschaftliche Reformen

Die neue wirtschaftliche Ausrichtung des Franco-Regimes, die sich durch den Regierungswechsel 1957 vollzogen hatte, kam im sogenannten Stabilisierungsplan von 1959 zum Ausdruck[536]. Folgende Elemente charakterisierten die neue liberale Wirtschaftspolitik[537] und die Abwendung von der Ideologie der Falange:

- Eintritt in den IWF, die Weltbank und die OECD, welche Kredithilfen in Höhe von 546 Mill. $ gewährten. Vor allem die Vereinigten Staaten von Amerika entwickelten sich dabei zu einem neuen Fürsprecher Spaniens. Der „kalte Krieg" holte Spanien dabei aus seiner internationalen Isolation und machte es zu einem Bündnispartner für die USA, die zusätzlich Kredithilfen gewährte.
- Eine restriktive Haushalts- und Geldmengenpolitik zur Senkung des öffentlichen Defizits und der Inflation.
- Eine mit IWF und Weltbank abgestimmte selektive wirtschaftliche Öffnung. Dazu wurden Exportsubventionen eingeführt und die Peseta abgewertet, um ausländische Direktinvestitionen und Exporte zu verbilligen. Protektionistische Gesetze und staatliche Kontrollen zur Verhinderung des Eintritts ausländischer Unternehmen und Produkte wurden gelockert.
- Förderung des Tourismus, der zu einem Schlüsselsektor der Wirtschaftsentwicklung wurde.
- Förderung der Migration in die Industrieregionen und der Emigration ins nordeuropäische Ausland. Dadurch wurde der Arbeitsmarkt entlastet und eine zusätzliche Devisenquelle in Form der Gastarbeiterüberweisungen aus dem Ausland geschaffen.
- Begrenzte Flexibilisierung der Lohnverhältnisse. Der IWF hatte eine Anbindung der Löhne an die Produktivität und Flexibilisierung des Arbeitsmarktes empfohlen. Dazu wurde das Gesetz über Kollektivabkommen vom 24.4.1958[538] verabschiedet, welches Lohnverhandlungen unter staatlicher Obhut ermöglichte.
- Eine Wende des regierungsamtlichen Diskurses zu einer antipolitischen, technokratischen Modernisierungspolitik. Effizienzkult und funktionale Rationalität sollten die falangistischen und nationalkatholischen Parolen ablösen.

2) juristische Reformen

Der einschneidende Wechsel der Wirtschaftspolitik des Landes brachte die Notwendigkeit mit sich, auch das Arbeitsrecht, mithin auch den Kündigungsschutz, zu reformieren.

---

536 Maravall, Dictadura y disentimiento político, S.50.
537 Köhler, Spaniens Gewerkschaftsbewegung, S. 59.
538 Ley vom 24.4.1958, Aranzadi 1958.

a) Die Schaffung von Betriebsräten (Jurados de Empresa)

Um die Integration der Arbeitnehmer innerhalb der Betriebe zu fördern und die Betriebsharmonie zu verbessern, wurden bereits durch Dekret vom 11. September 1953[539] Betriebsräte eingeführt. Als Verantwortliche für die Betriebsharmonie sollten sie sich um die Zusammenarbeit der Betriebsteile, um das Zusammenwirken von Kapital und Arbeitskraft und somit die Entwicklung des nationalen Fortschritts bemühen[540]. Die Einführung eines innerbetrieblichen Organs, an dem Arbeitnehmer mitwirken können, wurde dabei als großer Einschnitt gesehen, weil das absolute Direktionsrecht des Arbeitgebers damit eingeschränkt werde. Montoya Melgar[541] sah die Begründung dafür, dass nach einer ersten Konzeption von Betriebsräten per Dekret vom 18. August 1947[542] diese erst sechs Jahre später endgültig eingeführt wurden, in den schwerwiegenden politischen Neuerungen, die diese Einführung mit sich brachte.

Gem. Art. 11 des Dekrets vom 11. September 1953 setzten sich die neuen Betriebsräte aus den eigentlichen Arbeitnehmervertretern, einem von ihnen ernannten Sekretär und einem Arbeitgebervertreter zusammen, wobei der Betrieb mindestens 50 Arbeitnehmer beschäftigen musste. Somit wurde auch bei der Einführung der Betriebsräte darauf geachtet, dass Arbeitnehmer und Arbeitgeber in gemeinsamen Gremien verbunden wurden, damit kein Interessenkonflikt zwischen diesen beiden Gruppen auftreten konnte. Natürlich wurden die Betriebsräte dabei „als Basiszellen der Gewerkschaften“ gem. Art. 79 LCT den Syndikaten untergeordnet. Allerdings waren die Rechte und Funktionen der Betriebräte sehr beschränkt. Es standen ihnen zwar verschiedene Informationsrechte zu und sie sollten insbesondere darauf einwirken, die Arbeitsbedingungen, Sicherheit und Hygiene an den Arbeitsstätten zu verbessern[543], doch sind keine ausdrücklichen Mitbestimmungsrechte dieses neuen Organs innerhalb der Betriebe zu finden. So konnten sie dem Arbeitgeber zwar „Hoffnungen und Wünsche“ des Personals unterbreiten, doch waren sie gemäß Art. 2 des Dekrets vom 11. September 1953 daran gebunden, „keinesfalls zum Nachteil der Leitungsfunktion zu handeln, die dem Chef des Unternehmens gebührt, welcher dem Staat gegenüber hierfür verantwortlich sei“[544]. Dies kam auch in einer weiteren Aufgabe der Betriebsräte zum Ausdruck. Neben der Funktion eines neuen Organs zur Repräsentation von Arbeitnehmerinteressen, welches auf die Produktion Einfluss nehmen sollte, kam

539 Decreto vom 11.09.1953, Aranzadi 1953.

540 Amer Amer, Los Jurados de Empresa, in: Revista de Trabajo, 4 (1954), S. 402.

541 Montoya Melgar, Ideología y Lenguaje, S. 365.

542 Decreto vom 18.08.1947, Aranzadi 1947.

543 So Amer Amer, Los Jurados de Empresa, in: Revista de Trabajo, , 4 (1954), S. 402.

544 Vgl. Kasten, Spanisches Arbeitsrecht im Umbruch, S. 61.

den Betriebsräten auch die Funktion zu, allgemein die Einhaltung von arbeitsrechtlichen Verordnungen zu überwachen. Dies bezog sich aber nicht ausschließlich auf Verordnungen zum Schutz des Arbeitnehmers, sondern auf alle Verordnungen, mithin auch solche, die gerade den Interessen des Staates oder auch der Unternehmer dienten. Babiano Mora[545] sieht daher den Betriebsrat, wie auch die Einheitsgewerkschaften, als „Agent des Staates innerhalb der Betriebe" an, ein Grund, warum Betriebrat und Einheitsgewerkschaften wohl nie als wirkliches Repräsentationsorgan von den Arbeitnehmern anerkannt wurden.

b) Die Einführung eines Tarifsystems

Der starke Anstieg von eigentlich verbotenen Arbeitskämpfen, in deren Folge Unternehmer außerhalb offizieller Strukturen Tarifverhandlungen führten, sowie der Beitritt Spaniens zu der Internationalen Arbeitsorganisation, verbunden mit einer Annäherung an die westeuropäischen Länder, führte zur Notwendigkeit der Schaffung eines Tarifvertragsystems[546]. Zudem benötigte die Liberalisierung des Marktes und die Abkehr von der Autarkiewirtschaft eine höhere Flexibilität. Der Widerspruch zum Fuero del Trabajo, der die Regelung aller Arbeitsbedingungen dem Staat zuwies, wurde dabei hingenommen, da das wirtschaftliche Interesse höher wog als ideologische Kohärenz[547]. Ziel dieses Gesetzes musste es sein, endlich eine Produktionssteigerung durch eine dezentralisierte Organisation der Arbeitsbedingungen zu erreichen. Der ideologische Widerspruch zur spanischen Arbeitsverfassung, der diesem Gesetz inne wohnte, war somit der Beginn einer Epoche der wirtschaftlichen Liberalisierung, die im Gegensatz zu der politischen Autorität des Staates stand[548].

So wurde das LCC[549] (Ley de Convenios Colectivos Syndicales) mit Wirkung zum 24.4.1958 als neues Gesetz zur Regelung von Kollektivabkommen erlassen. Gem. Art. 1 LCC[550] wurden innerhalb der Syndikate Kollektivabkommen zugelassen, unter anderem, um die Produktion zu steigern und das Gefühl sozialer Gerechtigkeit zu fördern. Das heißt, dass innerhalb der Syndikate nun selbst durch Verhandlungen, Kollektivabkommen, Flächentarif- und Firmentarifverträge die Bedingungen der Arbeit festgelegt werden konnten, wobei sich der Regelungsbereich gem. Art. 7 LCC auf Lohn- und verwandte Bereiche beschränkte. Aller-

545 Babiano Mora, Emigrantes, Cronómetros y huelgas, S. 53.
546 Kasten, Spanisches Arbeitsrecht Im Umbruch, S.65.
547 Kasten, Spanisches Arbeitsrecht Im Umbruch, S. 65.
548 González Posada, El Derecho del Trabajo, S. 103.
549 Dt. Übersetzung in Bernecker, Gewerkschaftsbewegung und Staatssyndikalismus in Spanien, S. 135ff.
550 Ley de Convenios Colectivos Syndicales vom 24.4.1958, Aranzadi 1958.

dings wurde diese Regelungsmacht dadurch wieder stark eingeschränkt, dass die Ergebnisse dieser internen Schlichtungsverhandlungen zum einen von der Arbeitsbehörde genehmigt werden mussten (Art. 13 LCC), andererseits standen die Parteien, der Arbeitgeber und die Arbeitnehmer eines Syndikats, stets unter dem Druck, dass beim Scheitern der Verhandlungen die Arbeitsbehörde die Bedingungen diktierte. Die starke Einschränkung der Regelungsmacht ließ somit neben der notwendigen Flexibilisierung das Gesetz vor allem als Versuch erscheinen, die Eigendynamik schwarzer Tarifverträge von Unternehmern mit unabhängigen Arbeitnehmervertretern wieder unter die staatliche Kontrolle zu bringen[551].

Der ohnehin schon eng gestrickte Rahmen der Tarifverträge wurde aber nach dem Erlaß der LCC weiter durch den Stabilisierungsplan beschränkt, da die Löhne zunächst vorübergehend und ab 1967 per Dekret langfristig größtenteils eingefroren wurden. Die Gestaltungsfähigkeit der Tarifverträge war ohnehin gem. Art. 11 LCC auf den Lohnrahmen und das Lohnsystem sowie Produktionsanreize, Verbesserung der Arbeitsmethoden, ergänzende Leistungen im Krankheitsfall, Fragen der Arbeitersicherheit und Festlegung der Urlaubszeit beschränkt worden. Direktions- und Disziplinarbefugnisse, mithin auch kündigungsrechtliche Regeln konnten somit nicht Bestandteil einer tariflichen Vereinbarung sein.

c) Änderung des Wahlrechts für Syndikatsvertreter

Zu der Einführung von Kollektivvereinbarungen kam 1960 als weiterer Liberalisierungsschritt die Änderung des Wahlrechts für die Wahlen der Syndikatsvertreter[552]. Es galt, den mit neuen Befugnissen ausgestatteten Syndikaten nun auch einen Rückhalt in der Arbeiterschaft zu beschaffen. Neben gewissen Altersgrenzen, geforderter Mindestzugehörigkeit zum Betrieb, Dauer der Amtszeiten, prozessualen Fragen über den Ablauf der Wahl usw. ordnete das Gesetz einen Weg für die Benennung der Kandidaten an. Demnach konnte man als Kandidat für ein Amt aufgestellt werden, wenn man durch zwei Syndikatsvertreter vorgeschlagen wurde, bereits eine Funktion innerhalb der Bewegung ausgeübt hatte, oder aber, wenn die Bewerbung durch 10% der Mitarbeiter eines Betriebszweiges unterstützt wurde.

Zwar wurden die Wahllisten vor der Veröffentlichung immer noch durch den jeweiligen Provinzrat überprüft[553], um weiterhin sicher sein zu können, dass lediglich staatstreue Kandidaten zur Auswahl standen, doch bestand seit dieser Gesetzesänderung zumindest theoretisch die Möglichkeit, dass auch die Arbeitneh-

---

551 So auch Kasten, Spanisches Arbeitsrecht im Umbruch, S.64.
552 Babiano Mora, Emigrantes, Cronómetros y huelgas, S. 57.
553 Babiano Mora, Emigrantes, Cronómetros y huelgas, S. 57.

mervertreter Aufgaben in den Syndikaten übernähmen, welche auch die Unterstützung der Arbeitnehmer hatten. Gleichzeitig zeigt sich an diesen Änderungen die abnehmende Bedeutung der Falange.

d) Die Gerichtsbarkeit seit der Reform von 1962

Im Schlichtungsdekret von 1962 wurde plötzlich auch der Rechtsweg für kollektive Streitigkeiten zu den Arbeitsgerichten zugelassen. Danach war das Arbeitsgericht wie bisher in allen Individualkonflikten zuständig, nunmehr aber auch in den arbeitsrechtlichen Kollektivkonflikten, in denen das Gesetz dies explizit festlegte (Art. 1 T.R.P.L., neue Fassung von 1963). Die ausdrückliche Betonung von arbeitsrechtlichen Konflikten macht deutlich, dass bei politischen Streiks der Weg zu den Arbeitsgerichten verwehrt war, zudem diese nach wie vor einen Straftatbestand darstellten. Fraglich ist aber, worin die Entwicklung einer Erweiterung des Gerichtsweges auf kollektive Streitigkeiten begründet liegt.

aa) Ansprüche aus Tarifverträgen

Die Einführung eines, wenn auch staatlich kontrollierten, Tarifvertragswesens von 1958 führte zu einem juristischen Problem. Hatte man zuvor noch das Bestehen von kollektiven Ansprüchen konsequent verneint, so bestand mindestens formal[554] seit dem Bestehen der Tarifverträge keine Möglichkeit mehr, kollektive Ansprüche und damit auch kollektive Streitigkeiten zu leugnen. Wenn Parteien einen Vertrag schließen können, haben sie aus diesem Vertrag auch Ansprüche. Es entstehen Streitigkeiten, wenn diese Ansprüche nicht oder schlecht erfüllt werden. Zuvor konnte jedes Problem durch Reglamentaciónes gelöst werden, aber seit der Anerkennung von Tarifverträgen musste plötzlich eine Institution gefunden werden, die bei Streitigkeiten über die Auslegung von Tarifverträgen und den daraus folgenden Ansprüchen entschied, ob der Anspruch aus dem Tarifvertrag bestand und wie dieser zu verstehen war. Schließlich waren die Tarifverträge von der Arbeitsbehörde genehmigt worden und besaßen Normcharakter[555]. Zudem wurde von der Literatur eingewandt, dass die Anerkennung der Tarifverhandlungen in ihrer logischen Konsequenz auch den Streik und die Aussperrung zulassen müssten, da es den Parteien innerhalb ihrer „Regelungsautonomie" an Druckmitteln und Lösungswegen fehle. Folglich sei „der Konflikt formalisiert worden, ohne einen Lösungsprozess anzubieten"[556].

554 So Alonso García, Derecho Procesal del Trabajo, S. 401.
555 Alonso García, Derecho Procesal del Trabajo, S. 401f.
556 Alonso García, Derecho Procesal del Trabajo, S. 409.

bb) Anerkennung kollektiver Konflikte, das Schlichtungsdekret

Somit wurde durch das Dekret vom 20. September 1962[557] (sog. Schlichtungsdekret) eine grundlegende Reform vorgenommen, welche ein „Zurücktreten der behördlichen Kontrolle bewirkte und eine juristische Instanz als dritte Person zur Lösung kollektiver Konflikte schuf"[558].

In seiner Präambel stellte das sog. Schlichtungsdekret zunächst klar, dass zwischen kollektiven Konflikten arbeitsrechtlicher Natur und politischer Natur unterschieden werden müsse. Danach war die Austragung sämtlicher politisch motivierter Konflikte weiterhin untersagt und strafrechtlich verboten (Art. 222 Còdigo Penal). Doch wurde zum ersten Mal das Bestehen von kollektiven Streitigkeiten in einer Norm anerkannt. Aus diesem Grund befasste sich die damalige spanische Literatur ausführlich mit der Frage, inwiefern dieses Gesetz überhaupt materiell verfassungsgemäß sein konnte, da es explizit den Grundsätzen des Fuero del Trabajo als Arbeitsverfassung widersprach. Viele waren der Meinung, dass das Gesetz an sich, rein dogmatisch betrachtet, verfassungswidrig war, da es der Verfassung der Arbeit widersprach.

Doch ging es vor allem um die Akzeptanz der kollektiven Streitigkeit durch das Dekret an sich und einen „friedlichen Lösungsweg" dieser Probleme, da der gewaltsame Druck durch Streiks usw. weiterhin die nationale Produktion störte und damit verboten war[559]. Durch das Schlichtungsdekret, das aufgrund seines positiven Signals einhellig in damaligen Lehrbüchern gelobt wurde, entstand ein System, bestehend aus vielen Wegen, um kollektive Probleme zu lösen, wie Tarifverhandlungen, Schlichtungsstellen, Schiedsgerichte, Anweisungen der Behörden und letztlich auch der Zugang zu den Arbeitsgerichten.

Neben anderen notwendigen Prozessvoraussetzungen für besondere Prozessverfahren, wie arbeitsrechtlichen Streitigkeiten gegen Behörden oder bestimmte Industriebereiche wie der Luftfahrt, war das syndikalistische Schlichtungsverfahren eine notwendige Prozessvoraussetzung. Die Schlichtungen wurden als Institution geschaffen, die Rechtsprozesse eliminieren sollte[560]. Von dem grundsätzlich obligatorischen Schlichtungsverfahren gab es wenige Ausnahmen:

1. Prozesse, welche die soziale Sicherheit beeinträchtigen,
2. Prozesse, an denen der Staat beteiligt ist,
3. Prozesse, bei denen Arbeiter mit Funktion in den Syndikaten, oder Mitglieder der „Nationalen Bewegung" betroffen sind. Neben dem speziellen Kündi-

557 Decreto vom 20.09.1952, Aranzadi 1962.
558 Alonso García, Derecho Procesal del Trabajo, S. 410.
559 Pérez Botija/Bayón Chacón, Manual de Derecho del Trabajo, S. 812.
560 Alonso García, Curso de Derecho del Trabajo, S. 708.

gungsschutz, dem diese Arbeitnehmer unterstanden, zeigte sich auch hier deren privilegierte Stellung.

Das Scheitern der Syndikatschlichtungsverhandlung, deren Urteil nicht bindend war, führte bei Klageantrag vor Gericht durch eine Partei zur Schlichtungsverhandlung vor dem Gericht, bevor der eigentliche Prozess eingeleitet wurde.

cc) Der Kollektivkonflikt

Durch die Präambel des Schlichtungsdekrets wurde zum ersten Mal eine Definition für die Unterscheidung des Individual- vom Kollektivkonflikt vom Gesetzgeber gegeben[561], zumal ein kollektiver Konflikt bisher lediglich als Deliktstyp normiert war. Ein Individualkonflikt sei demnach eine Streitigkeit aus dem Arbeitsvertrag, welche dem Interesse eines Arbeitnehmers diente, während der Kollektivkonflikt sich immer aus Kollektivvereinbarungen ergebe, bzw. aus Ansprüchen, welche einer Mehrheit von Arbeitern diente. Von dieser Ausgangslage aus unterschied das Schlichtungsdekret zwischen zwei Verfahrensarten für verschiedene kollektive Streitigkeiten. Zum einen gab es ein Verfahren zu Lösung juristischer kollektiver Probleme, d.h. Probleme bezüglich der Anwendung und Auslegung einer bestehenden Norm, sei sie staatlich oder Inhalt eines Tarifvertrages. Ein anderes Verfahren bestand für kollektive Interessenstreitigkeiten, d.h. Streitigkeiten, die zur Schaffung einer neuen Norm, gleich welchen Charakters, führen sollten. Entsprechend dieser dogmatischen Einordnung in der Präambel sah das Schlichtungsdekret folgenden Lösungsweg für kollektive Streitigkeiten vor.

aaa) Schema zur Lösung kollektiver juristischer Konflikte

Gem. Art. 2 des Schlichtungsdekrets sollten nach folgendem System kollektive juristische Streitigkeiten durch chronologische Vorgehensweise gelöst werden:

1. Vorgehen der Tarifkommission: Es handelte sich hierbei quasi um eine freie Tarifverhandlung.

2. Versuch der Problemlösung innerhalb der Syndikate durch die verschiedenen Schlichtungsverfahren der conciliación, mediación und arbitraje voluntario: Bei der conciliación handelt es sich um eine Art Schlichtungsvertrag durch gegenseitiges Nachgeben, wobei ein Moderator die Verhandlung führte, aber allein die Entscheidung der Parteien zur Einigung führen konnte[562]. Die mediación ist ein Schlichtungsverfahren mit Existenz eines Dritten, der eine Empfehlung ohne

561 Alonso García, Derecho Procesal del Trabajo, S.417.

562 Definition aus Alonso García, Curso de Derecho del Trabajo.

Entscheidungskraft abgibt. Sollten die Parteien direkt einen Schiedsspruch wünschen, wählten sie das Verfahren vor dem Schiedsrichter (arbitraje voluntario), wobei in der Literatur darum gestritten wurde, ob wirklich alle drei Verfahren innerhalb des Syndikats stattgefunden haben mußten oder nicht eines ausreichte[563]. Praktisch wurden aber meist alle Schlichtungsverfahren bemüht, um den Charakter der Syndikate als gemeinsame legitime Interessenvertretung weiterhin zu betonen.

3. Behördenentscheidung: Wenn der Arbeitsbehörde der Sachverhalt des Syndikats vorgelegt wurde, gab diese im Verfahren der „mediación" (s.o.) einen Schlichterspruch ab oder gab ein entscheidendes Urteil mit Normcharakter ab.

4. Gerichtsverfahren: Beschloss die Arbeitsbehörde nach mediación lediglich einen Schiedsspruch und kein abschließendes Urteil, wurde der Sachverhalt dem Arbeitsgericht zur juristischen Lösung vorgelegt. Entscheidend ist, dass ein Sachverhalt überhaupt nur vor die Gerichte gebracht werden konnte, wenn dieser von der Arbeitsbehörde vorgelegt wurde. Es konnte folglich nur der Prozess mit dieser erheblichen Einschränkung eröffnet werden[564]. Ein Klageantrag einer Partei wie im Individualprozess nach gescheiterter syndikalistischer Schlichtungsvereinbarung war nicht möglich.

bbb) Schema zur Lösung von kollektiven Interessenstreitigkeiten

Für Interessenstreitigkeiten, d.h. einen Streit, der nicht um oder über die Anwendung einer Norm geführt wurde, sondern der aus den Differenzen von Parteien über eine Festlegung von Bedingungen entsteht, galt gem. Art. 3 des Schlichtungsdekrets folgender Weg:

1. Versuch der Schlichtung innerhalb der Syndikate,
2. Kollektivverhandlungen,
3. Sobald die Verhandlung zu keinem Erfolg führte, entschied die Arbeitsbehörde wie folgt:

a. Schlichtungsverhandlung der conciliación und mediación auf Anordnung in den Syndikaten und anschließende mediación durch die Arbeitsbehörde, bevor der Fall an die Arbeitsgerichte übertragen wurde, oder

b. Entscheidung der Arbeitsbehörde durch abschließendes Urteil über den Konflikt.

Da der Gerichtsweg immer erst durch Zustimmung der Arbeitsbehörde eröffnet wurde oder aber die Arbeitsbehörde selbst entschied, wurden Aufgaben der Jurisdiktion der Verwaltung übertragen. Die Verwaltung übte somit Rechtspre-

563 Alonso García, Derecho Procesal del Trabajo, S. 428.
564 Brösse, Wirtschaftsordnung und Arbeitsrecht in Spanien, S. 71

chung aus. Diese Beschränkung der Eröffnung des Gerichtsweges wurde in der Literatur[565] damit begründet, dass die Behörden quasi die Vorauswahl träfen, welche Streitigkeiten lediglich eine arbeitspolitische Frage und welche eine juristische Frage beträfen. Das Schlichtungsdekret sollte also auch die Zuständigkeit der Behörde für alle kollektiven Arbeitsstreitigkeiten beschränken und andererseits dafür sorgen, dass die Arbeitsgerichte nicht zu einem Regulierungsorgan wurden[566]. Allerdings scheint diese Einschränkung eher darin begründet zu sein, dass so der Staat jedes politisch brisante Problem durch die Behörde entscheiden lassen konnte, statt ein Gerichtsverfahren mit „ungewissem Ausgang" zu riskieren. Schließlich gelangte der individuelle Interessenstreit ohne Überprüfung oder Zulassung durch die Arbeitsbehörden vor Gericht.

3) Änderung des Streikrechts

Ein weiterer Liberalisierungsschritt war die Änderung des Streikrechts als logische Konsequenz der Anerkennung von Tarifverträgen. Gem. Art. 222 des Codigo Penal waren analog der Regelung in Art. XI.2. F.T. alle „Einzel- oder Kollektivverhaltensweisen, die in irgendeiner Weise den Produktionsablauf beeinträchtigen oder gefährden" als Verbrechen des Vaterlandsverrates angesehen und gem. Art. XI.2. F.T. die vorsätzliche Verringerung des Arbeitsleistung Gegenstand einer Ahndung. Der Streik wurde demnach als Aufstand im Sinne des Art. 222 aufgefasst und war grundsätzlich mit Strafe bedroht.

Durch Gesetz vom 21. Dezember 1965[567] wurde schließlich nur noch als Aufstand im Sinne des Art. 222 der Streik definiert, der „mit dem Ziel gegen den Staat und seine Sicherheit angelegt war und die nationale Produktion *gravierend* beeinträchtige". Mithin war ein Streik mit ökonomischer Zielsetzung in kleinerem Rahmen nicht mehr strafrechtlich verboten[568] und oftmals wurde auch hierfür der Begriff kollektiver Konflikt in Rechtsprechung und Literatur verwendet, um den Begriff Streik als Ausdruck eines Klassenkampfes zu vermeiden. So führt das Tribunal Supremo in seinem Urteil vom 22. November 1967[569] aus, dass der Begriff Streik (huelga) grundsätzlich eine illegale Anomalie der Beziehung zwischen den Tarifparteien beinhalte, während bei dem kollektiven Konflikt der gesetzlich vorgegebene Weg, den der Staat vorgesehen habe, noch beschritten werde. Im Ergebnis aber oblag der Rechtsprechung zu bestimmen, wann die Grenze vom kollektiven Konflikt zu einem Aufstand überschritten wurde, so dass ein

565 Pérez Botija/Bayón Chacón, Manual de Derecho del Trabajo, S. 916.
566 Pérez Botija/Bayón Chacón, Manual de Derecho del Trabajo, S. 917.
567 Ley vom 21.12.1965, Aranzadi 1965.
568 García Abelan, Derecho de conflictos colectivos de trabajo, S. 143.
569 Urteil des Tribunal Supremo vom 22. November 1967, Aranzadi 1967, N° 4301.

Straftatbestand erfüllt worden war. Es wurden dabei immer neue Formeln für die Abgrenzung dieser beiden Streikformen verfaßt, die nicht unabhängig von der gesellschaftspolitischen Entwicklung des Landes zustande kamen. Eine nähere Untersuchung dieser Frage soll allerdings an dieser Stelle dahinstehen[570]. Zunächst stellte aber strafrechtlich gesehen die Anerkennung eines eingeschränkten Streikrechts einen weiteren Liberalisierungsschritt dar. Interessant wird demgegenüber festzustellen sein, wie der Streik fortan arbeitsrechtlich behandelt worden ist.

4) Reform des Fuero del Trabajo

Durch das „Organische Staatsgesetz" vom 10. Januar 1967[571] wurde auch der Fuero del Trabajo einigen Änderungen unterworfen. Es kann dahinstehen , ob diese Änderungen einer weiteren Liberalisierung des Staates dienen sollten, die sich bis dato im Widerspruch zu dem Fuero del Trabajo vollzogen hatten, oder ob die Änderungen vorgenommen wurden, um falangistische Formulierungen zu entfernen, die der neuen Herrschaftselite des Opus Dei nicht zugesagt hatten und womit der Machtverlust der Falange deutlich gemacht werden sollte.

Die Präambel des Gesetzes, das fast 30 Jahre lang unverändert die Grundlage der spanischen Arbeitsgesetzgebung gewesen war, verzichtete in ihrer Neufassung zunächst auf den Hinweis, dass der „Staat ein totalitäres Instrument im Dienste der vaterländischen Integrität" sei. Ersatzlos gestrichen wurde auch, „dass sich der syndikalistische Staat sowohl gegen den liberalen Kapitalismus wie den marxistischen Materialismus" wende und beabsichtige, die noch ausstehende Revolution durchzuführen. Die einschneidendste Änderung erfuhr Artikel XIII. F.T., womit zum Ausdruck gebracht werden sollte, dass die falangistische Vorstellung des Nationalsyndikalismus aufgegeben wurde. Die Instrumentalisierung der „Syndikate im Dienste des Vaterlandes" fiel ebenso dem Rotstift zum Opfer wie die Prinzipien „Einheit, Totalität und Hierarchie". Das Syndikatswesen unterstand in Folge nicht mehr dem Generalsekretariat der Bewegung, sondern einem Syndikatsminister.

Letztendlich handelte es sich bei diesen Änderungen lediglich um kosmetische Maßnahmen, da der Fuero del Trabajo im Zuge der diversen Liberalisierungsmaßnahmen schon längst an Bedeutung verloren hatte und auch keinen Leitfaden der jetzt vom Opus Dei dirigierten Politik darstellte, da das Opus Dei gerade an die Macht gekommen war, um die falangistischen Vorstellungen, die

570 U.a. dazu García Abelan, Derecho de conflictos colectivos de trabajo, S. 145ff.
571 Ley vom 10.01.1967, Aranzadi 1967.

im Fuero del Trabajo normiert waren, abzuschaffen. Daher wird auf eine weitere Darstellung der Änderungen an dieser Stelle verzichtet[572].

5) Fazit

Die notwendige wirtschaftliche Flexibilisierung führte zu einer Erweiterung des Arbeitsgerichtsweges, der konträr zu der faschistischen Ideologie der Falange stand, die unter Franco Stück für Stück an Bedeutung verloren hatte. Diese Erweiterung brachte eine Anerkennung kollektiver Konflikte, die materiell der Grundverfassung der Arbeit wiedersprach und daher häufig als verfassungswidrig bezeichnet wurde. Eingeschränkt wurde diese Anerkennung jedoch durch das Erfordernis, dass ein kollektiver Prozess nicht durch Klageantrag, sondern nur von Amts wegen durch die Behörde eingeleitet werden konnte. Der Staat versuchte nur noch so viel Einfluss wie möglich zu behalten, reduzierte aber seinen direkten Einfluss. Die ideologischen Leitlinien des Fuero del Trabajo wurden dabei missachtet; die nach dem Bürgerkrieg eingesetzte Wirtschaftsordnung war gescheitert.

III. Änderungen im Kündigungsschutz

Auch im Kündigungsschutz wurden Änderungen vorgenommen, um die notwendige Flexibilisierung des Arbeitsmarktes zu erreichen.

1) Abschaffung des expediente-Verfahrens

Der erste Schritt zur Liberalisierung des Kündigungsschutzes wurde mit der Abschaffung des expediente-Verfahrens für die disziplinarische Kündigung vollzogen. Durch das Dekret vom 26.Oktober 1956[573] wurde die Anordnung vom 23. April 1946[574], welche die Nichtigkeit aller Kündigungen für den Fall erklärte, dass diese ohne vorheriges Genehmigungsverfahren erfolgt waren, aufgehoben. Mit dem Wegfall des Genehmigungsverfahrens entfiel das umständlich formalistische Schlichtungs- und Vermittlungsverfahren und eine disziplinarische Kündigung konnte dem Arbeitnehmer gegenüber direkt erklärt werden. Die Zulässig-

572 Ausführlich hierzu, López Medel, Declaración, in: Revista de Estudios Políticos, 182 (1972), S. 5ff.
573 Decreto vom 26.10.1956, Aranzadi 1956.
574 Orden vom 23.04.1946, Aranzadi 1946.

keit einer Kündigungserklärung hing nicht mehr von der Genehmigung ab. Der Staat erleichterte dem Arbeitgeber somit die Kündigung eines Arbeitnehmers.

Begründet wurde der Wegfall des Schutzes des Arbeitnehmers dementsprechend auch mit einer notwendigen Flexibilisierung des Arbeitsmarktes[575]. Der Fortschritt der Industrialisierung habe eine Mobilität der Arbeitskräfte notwendig gemacht, damit die nationale Produktion verbessert und in Folge auch der Lebensstandard der spanischen Nation angehoben werden könne. Der Arbeitgeber war aber weiterhin an gewisse Formalien gebunden, um sich eines Arbeitnehmers mittels einer disziplinarischen Kündigung zu entledigen. Das Dekret vom 26. April 1956[576] bestimmte in Art. 3, dass der Arbeitgeber statt des Genehmigungsverfahrens dem Arbeitnehmer die Kündigung schriftlich unter Angabe von Gründen und des zugrunde liegenden Sachverhaltes erklären musste, sogenannte carta de despido. Diese carta ist bis heute ein Element des spanischen Kündigungsschutzes. Der Grund für die carta als Zulässigkeitsvoraussetzung einer disziplinarischen Kündigung wird darin gesehen, dass sie dem Arbeitgeber seine Verteidigung im Prozess gegen die Kündigung erleichtern soll. Wenn der Arbeitgeber schon von seinem Recht auf die Beendigung des Arbeitsverhältnisses Gebrauch macht, so solle der Arbeitnehmer doch zumindest von den Gründen in Kenntnis gesetzt werden, so dass er die Gründe vor Gericht vorlegen und seine Verteidigung erklären könne[577]. Darüber hinaus sollte der neu eingerichtete Betriebsrat nach Art. 93 des Dekrets über die Kündigung unterrichtet werden. „Falls ein Betriebsrat bestehe, so bestehe auch eine Obligation diesen zu dem Tatbestand der Kündigung anzuhören[578]“. Allerdings wird in der Literatur darauf hingewiesen[579], dass es sich dabei lediglich um ein formales Requisit handele. Da das Gesetz keine Konsequenzen für den Fall des Unterlassens der Anhörung vorsah, führte das Ausbleiben auch nicht zu irgendwelchen Konsequenzen.

Das expediente-Verfahren entfiel lediglich für den allgemeinen Kündigungsschutz. Arbeitnehmer, welche beispielsweise aufgrund einer Syndikatsfunktion oder anderer privilegierender Umstände einem besonderen Kündigungsschutz unterworfen waren[580], konnten weiterhin nur nach der ordnungsgemäßen Durchführung des bürokratischen, langwierigen Verfahrens und erteilter Genehmigung

575 So Nuñez Samper, El nuevo régimen de despido y la jurisprudencia del Tribunal Central de Trabajo, in: Revista de Derecho de Trabajo, 23 (1957), S. 73.

576 Decreto vom 26.04.1956, Aranzadi 1956.

577 Villa Gil, La formalización del despido disciplinario, S. 263.

578 Suarez González, La terminación, S. 109.

579 Hernáinz Marquez, El problema del despido en España, in: Revista de Trabajo, 1 (1960), S. 48.

580 Ausführlich dazu Villa Gil, La formalización del despido disciplinario, S. 273ff.

gekündigt werden. Zu diesem besonderen expediente-Verfahren kamen noch besondere Abfindungsregelungen[581], die an dieser Stelle dahinstehen können.

Der Arbeitnehmer war somit entgegen den ursprünglichen Vorgaben des Fuero del Trabajo wieder zum Produktionsmittel geworden, das je nach Arbeitsbedarf frei beschäftigt und entlassen werden konnte. Der Staat beschränkte die behördliche Eingriffsbefugnis zu Gunsten der Arbeitgeber.

2) Arbeitslosenunterstützung statt Abfindung bei wirtschaftsbedingten Kündigungen

Auch bei kollektiven, krisenbedingten Kündigungen musste der Gesetzgeber eine Möglichkeit finden, eine Flexibilisierung zu ermöglichen. Sollten Produktions- und Produktivitätsverbesserungen erreicht werden, so brachten diese notwendigerweise auch Personalabbau mit sich. Diese Kündigungen unterstanden aber noch dem Genehmigungserfordernis durch die Arbeitsbehörde und waren zumeist mit erheblichen Abfindungen verbunden. Mit Dekret vom 26.11.1959[582] wurde daraufhin eine Arbeitslosenunterstützung geschaffen. Gem. Art. 1 dieses Dekrets erhielten die fest angestellten, der staatlichen Sozialversicherung beigetretenen nicht landwirtschaftlichen Arbeitnehmer eine (auf 6 bzw. 12 Monate) zeitlich begrenzte Beihilfe, wenn sie mit Genehmigung der Behörde aufgrund des Krisendekrets vom 26.01.1944 wegen „Schwierigkeiten wirtschaftlicher Art“ entlassen worden waren. Art. 1 des Dekrets hob dabei die Abfindungszahlungen der Betriebe nach Art. 5 des Krisendekretes auf. Unter Schwierigkeiten wirtschaftlicher Art waren nach Art. 1 Abs. I „Strukturfehler, ungenügende Versorgung mit Rohstoffen, schlechte finanzielle Lage und weitere Gründe ähnlicher Art“ zu verstehen, wobei gem. Abs. 2 die Beihilfe nur an die Stelle der Abfindung trat, wenn die Entlassungen der Arbeitnehmer infolge der Verbesserung der Produktion vorgenommen wurde. Das Dekret vom 3.3.1960[583] erweiterte die Arbeitslosenunterstützung auch auf die Fälle der Einführung von Kurzarbeit.

Der Sinn dieser Vorschriften lag daher primär nicht in einem erhöhten Schutz des Arbeitslosen. Vielmehr sollte die Neuregelung als staatlich geförderter Ansporn zu Produktionsverbesserungen dienen[584]. Es ging nicht um die Erreichung eines sozialpolitischen Fortschritts, sondern um die Förderung der Produktion.

581 Dazu Hernáinz Marquez, Las excepciones al decreto de 26 de octubre de 1956, in: Revista de Trabajo, 2 (1975), S. 94.

582 Decreto vom 26.11.1959, Aranzadi 1959.

583 Decreto vom 03.03.1960, Aranzadi 1960.

584 So auch Brösse, Wirtschaftsordnung und Arbeitsrecht in Spanien, S. 118.

3) Fazit

Das Prinzip der Beschäftigungsstabilität wurde demnach faktisch aufgegeben und durch das Prinzip wirtschaftlichen Arbeitens ersetzt. Die Liberalisierung des Arbeitsmarktes hat auch in diesem Punkt lediglich dem Unternehmer Vorteile gebracht. Von dem Interessenausgleich zwischen den Produzenten aus dem Fuero del Trabajo blieb mithin wenig übrig. Die Ideologie der Falange trat mehr und mehr in den Hintergrund und wich den liberalkapitalistischen Vorstellungen der neuen Regierung.

B. Die Rechtsprechung: Erneutes Instrument der Herschaftssicherung

Fraglich ist, wie sich diese wirtschaftlichen und auch rechtlichen Reformen auf Spanien auswirkten.

I. Folgen des Stabilisierungsplanes

1) wirtschaftlich

Kurzfristig führte die Liberalisierung des Wirtschaftsystems zu einer Abwertung der Peseta[585]. Mithin waren die durch die Liberalisierungsmaßnahmen herbeigeführten unmittelbaren rezessiven Wirkungen auf die Lohn- und Beschäftigungsverhältnisse verheerend und provozierten heftige Kritik[586]. Tausende spanische Arbeiter emigrierten, da sie aufgrund von Entlassungswellen und fehlenden neuen Arbeitsplätzen keine anderen Möglichkeiten fanden[587]. Um die beschleunigte Landflucht zu kanalisieren, die steigende Arbeitslosigkeit in Grenzen zu halten und zugleich das soziale Konfliktpotential der industriellen Ballungszentren zu senken, wurde das Ventil des Arbeitskräfteexports nach Europa geöffnet. Es gilt als unbestritten, dass die Voraussetzungen eines wirtschaftlichen Aufschwungs in Spanien somit auf dem Rücken der Arbeiterklasse ausgetragen worden sind[588]. Grundidee der neuen wirtschaftlichen Ausrichtung war schließlich eine Produktivitätssteigerung.

585 Maravall, Dictadura y disentimiento político, S.51.
586 Bernecker, Gewerkschaftsbewegung und Staatssyndikalismus, S. 127.
587 Casas/Carricajo/Castaño/Cortés, GETAFE, S. 43.
588 Casas/Carricajo/Castaño/Cortés, GETAFE, S. 43.

Erst ab 1962 hatte der ausgelöste Industrialisierungsschub eine solche Dynamik erreicht, dass weite Teile der Bevölkerung anfingen, davon zu profitieren. Wachstumsmotoren waren dabei ausländische Direktinvestitionen, der Tourismus, die Inlandsnachfrage und die weltwirtschaftliche Entwicklung. Ökonomisch brachte die Entwicklung eine Verschiebung vom Agrar- zum Industrie- und Dienstleistungssektor mit sich. Durch die soziale Mobilisierung (u.A. Emigration, sowie der Wechsel der beruflichen Ausrichtung) veränderte sich auch das Klassen- und Herrschaftsgefüge. Auf der einen Seite entstanden Industriearbeiter- und neue Mittelschichten, auf der anderen Seite verminderte sich die soziale Basis des Franquismus, welche vornehmlich aus den an Bedeutung verlierenden Sektoren der Kirche und des Militärs gespeist worden war[589].

2) Arbeiterbewegung

In Spanien nahmen derweil im Zusammenhang mit dem wirtschaftlichen Aufschwung seit 1961 und der neuen Praxis der Tarifverhandlungen die sozialen Spannungen nach dem Auslaufen des Stabilisierungsplans und dem deutlichen Anstieg der Preise zu.

Direkte Folge des Stabilisierungsplanes waren somit weitere Arbeiteraufstände zu Beginn der 60er Jahre aufgrund der neuen wirtschaftlichen Notsituation der Arbeiterschaft. Die Arbeiterschaft wollte nicht auf die in den 50er Jahren erkämpften Lohnsteigerungen verzichten[590]. So rollte zu Beginn des Jahres 1962 eine neue Streikwelle über das Land. In den ersten Monaten lassen sich einige Streiks aus Valencia, Barcelona, Madrid und dem Baskenland verzeichnen. Ab April ging eine zweite Welle, von asturischen Minenarbeitern begonnen, über auf die Metallindustrie in Katalonien und Madrid[591]. Im Unterschied zu den Bewegungen der 50er Jahre handelte es sich aber nicht mehr um spontane und isolierte Aufstände. Organisierte Bewegungen mit Unterstützung der im Exil aufgebauten „Alten Gewerkschaften“ mobilisierten eine neue Arbeitergeneration, die nicht mehr die Folgen des Bürgerkrieges erlebt und zu spüren bekommen hatte[592]. Ein Generalstreik asturischer Minenarbeiter dauerte vom 16. Juli bis zum 20. September 1962.

Dazu kam, dass die Exil-Gewerkschaften, welche bis dato die spanische Einheitsgewerkschaft stets als Instrument des Franquismus abgelehnt hatten, begannen, erleichtert durch das neue Wahlrecht, die Einheitsgewerkschaft zu infiltrie-

589 Köhler, Spaniens Gewerkschaftsbewegung, S. 60f.
590 Casas/Carricajo/Castaño/Cortés, GETAFE, S. 43.
591 Maravall, Dictadura y disentimiento político, S.59.
592 Sagardoy Bengoechea/León Blanco, El poder sindical en España, S. 26.

ren[593]. Auch schlossen sich die verschiedenen neuen Arbeiterorganisationen (Katholiken der HOAC und USO, Kommunisten, Sozialisten, Linksfalangisten, Unabhängige) zu einer neuen gesamtheitlichen Arbeiterbewegung, den „Comisiónes Obreras (CCOO)“ zusammen. Es gibt wenig verlässliche Zahlen über das genaue Ausmaß der Streikbewegungen, doch wird allein die Anzahl der Streiks im Jahre 1962 auf ungefähr 425 geschätzt[594].

Die Toleranz, welche überhaupt die Bildung der Arbeiterräte zu Beginn der 60er Jahre ermöglichte, liegt nach Ansicht Berneckers[595] in der Rivalität zwischen den Machteliten des Opus Dei und den in den Einheitsgewerkschaften noch stark vertretenen Falangisten begründet. Das Opus Dei konnte zum einen durch Akzeptanz der CCOO nach außen den Wandel Spaniens zu mehr Liberalismus beweisen und eine nach außen agierende CCOO, welche als kollektiver Verhandlungspartner lediglich ökonomische Forderungen stellte, schien zunächst leichter kontrollierbar als eine Untergrundbewegung. Gleichzeitig bewirkte das Erstarken der CCOO einen weiteren Macht- und Gesichtsverlust der Falange.

II. Die Rechtsprechung zur Kündigung aus disziplinarischen Gründen als Mittel zur Herrschaftssicherung.

1) Voraussetzung der Kontrolle

Die qualitative und quantitative Ausweitung der Streikbewegung und deren Radikalisierung in den 60er Jahren erzwangen von den staatlichen Behörden eine Reaktion. Es musste darum gehen, die Streikbewegung in den Griff zu bekommen, die neuen assoziativen Formen der Arbeiterbewegung, die Kommissionen, zu kontrollieren und die Arbeiterschaft weiterhin den Interessen der Unternehmer und des Regimes dienstbar zu halten.

a) Integrationspolitik

Zunächst wurde der Versuch unternommen, die neuen „Arbeiterführer“ in die vorhandenen Strukturen zu integrieren. Das Wahlrecht für betriebliche Arbeitnehmervertreter wurde weiter liberalisiert, so dass repräsentative Posten nach „gleichem, freiem und geheimem Wahlrecht“ besetzt werden konnten. So wurde für die Syndikatswahlen von 1966 das Motto „wähle den Besten“ (vota al mejor)

---

593 Maravall, Dictadura y disentimiento político, S.61.
594 Maravall, Dictadura y disentimiento político, S.58.
595 Bernecker, Arbeiterbewegung und Sozialkonflikte, S.141.

ausgegeben. Dahinter stand die Absicht, die Arbeiterschaft wieder unter die Kontrolle der Einheitsgewerkschaft zu bringen und damit besser kontrollieren zu können[596]. Durch Teilnahme an den Wahlen und Beteiligung an den Syndikaten sollten die Führer der CCOO Teil der Einheitsgewerkschaft werden. Gleichzeitig sollten diese Aktionen ein Vertrauen der Arbeitnehmer in die Einheitsgewerkschaft schaffen. Vorangegangen waren die bereits beschriebenen Liberalisierungen des Arbeitsrechts, insbesondere das neue Tarifsystem, welches ebenfalls das Vertrauen in die Einheitsgewerkschaft stärken sollte.

Doch war der Erfolg der „Integrationsstrategie" bescheiden. Folge der Syndikatswahlen 1966 war ein Erdrutschsieg der CCOO-Vertreter, die 75% der Mandate erringen konnten[597]. Somit nahm der Einfluss der neuen Bewegungen bei Tarifauseinandersetzungen und Kampfaktionen zu und die Syndikate entwickelten sich aufgrund der Mitwirkung der CCOO-Vertreter zu einer Arena des Klassenkampfes[598], zu dessen Unterdrückung sie laut dem Fuero del Trabajo eigentlich geschaffen worden waren. Die Integrationspolitik in Verbindung mit der Politik des „entrimismo" der Exil-Organisationen und neuen Gewerkschaften (Infiltration des staatlichen Syndikats), die ihre Beteiligung an der Einheitsgewerkschaft nicht mehr verweigerten, sondern offensiv an die Öffentlichkeit gingen, brachte den Franquismus in eine völlig neue Situation[599]. Waren nach der Streikwelle von 1962 noch zahllose Arbeiter inhaftiert und deportiert worden, so waren die neuen Führer der Arbeiterbewegung Teil der Einheitsgewerkschaft und somit Element des Staates[600].

So merkten die Behörden spätestens bis 1967, dass sie die Bedeutung der neuen Gewerkschaftsbewegung völlig unterschätzt hatten. Die gestärkte Arbeiterbewegung begann 1967 mit einer Streik- und Protestwelle von bis dahin unbekanntem Ausmaß. Darüber hinaus war ein Wandel der Arbeitskonflikte erkennbar. Hatten in den Jahren nach dem Stabilisierungsplan die Aufstände vor allem ökonomische Gründe, so streikten viele Betriebe mittlerweile aus gesellschaftspolitischen Motiven heraus und andere Betriebe schlossen sich aus Sympathie an. Auch fanden viele Streiks, die sich ebenfalls ausweiteten[601], aus Sympathie mit entlassenen oder verhafteten Arbeitskollegen statt.

Dazu kam eine neue Prozessfreudigkeit der Arbeitnehmer. War schon mit einem ersten Erstarken der Gewerkschaftsbewegung allein in Madrid die Anzahl der Arbeitsrechtsprozesse von 1962 nach 1963 um 46,98% von 5606 auf 8240

596 Molinero y Pere Ysás, Productores disciplinadas y minorías subversivas, S. 66.
597 Molinero y Pere Ysás, Productores disciplinadas y minorías subversivas, S. 66.
598 So Köhler, Spaniens Gewerkschaftsbewegung, S. 73.
599 Oficina Internacional del Trabajo, Situacion Sindical , S. 24.
600 Sagardoy Bengoechea/León Blanco, El poder sindical en España, S. 26.
601 Bernecker, Arbeiterbewegung und Sozialkonflikte, S.131.

angestiegen und hatte sich dieses Niveau bis Ende 1966 mit 8106 Anfragen gehalten, so wurde ein neuer Höhepunkt mit 14.617 Anfragen 1967 bis zu 14.828 im Jahre 1969 erzielt, wobei Kündigungsschutzprozesse jeweils ca. 30 % der Verfahren ausmachten[602].

b) Repression

Spätestens mit dem Erdrutschsieg der CCOO bei den Syndikatswahlen stellte der Staat die Erfolglosigkeit seiner Integrationspolitik fest. Doch hatte er, wie bereits teilweise ausgeführt, schon vor 1967 mit neuen repressiven Strategien parallel zu der gescheiterten Integrationsstrategie begonnen.

Bis 1959 war jegliche Streikform bereits gem. Art. 222 des Strafgesetzbuches als Delikt mit Strafe bedroht. Mit dem Erscheinen des Gesetzes zur Öffentlichen Ordnung vom 30.07.1959[603] war plötzlich nur noch geregelt, dass „ illegale Streitigkeiten", Aussperrungen und Streiks, die gegen die öffentliche Ordnung verstießen, mit Strafe bedroht waren. Zunächst erscheint dieser Schritt als erste Liberalisierung der Arbeitsordnung noch vor dem Schlichtungsdekret, der im starken Widerspruch zum Fuero del Trabajo steht. Nach dem Wortlaut dieses Gesetzes zur Öffentlichen Ordnung (illegale Streitigkeiten) musste es nun auch legale Streiks geben, da lediglich die illegalen kollektiven Streitigkeiten gegen die öffentliche Ordnung verstießen. Diese „legalen Streiks" wurden zur Umgehung des ungeliebten Begriffs aber meist als kollektive Konflikte bezeichnet.

Der Anschein von Liberalisierung verflog allerdings mit dem Dekret vom 21. September 1960[604], in dem Streiks mit politischen Zielen oder schweren Auswirkungen auf die öffentliche Ordnung, als „Akt militärischer Rebellion" qualifiziert wurden. Mithin bestand nicht nur die Möglichkeit, Arbeitnehmer nach solchen Handlungen zu kündigen, sondern wegen Rebellion gegen den Staat vor das Militärgericht zu stellen[605]. Mit der nächsten großen Streikwelle des Jahres 1962 wurde die Verfolgung und auch Bestrafung dieser Handlungen intensiviert und weiter von der Arbeitsgerichtsbarkeit auf die Militär- und Strafgerichtsbarkeit verlagert. Bernecker sieht daher den Grund des Gesetzes aus dem Jahre 1959 auch als eine Folge des Stabilisierungsplans, da die Regierung aufgrund der einschneidenden wirtschaftlichen Maßnahmen schon mit Reaktionen der Bevölkerung rechnen musste[606].

---

602 De Mingo Blasco, La conflictividad individual en Madrid bajo el Franquismo, S. 155.

603 Ley de Orden Público vom 30.07.1959, Aranzadi 1959.

604 Decreto vom 21.09.1960, Aranzadi 1960.

605 García Abelan, Derecho de conflictos colectivos de trabajo, S. 9.

606 Bernecker, Arbeiterbewegung und Sozialkonflikte, S. 134.

Zur neuen Repression der politischen Aktivitäten wurde ein neues Organ geschaffen[607], das Tribunal del Orden Público (TOP). Durch Gesetz vom 2. Dezember 1963[608] wurde das TOP als zuständige Gerichtsbarkeit der Öffentlichen Ordnung geschaffen. Diesem Tribunal unterstand ein gesonderter Polizeiapparat mit besonderen Befugnissen, der insbesondere auch Verhaftungen bei dem Verdacht politischer Tätigkeit vornehmen konnte. Der Polizeiapparat wurde dabei weiter ausgebaut und es folgten zahlreiche Verhaftungen und Deportationen. Allein im Jahre 1962 wurden aufgrund von Teilnahmen an Arbeitskämpfen mehr als 996 Personen durch die politische Garde (Guardia Civil) inhaftiert[609].

In Artikel 3 Nr. VI dieses Gesetzes zur Öffentlichen Ordnung wurde dabei dem TOP die Kompetenz eingeräumt, die persönlichen Rechte von Teilnehmern an illegalen Vereinigungen, Organisationen und Propaganda einzuschränken. Das TOP konnte für politische Vergehen, wie das Organisieren einer nicht genehmigten Versammlung, Gefängnisstrafen bis zu dreißig Jahren verhängen[610]. Allein vor den Syndikatswahlen von 1966 wurden etwa 1800 Arbeiterführer, die sich bei vorangegangenen Streiks und Tarifverhandlungen besonders hervor getan hatten, nach vorheriger Verurteilung durch das TOP und damit verbundener Haftstrafen durch ihre Arbeitgeber entlassen. Die Regierung setzte zudem bei kollektiven Arbeitskonflikten massiv die Polizei ein und ließ vom berüchtigten TOP drakonische Strafen bei Verletzung des geltenden Arbeitsrechts verhängen. Wirkte die bereits beschriebene Unterscheidung des Gesetzgebers zwischen legalen und illegalen kollektiven Konflikten dabei zunächst wie eine Liberalisierungsmaßnahme, so wurde dem TOP gleichzeitig durch das Gesetz vom 2. Dezember 1963 die Kompetenz zugesprochen, die von ihm als illegal eingestuften kollektiven Konflikte abzuurteilen, da diese außerhalb des Arbeitsrechts stünden und daher nicht der Kompetenz der Arbeitsgerichte unterworfen seien.

Wie entscheidend vor allem die Befugnis des TOP und der Polizei war, in Verdachtsfällen Untersuchungshaft anzuordnen, ohne dabei Formalitäten einhalten zu müssen oder kontrolliert zu werden sowie die Folge dieser Untersuchungshaft für ausgesprochene Kündigungen, wird noch an späterer Stelle genauer dargestellt. Die Verurteilungen hochrangiger Arbeiterführer vor dem TOP, welches größtenteils den Anträgen des Staatsanwaltes entsprach, langen politischen Schauprozessen, galten somit als Kennzeichen der verschärften inneren Situation des Landes, wobei der Anschein erweckt wurde, „es säße die gesamte

607 Aguila, El Tribunal de Orden Público, S. 427.
608 Ley vom 02.12.1963, Aranzadi 1963.
609 Aguila, El TOP, S. 40.
610 Costa Font/L.T., El Movimiento Obrero Español durante la dictadura franquista (1939-1962), S. 655.

Arbeiterklasse auf der Anklagebank[611]". Neben den harten Urteilen des TOP begann nach dem Scheitern der Integrationspolitik 1967 zusätzlich eine starke Kündigungswelle zur Beseitigung der unerwünschten neuen Arbeiterführer, die ihren Höhepunkt in den Jahren 1967/1968 hatte[612].

2) Die kollektive Kündigung

Die Änderung der Zuständigkeit der Arbeitsgerichte durch das Schlichtungsdekret von 1962 und die Anerkennung kollektiver arbeitsrechtlicher Konflikte stellten die Rechtsprechung vor ein neues Problem. Wie sollte mit Arbeitnehmern verfahren werden, welchen aufgrund eines kollektiven arbeitsrechtlichen Konflikts von ihrem Arbeitgeber die Kündigung erklärt worden war? Bei einzelnen Arbeitnehmern hatte man sich vormals mit einer weiten Auslegung der vorhandenen Rechtfertigungsgründe des Art. 77 LCT geholfen. Kollektive Kündigungen aufgrund von Streiks wurden als Streitigkeiten, die nicht der Zuständigkeit der Gerichte unterlägen, abgewiesen. Nun bestand aber nach der Einführung des Schlichtungsdekrets eine Zuständigkeit der Arbeitsgerichte. Dabei müssen verschiedene Situationen unterschieden werden.

a) Illegale kollektive Streitigkeiten

Das Schlichtungsdekret vom 20. September 1962 legte in Art. 5 Abs. 1 fest, dass weiterhin folgende Konflikte illegal seien:

- Konflikte, die keinem „arbeitsrechtlichen Fundament" entsprängen, aber direkt die Partner des Arbeitsvertrages beträfen. Dabei kann man vor allem an Solidaritätsstreiks denken, die strafrechtlich gleichzeitig als Attentat gegen den Staat eingestuft werden konnten und somit wieder durch das TOP der gerichtlichen Kontrolle unterstanden, so dass sich arbeitsrechtliche Probleme oder Kompetenzfragen für die Gerichte nicht stellten[613].
- Konflikte, bei denen der vorgeschriebene Schlichtungsweg außer Acht gelassen worden sei, der im Schlichtungsdekret bestimmt worden war.
- Konflikte in dem Fall, dass nach der Schlichtungsverhandlung bereits eine Entscheidung der Behörden oder der Gerichte in diesem Punkt vorliegt.
- Konflikte während der Gültigkeit vereinbarter Kollektivvereinbarungen.

Art. 5 Abs. 2 erklärte, dass die Teilnahme an einem in Art. 5 Abs. 1 als illegal aufgezählten Konflikt eine Kündigung der Beteiligten als pure Konsequenz eines unerlaubten Handelns nach sich ziehe.

611 Bernecker, Arbeiterbewegung und Sozialkonflikte, S. 143.
612 Bernecker, Gewerkschaftsbewegung und Staatssyndikalismus, 134.
613 García Abelan, Derecho de conflictos colectivos de trabajo, S. 146.

b) Strafrechtlich verbotene Streiks

Demgegenüber verwendete der mit Dekret vom 21. Dezember 1965 geänderte Art. 222 des Strafgesetzbuches folgende Formulierung:
„Folgende Personen werden des Aufstandes beschuldigt: ...
zweitens- Arbeitnehmer und Arbeitgeber, die *gravierend* den nationalen Produktionsablauf beeinträchtigen, indem sie ihre Arbeitsleistung einstellen oder den Arbeitsablauf stören."

Problematisch war also, wie mit Konflikten umgegangen werden sollte, die sich dem im Schlichtungsdekret vorgegebenen Einigungs-Verfahren entzogen, aber nicht unter Art. 222 des Strafgesetzbuches fielen. Für die Arbeitsgerichte war somit erstmals die Notwendigkeit entstanden, sich mit der Illegalität von kollektiven Konflikten und deren Folgen auseinander zu setzen.

Für García Abelan[614] stellte sich die Situation wie folgt dar. Streiks mit außergewerblichen bspw. politischen Zielen stellten ebenso wie der Generalstreik (ein Attentat auf die nationale Produktion) ein strafrechtliches Delikt dar. Konflikte, die kein strafrechtliches Delikt darstellten, aber trotzdem arbeitsrechtlich nach dem Schlichtungsdekret als illegal eingestuft wurden, waren der Rechtsprechung der Arbeitsgerichte unterworfen.

Aufgrund der intensiven Streikwellen der Jahre 1967/68 befasste sich das Tribunal Supremo unter anderem aufgrund eines Streiks am 22. November 1967[615] in einem Grundsatzurteil mit dem Problem der Auswirkungen „illegaler arbeitsrechtlicher Konflikte, welche strafrechtlich nicht punibel waren" und führte folgende Argumente an:

Es sei „schon mehrfach bestätigt worden", dass die einfache Teilnahme eines Arbeiters an einem kollektiven Konflikt, welcher unabhängig von seinem strafrechtlichen Deliktscharakter eine illegale arbeitsrechtliche Streitigkeit darstelle, ohne weitere Voraussetzung lediglich der Mitteilung (carta de despido) bedürfe, um beteiligte Arbeitnehmer gerechtfertigt im Sinne des LCT zu entlassen. Dieses Recht zur Kündigung bestehe demnach unabhängig von der strafrechtlichen Legalität und Rechtfertigung des Verhaltens. Der Staat dürfe nur politische und ökonomische Verhaltensweisen bestrafen, die nicht in die Zuständigkeit der Arbeitsgerichte fielen.

Arbeitsrechtlich gesehen könne es demnach keinen legalen Streik, sondern nach wie vor nur einen legalen arbeitsrechtlichen Konflikt geben, da der Streik im Gegensatz zu einem Konflikt immer den Antagonismus der Produzenten voraussetze. Grundsätzlich gelte der Streik aber weiterhin als unerwünschtes Phä-

614 García Abelan, Derecho de conflictos colectivos de trabajo, S. 145.
615 Urteil des Tribunal Supremo vom 22. November 1967, Aranzadi 1967, N° 4440.

nomen des Arbeitslebens. Der objektive Schlichtungsweg des Gesetzes zur Lösung der Konflikte werde umgangen und verlassen. Ein Streik sei nämlich gerade kein arbeitsrechtlicher Konflikt, der juristischer oder sozialer Natur sei, sondern eine Kontroverse zwischen den Parteien, die sich einem Lösungsweg entziehe.

Dabei könne die strafrechtliche Änderung bzgl. des Umgangs mit kollektiven Verhaltensweisen und die Änderung in deren Kriminalisierung nicht zu einer Legalisierung des Streiks im arbeitsrechtlichen Sinne führen, da das Strafrecht das ethische Minimum regele, welches ein soziales Zusammenleben ermögliche, aber trotzdem außerhalb der Delikte außerstrafrechtliche Verhaltensregeln bestünden.

Somit sei die simple Beteiligung an einem kollektiven Konflikt, der gem. Art. 5 Abs. 1 des Schlichtungsdekrets als illegal im arbeitsrechtlichen Sinne eingestuft werden könne und sich somit außerhalb des im Schlichtungsdekret vorgesehenen Einigungsverfahrens befinde, ein Grund für eine gerechtfertigte Kündigung, ohne dass weitere Voraussetzungen zu erfüllen seien.

Auch hat das Tribunal Supremo in seinem Urteil vom 13. März 1968[616] ausgeführt, dass jeder kollektive Konflikt, sobald er den im Krisendekret festgelegten Weg verlassenen habe, als illegal im arbeitsrechtlichen Sinn zu betrachten sei. Selbst wenn der Schlichtungsweg zunächst eingeschlagen worden sei, verliere der Konflikt mit dem Verlassen des Schlichtungsweges sein arbeitsrechtliches Fundament. Dies gelte vor allem auch, wenn Arbeitnehmer zum Abschluss der Schlichtungsvereinbarung in Erwartung der behördlichen Entscheidung einen Streik als Druckmittel benützten. Selbst wenn dieser Streik kein politisches Attentat gegen den Staat darstellen sollte, so sei er in jedem Fall unzulässig und berechtige zu einer Kündigung, wie es im Krisendekret vorgesehen sei.

In seinem Urteil vom 14. Juni 1967[617] führte das Tribunal Supremo bereits im Vorgriff zu dieser Rechtsprechung aus, dass der Streik an sich zu einer Kündigung entsprechend Art. 5 des Schlichtungsdekrets führe, ohne dass gem. Art. 77 a) LCT ein unentschuldigtes Fernbleiben vom Arbeitsplatz erneut geprüft werden müsse. Allein die Beteiligung an einem illegalen Konflikt, sei es durch Fernbleiben von der Arbeit, sei es durch eine andere Art von Beteiligung, reiche für das Vorliegen einer gerechtfertigten Kündigung entsprechend dem Schlichtungsdekret aus.

Aus diesen lediglich beispielhaft angeführten Urteilen des Tribunal Supremo der Jahre 1967/68, wobei anzumerken ist, dass aufgrund der bereits beschriebenen gestiegenen Bedeutung der Rechtsprechung und des damaligen erhöhten

---

616 Urteil des Tribunal Supremo vom 13. März 1968, Aranzadi 1968, N° 1633.
617 Urteil des Tribunal Supremo vom 14. Juni 1967, Aranzadi 1967, N° 2323.

Streikaufkommens[618] eine Vielzahl ähnlich lautender Urteile verfasst worden ist, geht bereits ein wichtiges Ergebnis hervor. Die Rechtsprechung konnte sich der Beurteilung von Kündigungen aufgrund kollektiver Verhaltensweisen nicht mehr verschließen und ergänzte mithin den eigentlich gem. Art. 77 LCT geschlossenen Kompetenzkatalog zur Rechtfertigung von Kündigungen um einen weiteren Kündigungsgrund, der aus Art. 5 Abs. 2 des Krisendekretes gewonnen wurde. Ein neuer gesetzlicher normierter Kündigungstatbestand war in Ergänzung des eigentlich limitierten Tatbestandes des Art. 77 LCT geschaffen worden.

Im Gegensatz dazu hatte sich die Rechtsprechung bei der Bekämpfung der Streikwelle gegen Ende der 50er Jahre noch auf den damals geltenden Vorrang der behördlichen Entscheidung und ihre fehlende Zuständigkeit berufen. In seinem Urteil vom 24. Februar 1959[619] führte das Tribunal Supremo entsprechend der bis dahin geltenden Doktrin aus, dass die Zuständigkeit des Arbeitsgerichts für kollektive Konflikte ausgeschlossen sei, da die Behörden zuständig seien. Das Arbeitsgericht befasste sich ausschließlich mit Individualarbeitsrechtsstreitigkeiten. Daher obliege es der Arbeitsgerichtsbarkeit nicht, die Kündigungen, welche die Behörde gegenüber den im Streik befindlichen Arbeitnehmern ausgesprochen habe, rechtlich zu bewerten. Für den Fall, dass Arbeitnehmer eine Streikbewegung begännen und die Behörde Instruktionen an den Betriebschef erteile, dass die Arbeitnehmer aufgrund ihrer Führung und Einstellung nicht zu beschäftigen seien, handele es sich um einen Bruch der Arbeitsbeziehungen aufgrund einer Behördenentscheidung und betrieblicher Freiheit. Solche Streitigkeiten seien der Zuständigkeit der Arbeitsgerichte entzogen. Bei kollektiven Problemen beschäftige sich das Arbeitsgericht lediglich mit der Höhe der Abfindungen. Da es sich aber bei vorliegenden Kündigungen, welche aufgrund kollektiver Betätigung von den Behörden ausgesprochen worden waren, um eine disziplinarische Kündigung im Sinne von Art. 77 LCT handele, wobei eine genaue Qualifizierung des gesetzlichen Kündigungstatbestandes offen gelassen wurde, sei eine Abfindung ausgeschlossen.

Bestätigt wurde dieses Urteil unter anderem in dem Urteil des Tribunal Supremo vom 6. April 1960[620]. Das Gericht betonte in diesem Urteil, dass die Zuständigkeit für die Kündigung aufgrund des kollektiven Fehlverhaltens bei den Behörden liege und der Zuständigkeit der Arbeitsgerichtsbarkeit nur der Bereich der Abfindungen unterliege, wobei eine Abfindung bei einer Vertragsbeendigung aufgrund kollektiven Fehlverhaltens ausscheide.

---

618 De Mingo Blasco, La conflictividad individual en Madrid bajo el Franquismo, S. 155.

619 Urteil des Tribunal Supremo vom 24. Februar 1959, Aranzadi 1959, N° 289.

620 Urteil des Tribunal Supremo vom 6. April 1960, Aranzadi 1960, N° 1517.

Ähnlich stellte das Tribunal Surpemo bereits zuvor in seinem Urteil vom 24. Juni 1959[621] fest, dass es sich bei einer kollektiven Kündigung aufgrund eines Streiks nicht ausschließlich um eine willensgesteuerte Vertragsbeendigung des Unternehmens handele. Es liege eine disziplinarische Vertragsbeendigung im Einklang mit den Behörden vor, um die öffentliche Ordnung durch Abbruch des Streiks wieder herzustellen, mithin ein öffentlich rechtlicher Akt, der nicht der Kontrolle der Arbeitsgerichte unterliege.

c) Zwischenergebnis

Wurden formal das Streikrecht und dessen Auswirkungen liberalisiert, so stellten sich diese Änderungen praktisch eher als eine weitere Verschärfung dar. Zwar waren Streiks zumindest augenscheinlich nach den Gesetzesänderungen durch das Schlichtungsdekret nicht mehr einer alleinigen Beurteilung durch die Behörden, sondern auch der Rechtsprechung unterworfen, doch waren die Ergebnisse gleich. Hatten vor der Reform die Behörden einen neuen disziplinarischen Kündigungsgrund aufgrund von Streiks eingeführt, der ohne Kontrolle durch die Rechtsprechung benützt werden konnte, so übte sich die Rechtsprechung nach der Reformierung in strenger Anwendung des Schlichtungsdekrets, womit ein neuen Kündigungsgrund geschafen worden war. Darüber hinaus hatten die Gesetzesänderungen für Streiks in größerem Umfang die Zuständigkeit des TOP zur Verhängung weitreichender Strafen geschaffen. So haben sich lediglich die Sanktionsorgane gewandelt, doch blieb die Bekämpfung von Streiks wie im Fuero del Trabajo vorgegeben nach wie vor ein Kernpunkt des Arbeitsrechts im Franquismus, auch wenn das Mittel, Sanktionierung des Streiks als kollektiver Kündigungsgrund durch die Rechtsprechung, nicht mehr den ideologischen Vorgaben des Fuero del Trabajo entsprach. Einziger Fortschritt blieb somit die begriffliche Anerkennung eines kollektiven Konfliktes.

3) Kündigung der Funktionäre

Für die Rechtsprechung ergab sich ein weiteres Problem. Mit dem Wegfall des expediente-Verfahrens 1956 war die Kündigung eines Arbeitnehmers wesentlich vereinfacht und auch erleichtert worden. Das vor allem langwierige expediente-Verfahren hatte Kündigungen allein durch den komplizierten Behördengang behindert. Die Abschaffung der Notwendigkeit der Einholung der expediente vor der Aussprache einer Kündigung galt allerdings lediglich für den einfachen Arbeitnehmer. Arbeitnehmern, welche dem Sonderkündigungsschutz unterstanden,

621 Urteil des Tribunal Supremo vom 24. Juni 1959, Aranzadi 1959, N° 3259.

wie Vertreter der Einheitsgewerkschaften oder des Betriebsrats, konnte weiterhin ausschließlich nach ordnungsgemäßem Ablauf des expediente-Verfahrens wirksam gekündigt werden. Eine Kündigungserklärung ohne expediente-Verfahren war somit formal gesehen ohne Rücksicht auf den Kündigungsgrund von vorne herein nichtig, wie es vor der Reform von 1956 für alle Arbeitnehmer gegolten hatte.

Mit dem Wechsel des Syndikatswahlrechts und den Wahlen von 1966 hatten aber mehr und mehr Vertreter der nach wie vor antifranquistischen Arbeiterbewegung Funktionärsposten in den Syndikaten erworben. Diese nutzten ihre Position zum Ausbau der Organisationsstrukturen, beteiligten sich an Schlichtungsverhandlungen und der Syndikatsarbeit, aber organisierten und initiierten natürlich auch Protestaktionen. Neben der strafrechtlichen Verfolgung dieser Funktionäre bei Verstößen gegen die öffentliche Ordnung durch das TOP musste auch innerhalb des Arbeitsrechts ein Weg gefunden werden, sich der ungeliebten Funktionäre schnell entledigen zu können. Ein wirksames Mittel konnte auch diesbezüglich die Kündigung des Arbeitsplatzes darstellen, welche gleichzeitig den Verlust der Gewerkschaftsfunktion zumindest innerhalb der staatlichen Syndikate zur Folge hatte. Zwar wurde damit nicht die Leitungsfunktion von Arbeiterführern eingeschränkt, allerdings war die Mitwirkung dieser Führer an Syndikatsaufgaben und somit an Teilen der Staatsgewalt wenigstens unterbunden. Die Rechtsprechung musste dieses Problem lösen.

a) Wegfall der expediente

Grundsätzlich konnte dieses Problem erst mit der Kompetenzerweiterung der Arbeitsgerichte für kollektive Streitigkeiten auftreten, da vor der Einführung des Schlichtungsdekrets von 1962 die Kündigung von Streikbeteiligten durch Behördenentscheidung angeordnet wurde, wobei sich die Überprüfung dieses Sachverhaltes auch für Syndikatsvertreter der Kompetenz der Gerichte wegen einer kollektiven Streitigkeit entzog.

So wurde bereits in einem Urteil des Tribunal Supremo vom 26. Mai 1964[622] die Kündigung eines Betriebsrates, welcher seit 1947 Arbeitnehmer des Betriebes war und seit 1963 die Funktion eines Betriebsrates inne hatte, trotz fehlendem expediente-Verfahren als wirksam angesehen, da der Betriebsrat einen Streik mehrerer Arbeitnehmer initiiert und mitbestritten haben sollte, der als illegal im Sinne des Art. 5 Abs. 1 des Schlichtungsdekrets einzustufen war.

Demnach sei das Recht auf die vorherige Durchführung des expediente-Verfahrens in diesem Fall kein einklagbares Recht, da das expediente-Verfahren

622 Urteil des Tribunal Supremo vom 26. Mai 1964, Aranzadi 1964, N° 3226.

prozessrechtlich lediglich für den Fall von disziplinarischen Sanktionen oder einer Kündigung aufgrund schwerer Verfehlungen gelte, die im Rahmen des Arbeitsverhältnisses begangen würden. Die Initiierung eines Streiks aber zähle gerade nicht dazu. Begründet wurde diese Beurteilung mit der Feststellung, dass das expediente-Verfahren nicht als Privileg, sondern als Garantie zu verstehen sei, innerhalb des Arbeitsrechts die Funktion eines Betriebsrats auszuführen. Daher könne die expediente gerade nur für Sanktionen innerhalb des Arbeitsrechts gelten, von der die Kündigung aufgrund einer Beteiligung an einem illegalen und damit außerhalb des Arbeitsrechts liegenden Streik ausgeschlossen sei.

Der Sinn, arbeitsrechtliche von außerarbeitsrechtlichen Streitigkeiten zu trennen, lag demnach gerade in der Abtrennung von Sachverhalten, die einen politischen Charakter inne hatten oder sogar gegen die öffentliche Ordnung verstießen. Gerade für diese Bereiche könne schon allein von der Rechtsnatur des Konflikts her gesehen kein spezieller Schutz des Arbeitsrechts angewendet werden.

Grundsätzlich seien somit Arbeitnehmer, die eine Syndikats- oder Betriebsratsfunktion einnähmen, im Fall derartiger Konflikte durch einfache Mitteilung entsprechend dem Schlichtungsdekret zu kündigen, ohne dass weitere Voraussetzungen erfüllt sein müssten.

Dieses Konstrukt zur Umgehung des expediente-Verfahrens tauchte bei der Kündigung von Syndikatsvertretern vornehmlich seit 1967 auf. In einem Urteil vom 5. Dezember 1967[623] griff das Tribunal Supremo seine vorherige Argumentation wieder auf, wobei es neue rechtliche Gesichtspunkte berücksichtigte und detaillierter und umfangreicher begründete. Demnach sei es in jedem Fall evident, dass die syndikalen Verbindungsleute, die sich im konkreten Fall vom 21. bis zum 23. Februar desselben Jahres zusammen mit weiteren Produzenten an einer kollektiven Abwesenheit beteiligt hätten und daher an einer nichtarbeitsrechtlichen Streitigkeit aufgrund des freiwilligen Verlassens des Arbeitsplatzes beteiligt gewesen seien, ohne sonstige Voraussetzungen in Anwendung der juristischen Konsequenzen ohne Abfindungen gekündigt werden könnten.

Wiederholt betonte das Gericht in diesem Urteil, dass die Anwendung des Prozessrechts, welche eine expediente für die Wirksamkeit vorschreibe, nicht für Arbeitnehmer gelten könne, die einen Gesetzesverstoß begingen, der auch außerhalb des Arbeitsrechts normiert sei, weshalb alle Teilnehmer eines Streiks unter den gleichen Voraussetzungen gekündigt werden könnten. Damit beruhe die Annahme, eine Kündigung von Arbeitnehmern mit Sonderkündigungsrechten ohne die Durchführung eines expediente Verfahrens sei nichtig, auf einer „*fehlerhaften Interpretation*“ des Gesetzes. Der Grund für die Unanwendbarkeit dieser Kündigungsvoraussetzung im Falle der Beteiligung an kollektiven Konflikten wurde

623 Urteil des Tribunal Supremo vom 5. Dezember 1967, Aranzadi 1967, N° 4306.

darin gesehen, dass durch diese Beteiligung die wirtschaftlichen Interessen und die nationale Autorität verletzt würden. Diese Betrachtung sollte demnach durch die Einführung eines juristischen Systems mit besonderen Garantien für Syndikatsverantwortliche, welche die Echtheit, Freiheit, Unabhängigkeit und Verantwortung der syndikalen Tätigkeit fördern wolle, nicht umgangen werden. Diese Garantien dienten der Tätigkeit der Syndikate und waren dem zu Folge nicht auf illegale Tätigkeiten übertragbar, denen die Syndikatsvertreter nach dem Konzept des Staates gerade nicht dienen sollten.

Ein Urteil des Tribunal Supremo vom 16. Dezember 1967[624] führte ergänzend aus, dass eine Unterscheidung zwischen verschiedenen Arbeitnehmern im Falle einer Kündigung grundsätzlich notwendig sei, um den verschiedene Arbeitsbedingungen gerecht zu werden. Im Falle der Kündigung wegen Beteiligung an einem Streik, einem illegalen kollektiven Akt, außerhalb des Gesetzes und des Arbeitslebens, entfalle aber die Notwendigkeit dieser Differenzierung.

Ein Urteil des Tribunal Supremo vom 22. Dezember 1967[625] begründete mit ähnlichem Vorbringen, dass eine Kündigung von Arbeitnehmern, „wie auch immer ihre arbeitsrechtliche Position sei", im Falle des Aufstandes gegen die öffentliche Ordnung gerechtfertigt sei und daher bei einer Tätigkeit außerhalb des Gesetzes unter Missachtung der Legalität arbeitsrechtliche Garantien, wie das Durchführen des expediente-Verfahrens bei Arbeitnehmern mit syndikaler Verantwortung, außer Kraft träten, da der Grund der Kündigung auf einer Beschädigung der Autorität des Staates und seiner ökonomischen Interessen beruhe.

Ein weiteres Urteil zu diesem Themenkomplex vom 18. Januar 1968[626] stützte sich allein auf die bereits in einem vorigen Urteil angeführte Tatsache, dass die expediente ausschließlich dem syndikalen Tätigkeitsbereich an sich diene und die freiheitliche, verantwortliche, und unabhängige Erfüllung der syndikalen Pflichten garantieren solle. Dies gelte lediglich im Falle der Beschuldigung wegen arbeitsrechtlicher Vergehen, aber niemals bei der eigenverantwortlichen Teilnahme an kollektiven Konflikten.

Ein Urteil des Tribunal Supremo vom 4. November 1969[627], welches sich sowohl mit der Notwendigkeit einer expediente als auch mit der Illegalität von Streiks an sich befasste, wiederholte, dass Streiks und kollektiver Arbeitsstillstand Fehlentwicklungen kollektiver Betätigung seien und außerhalb des geltenden Rechts stünden. Damit stellten sie in der Rechtsordnung bei unerlaubten Akten grundsätzlich, aber auch unter bestimmten Umständen an sich ein Delikt dar

624 Urteil des Tribunal Supremo vom 16. Dezember 1967, Aranzadi 1967, N° 4444.
625 Urteil des Tribunal Supremo vom 22. Dezember 1967, Aranzadi 1967, N° 4831.
626 Urteil des Tribunal Supremo vom 18. Januar 1968, Aranzadi 1968, N° 189.
627 Urteil des Tribunal Supremo vom 4. November 1969, Aranzadi 1969, N° 4719.

und damit typisiere diese Handlung einen weiteren Kündigungsgrund, der das Prinzip der Dauerhaftigkeit der Arbeitsbeziehung außer Kraft setze. Doch führe die Beteiligung an einem solchen Verhalten nicht allein zu der Rechtfertigung einer Kündigung, sondern beraube darüber hinaus die Arbeitnehmer mit syndikaler Verantwortung der Garantie, nur nach Durchführung des expediente-Verfahrens gekündigt werden zu können.

In einem weiteren Urteil zu dem expediente-Verfahren vom 14. Dezember 1970[628] führte das Tribunal Supremo aus, dass das Schlichtungsdekret in seiner Präambel bereits zwischen arbeitsrechtlichen Streitigkeiten und außerarbeitsrechtlichen Streitigkeiten unterscheide, weshalb die Beteiligung an Akten, die außerhalb der arbeitsrechtlichen Ordnung einzuordnen seien, auch nicht mit Garantien aus dem Bereich des Arbeitsrechts geschützt werden könne.

Im Ergebnis zeigt sich, wie sich der Staat mittels der Rechtsprechung vom Schutz des Syndikatsvertreters abgewendet hatte. War dieser von seinem Grundkonzept her als Agent des Staates in der Arbeitsbeziehung geschaffen worden, so musste der Situation Rechnung getragen werden, dass sich die Syndikatsvertreter nicht mehr aus treuen Falange-Anhängern rekrutierten, sondern aus freien gewählten Arbeiterführern zusammensetzten, die es aus ihrer Stellung und dem Arbeitsverhältnis hinaus zu drängen galt. So wurden gesetzliche Kündigungsbarrieren abgeschafft, um gerade die Funktionäre, die durch eine Abkehr von der staatstreuen Syndikatslinie, beispielsweise die Beteiligung an Streiks, auffielen, bekämpfen zu können. Die Integrationspolitik mußte sich endgültig als gescheitert ansehen. Wenigstens konnte man aber nach außen ein liberales Recht der freien Arbeitnehmerrepräsentation in Betrieben und Gewerkschaften propagieren, während die Rechtsprechung die rechtliche Grundlage bereitete, diejenigen Arbeitnehmer, die nicht im Sinne des Staates handelten, aus dem Arbeitsverhältnis zu entfernen. Eine Rolle, die in früheren Phasen des Franco Staates die Behörden selbst übernommen hatten.

Die Rechtsprechung griff bei ihrer Argumentation dabei auf die Rolle des Staates im Arbeitsverhältnis zurück. Die Kündigung war zulässig, da nicht allein das Arbeitsverhältnis, sondern die Autorität und Wirtschaftskraft des Staates gefährdet waren. Auch wenn die Reformen, kollektive Konflikte, Schlichtungsvereinbarungen und weitere Änderungen, dem Grundansatz des Fuero del Trabajo widersprachen, blieb damit doch die oberste Prämisse, der Staat als zentrales Interesse für jegliches Handeln, erhalten.

---

628 Urteil des Tribunal Supremo vom 14. Dezember 1970, Aranzadi 1970, N° 5241.

b) Sonderkündigungsschutz als besonderer Kündigungsgrund

Die große Anzahl der Streiks hatte zu einem weiteren Problem geführt. Der Wegfall des expediente-Verfahrens im Falle illegaler kollektiver Betätigung eröffnete die Möglichkeit, die Syndikatsverantwortlichen auf dem gleichen Weg wie die restlichen beteiligten Arbeitnehmer zu kündigen. Doch konnte ein Arbeitgeber, selbst bei Überkapazitäten an Arbeitskräften, bei einem Streik nicht sofort die gesamte Belegschaft kündigen. Vielmehr musste ihm daran gelegen sein, gerade diejenigen Arbeitnehmer aus dem Betrieb zu entfernen, die den Streik angezettelt und organisiert hatten. Es musste also Art. 5 Abs. 2 des Schlichtungsdekrets, der als neuer Kündigungsgrund geschaffen worden war, um die bloße Beteiligung an einem Streik zu sanktionieren, lediglich auf die Arbeitnehmer angewendet werden können, welche primär verantwortlich für die Entstehung des Konflikts waren.

Beispielhaft für die gleichlautenden Urteilsbegründungen des Tribunal Supremo kann hierzu ein Urteil vom 18. Oktober 1968[629] angeführt werden. Das Tribunal Supremo führte hierin aus, dass, wie dieses Gericht schon mehrmals festgestellt habe, mittels Art. 5 Abs. 2 des Schlichtungsdekrets ein neuer Grund für eine gerechtfertigte Kündigung geschaffen worden sei, der außerhalb der vom Gesetzgeber bereits geschaffenen Tatbestände liege. Dieser betreffe alle Arbeitgeber, die an diesem Konflikt teilgenommen hätten. Um allerdings den freien Willen des Unternehmens zu fördern und große Probleme durch entstehende Arbeitslosigkeit zu verhindern, berechtige der Streik dazu, ausschließlich die Kündigung gegenüber beteiligten Einzelpersonen zu erklären, welche als Anführer und wirklich Verantwortliche des Konflikts aufgrund ihrer Einstellung gedient hatten. Der Betrieb kenne am besten sein Personal und diejenigen zu seinen Diensten und könne innerhalb des Betriebes unterscheiden. Umso mehr gelte dies natürlich im vorliegenden Fall eines Syndikatsvertreters, der aufgrund seiner Position verstärkt ein Beispiel für die Achtung der geltenden Gesetze zu geben habe.

Anhand dieser einfachen Begründung wurde den Betrieben der notwendige Spielraum eingeräumt. Letztlich stimmte diese Möglichkeit, die den Betrieben eingeräumt wurde, auch mit der Rolle des Betriebes und vor allem des Betriebsführers nach dem Fuero del Trabajo überein. Der Betriebsführer war schließlich dem Staat gegenüber für den Erfolg des Betriebes verantwortlich und sollte demnach auch bestimmen, wen er wegen kollektiver Betätigung kündigt, damit der wirtschaftliche Erfolg wieder eintreten konnte.

629 Urteil des Tribunal Supremo vom 18.Oktober 1968, Aranzadi 1968, N° 4359.

Das Dilemma, welches mit der gescheiterten Integrationspolitik der letzten Jahre und der Reformierung des Arbeitsrechts geschaffen worden war, nämlich frei gewählte Arbeitnehmervertreter mit engen Kündigungsschutzanforderungen, wurde somit durch die Argumentation des Tribunal Supremo aufgelöst. Mittels dieser Argumentation des Tribunal Supremo wurde es ein leichtes, effektiv und schnell die Rädelsführer, die ein bestreiktes Unternehmen selbst bestimmte, aus dem Arbeitsverhältnis zu entfernen.

4) Kündigung aus Haftgründen (despido por detención)

Bereits in den ersten Phasen des Franquismus wurde –wie gezeigt– eine Rechtsfigur entwickelt, die die Kündigung eines Arbeitnehmers aufgrund eines Haftaufenthaltes wegen wiederholten Fehlens am Arbeitsplatz für gerechtfertigt erklärte, sog. despido por detención. Man stützte sich dabei auf die Argumentation, dass die deliktische Handlung des Arbeitnehmers, wozu auch Verstöße gegen die öffentliche Ordnung zählten, freiwillig in Kenntnis der zu erwartenden Haftstrafe begangen worden sei, weshalb der Arbeitnehmer auch freiwillig nicht zur Arbeit erschienen sei und daher gerechtfertigt gekündigt werden könne. Entscheident ist, dass die bloße Untersuchungshaft zur Begründung der Kündigung ausreichte.

Mit einem erhöhten Streikaufkommen, der verbesserten Organisierung der Arbeiterschaft und dem Ansteigen politischen Protests musste ein Weg gefunden werden, diese Rechtsfigur vertieft zur Kündigung von Arbeitnehmern einzusetzen.

Die zunehmende Verhaftung von Arbeitnehmern nach kollektiver Betätigung führte im Anschluss dazu, dass diesen Arbeitnehmern wegen wiederholten Fehlens am Arbeitsplatz gekündigt werden konnte. Die Gerichte stützen sich wie beim Urteil des Tribunal Supremo vom 6. Oktober 1966[630] bei der Überprüfung der Rechtfertigung im Falle eines Gerichtsverfahrens auf die Formel, dass, „wie schon vielfach festgestellt worden sei," die Festsetzung einer Haftstrafe durch staatliche Autorität, wie in diesem Falle das TOP, zwar zu einer ungewollten Freiheitsstrafe geführt habe. Grundsätzlich sei aber die Handlung gegen den Staat begangen und die damit verbundenen Konsequenzen bewusst und gewollt in Kauf genommen worden und damit könne auch gerechtfertigt wegen Fehlens am Arbeitsplatz gekündigt werden. Somit führte die Schaffung des TOP als neues Sanktionsinstrument und die damit verbundene Häufung von Strafverfolgung wegen Handlungen gegen den Staat zu einer Häufung von Haftstrafen, die genutzt werden konnten, um vermehrt wegen Abwesenheit am Arbeitsplatz gem. Art. 77 a) LCT gerechtfertigt zu kündigen. Die Schaffung des TOP als Organ für

630 Urteil des Tribunal Supremo vom 6. Oktober 1966, Aranzadi 1966, N° 4111.

politische Vergehen bewirkte also, dass politisch nicht gewünschte Verhaltensweisen zunächst effektiver als durch die allgemeinen Strafverfolgungsbehörde durch das TOP verfolgt und anschließend mittels der Kündigung wirksam sanktioniert werden konnten[631]. Das TOP konnte daher als Gerichtsbarkeit außerhalb des Arbeitsrechts in einer Vorstufe durch verstärkte Strafverfolgung eine effiziente Kündigungspraxis gegenüber unerwünschten Arbeitnehmen herbeiführen.

Die Arbeitsgerichte vereinfachten sich dabei die Arbeit, indem sie lediglich feststellten, dass eine Haftstrafe zu einem Fehlen am Arbeitsplatz geführt hatte, ohne zu überprüfen, welches Verhalten diese Haftstrafe begründet hatte, d.h. das Verschulden des Arbeitnehmers nicht im Einzelfall feststellten. So führte das Tribunal Supremo in seinem Urteil vom 29. Januar 1969[632] aus, dass, da kein Entschuldigungsgrund des Arbeitnehmers für die Verhaftung angeführt werde, der Arbeitnehmer von den in diesem Fall kompetenten Behörden in Ausübung ihrer Aufgaben aufgrund seiner illegalen Führung festgehalten worden sei und damit ungerechtfertigt am Arbeitsplatz fehlte. Die Grundsätze des Strafrechts, wonach ein Verschulden des Angeklagten definitiv festgestellt werden muss und nicht angenommen werden kann und dass bis zum Feststehen der Schuld der Angeklagte als unschuldig gilt (in dubio pro reo) wurden in diesem Bereich somit völlig außer Kraft gesetzt und umgekehrt[633].

Allein schon der Umstand, dass nach diesem Urteil mittlerweile darüber hinweggesehen wurde, ob wirklich ein gewolltes Fehlen des Arbeitnehmers aufgrund einer schuldhaften deliktischen Handlung indiziert war, zeigt, wie die Rechtsprechung bezüglich des despido por detención ausgeweitet wurde, um die Kündigung als Sanktion zu gebrauchen. Dieser Missbrauch gipfelte in der Kündigung gegenüber Arbeitnehmern, die präventiv in Haft genommen wurden. Das TOP bediente sich bereits bei der Andeutung zukünftiger Streiks des Mittels, dass vermeintliche Rädelsführer präventiv in Haft genommen wurden. In seinem Urteil vom 21. Mai 1968[634] führte das Tribunal Supremo beispielsweise aus, dass der Arbeitnehmer aufgrund einer Haft, welche als präventive Maßnahme verhängt worden sei, gerechtfertigt zu kündigen sei. Dabei seien seine Verhaftungen vom 14. Juli 1958, vom 14. Januar bis zum 14. Februar 1963, vom 3. Mai 1963, 7. Mai 1963 und 30. September 1963 als er an einem kollektiven Konflikt teilge-

---

631 Torre-Schaub, Un ejemplo del poder político de la jurisprudencia española franquista: El despido por detención, in: Fallstudien zur spanischen und portugiesischen Justiz, S. 652.

632 Urteil des Tribunal Supremo vom 29. Januar 1969, Aranzadi 1969, N° 412.

633 Torre-Schaub, Un ejemplo del poder político de la jurisprudencia española franquista: el despido por detención, in: Fallstudien zur spanischen und portugiesischen Justiz, S. 653.

634 Urteil des Tribunal Supremo vom 21. Mai 1968, Aranzadi 1968, N° 2820.

nommen habe, ein Beweis seiner schlechten Führung und anti-sozialen Einstellung über viele Jahre. Diese Einstellung werde demnach als Ursache der damit gewollten präventiven Verhaftung gesehen. Dies rechtfertige nach der bisherigen Rechtsprechung eine Kündigung wegen gewollter Haftstrafe und damit verbundener Abwesenheit am Arbeitsplatz.

In einem Urteil vom 21. Februar 1970[635] äußerte sich das Tribunal Supremo zu dem Problem der präventiven Haft dahingehend, dass ausdrücklich nicht das Verschulden des Arbeitnehmers feststehe, wenn er statt repressiv lediglich präventiv verhaftet worden sei. Allerdings rechtfertige die *Vermutung* einer gerechtfertigten Verhaftung in Verbindung mit dem Interesse des Unternehmers am Fortbestand des Betriebes und der Produktion eine Kündigung eines Arbeitnehmers, der präventiv für eine gewisse Zeit in Haft genommen worden sei, vor allem je länger die Haft andauere. Dem Arbeitnehmer verbleibe immer noch die Möglichkeit, die Ungerechtfertigtkeit präventiven seiner Verhaftung darzulegen. Insofern wurde durch die Arbeitsgerichte eine Beweislastumkehr eingeleitet. Grundsätzlich ließ folglich eine Haft auf ein verschuldetes und gewolltes Fehlverhalten oder eine anti-soziale Einstellung schließen, deren Nichtvorliegen durch den Arbeitnehmer nachgewiesen werden musste. Folglich genügte es dem TOP, bei dem Verdacht verbotener politischer Aktivität, Präventivhaftstrafen zu verhängen, und verdächtigte Arbeitnehmer waren einer Kündigung wegen Fehlens am Arbeitsplatz ausgesetzt.

Das heutige deutsche Arbeitsrecht kennt zwar die von der Rechtsprechung entwickelte Rechtsfigur einer Verdachtskündigung. Dabei spricht man von einer „Verdachtskündigung“, wenn der Arbeitgeber die Kündigung gegenüber dem Arbeitnehmer allein auf den Verdacht einer strafbaren Handlung bzw. eines vertragswidrigen Verhaltens des Arbeitnehmers stützt. Da die Kündigung aus Haftgründen (despido por detención) in Spanien zumindest die Verhängung einer behördlichen Haft voraussetzte, scheint der Tatbestand der Verdachtskündigung zumindest vom Wortlaut her den Arbeitnehmer noch stärker zu benachteiligen. Betrachtet man aber die Voraussetzungen, welche die Rechtsprechung an die Rechtmäßigkeit eine Verdachtskündigung knüpft, so erweist sich diese Einschätzung als falsch.

Zunächst liegt beiden Rechtsfiguren ein anderes Verständnis der Arbeitsbeziehung zu Grunde. Die Zulässigkeit einer Verdachtskündigung wird damit begründet, dass jedes Arbeitsverhältnis ein gewisses gegenseitiges Vertrauen der Vertragspartner voraussetzt[636]. Folglich kann der Verlust dieses Vertrauens auch den Grund zur fristlosen Kündigung darstellen. Entscheidend ist, dass es gerade

635 Urteil des Tribunal Supremo vom 21. Februar 1970, Aranzadi 1970, N° 1109.
636 BAG 14.9.1994 EzA § 626 BGB Verdacht strafbarer Handlung Nr.5.

der Verdacht ist, der das zur Fortsetzung des Arbeitsverhältnisses notwendige Vertrauen des Arbeitgebers in die Redlichkeit des Arbeitnehmers zerstört oder zu einer unerträglichen Belastung des Arbeitsverhältnisses geführt hat[637]. Demgegenüber stellt sich der despido por detención als Sanktionsinstrument dar. Strafrechtlich sanktioniertes Verhalten würde wegen Abwesenheit von der Arbeit auch arbeitsrechtlich sanktioniert.

Wirksamkeitsvoraussetzung einer Verdachtskündigung ist auch eine Anhörung des Arbeitnehmers. Grundsätzlich ist der Arbeitgeber aufgrund der ihm obliegenden Aufklärungspflicht gehalten, den Arbeitnehmer vor Ausspruch einer Verdachtskündigung zu den gegen ihn erhobenen Verdachtsmomenten zu hören[638]. Für den despido por detención ist eine Anhörung entbehrlich. Sogar für den Fall einer Präventivhaft hat das Arbeitsgericht, wie bereits ausgeführt, die Rechtmäßigkeit der Kündigung bejaht.

Weiterhin bedarf die Verdachtskündigung eines dringenden Tatverdachts, d.h. es muss aus Sicht des Arbeitgebers zumindest eine große, überwiegende Wahrscheinlichkeit dafür bestehen, dass der Arbeitnehmer eine Straftat begangen hat. Dieser Verdacht muss bestehen, nachdem der Arbeitgeber alle zumutbaren Anstrengungen zur Sachverhaltsaufklärung unternommen hat[639]. Diese Verdachtsmomente und die Verfehlungen, deren der Arbeitnehmer verdächtigt wird, müssen so schwerwiegend sein, dass dem Dienstberechtigten die Fortsetzung des Dienstverhältnisses nicht zugemutet werden kann[640]. Dem despido por detención reicht die Haft an sich aus, d.h. es wird gerade nicht geprüft, ob weitere objektive Anhaltspunkte für ein pflichtwidriges Handeln des Arbeitnehmers bestehen.

Zudem kommt, im Gegensatz zu dem damaligen spanischen Recht, nach erfolgter Verdachtskündigung ein Anspruch des Arbeitnehmers auf Wiedereinstellung in Betracht, wenn sich später die Unschuld des Arbeitnehmers herausstellt oder zumindest nachträglich Unstände bekannt werden, die den bestehenden Verdacht beseitigen[641].

Ein weiteres Mittel der Rechtsprechung, um gerade Arbeitnehmern mit syndikaler Verantwortung vereinfacht kündigen zu können, bestand wie oben für andere Fälle dargelegt, wiederum in der Umgehung des expediente-Verfahrens. War die Unterscheidung zwischen unentschuldigtem Fernbleiben vom Arbeitsplatz gem. Art. 77 a)und freiwilligen Verlassens des Arbeitsplatzes nach Art. 76 Abs. 9 LCT mit dem Wegfall des expediente-Verfahrens hinfällig geworden, so konnte eine längere Haftstrafe eines Arbeitnehmers, dem der Sonderkündigungsschutz

637 BAG NZA 1986, 677.
638 BAG 11.4.1985 EzA § 102 BetrVG 1972 Nr. 62.
639 BAG 30.4.1987 EzA § 626 BGB Verdacht strafbarer Handlung Nr. 3.
640 BAG 4.6.1964 AP BGB § 626 Verdacht strafbarer Handlung Nr. 13.
641 BAG NJW 1964, 1918.

und somit weiterhin das die Kündigung erschwerende Verfahren zu Gute kam, genutzt werden, um dieses Erschwernis wegfallen zu lassen. So begründete das Tribunal Supremo in seinem Urteil vom 20. Dezember 1968[642] im Falle eines gekündigten Arbeitnehmers mit Syndikatsverantwortung, welcher durch das TOP vom 21. Dezember 1967 bis zum 8. Januar 1968 inhaftiert worden war, dass die lange Haftstrafe, die in seinem gewollten Fehlverhalten begründet liege, von staatlicher Autorität dergestalt beurteilt worden sei, dass auch eine Kündigung nach Art. 77 a) und 77 c) LCT gerechtfertigt sei, in jedem Fall eine lange Haftstrafe seine anti-soziale Haltung zum Ausdruck bringe und dementsprechend eine Beendigung des Arbeitsverhältnisses aufgrund freiwilligen Verlassens des Arbeitplatzes gem. Art. 76 Abs. 9 LCT vorliege. In einem weiteren Schritt wurde als Folge festgestellt, dass bei einer Beendigung des Arbeitsverhältnisses wegen Verlassens des Arbeitsplatzes „wie bereits mehrfach erläutert" die Durchführung eines expediente-Verfahrens nicht geboten sei.

C. Fazit

Erst mit der Änderung des Gerichtsweges und der Entwicklung der Gewerkschaften entwickelte sich die Rechtsprechung als Instrument, um die Kündigung von Streikbeteiligten und insbesondere deren Anführern zu rechtfertigen, da dieser Rechtsweg zuvor gar nicht eröffnet war. Dabei wurde auf einfachstem Wege eine Bestrafung der Arbeitnehmer erreicht, die auf dem strafrechtlichen Weg unter Umständen komplizierter ausgefallen wäre.

Die Arbeitsgerichtsbarkeit nutzte zum einen arbeitsrechtliche Liberalisierungen wie den Wegfall der expediente, aber auch repressive Organe wie das neu geschaffene TOP, mit dem sie gerade bei der Kündigung aus Haftgründen ein Zusammenspiel entwickelte.

Aus gerade diesen Urteilen ist daher die Ansicht von Torre-Schaub begründet, nach der die Arbeitsgerichte sich in „den Anwender" von Sanktionen gewandelt haben, die ihren Ursprung in politischen Problemen hatten[643]. So war die Rechtsprechung nicht mehr von den ideologischen Leitlinien des Fuero del Trabajo geleitet, sondern lediglich bemüht, die zunehmende Organisierung der Arbeiterschaft zu unterbinden, indem sie einen neuen Kündigungsgrund contra legem, also außerhalb des Kündigungskatalogs des LCT schuf und anwendete.

---

642 Urteil des Tribunal Supremo vom 20. Dezember 1968, Aranzadi 1968, N° 5675.

643 Torre-Schaub, Un ejemplo del poder político de la jurisprudencia española franquista: El despido por detención, in: Fallstudien zur spanischen und portugiesischen Justiz, S. 645.

Auch Francisco J. Bastida kommt daher in seiner Untersuchung über die Gerichtsbarkeit im Franquismus zu dem Ergebnis, dass die Einstellung der Richterschaft und deren Prinzipien im Franquismus mit denen des politischen Regimes übereinstimmten, was er auch auf den Auswahlprozess der Richter zurückführt[644].

D. Ausblick

Die neue Repressionsstrategie wurde auf allen Ebenen und in allen Bereichen des Arbeitsrechts angewandt. Die Unternehmer entließen engagierte Arbeiterführer, das Syndikat setzte exponierte Repräsentanten ab, Staat und Gerichte verurteilten und bestraften aufgrund von Verstößen gegen geltende Gesetze. Vor und nach den Syndikatswahlen von 1966 etwa wurden Tausende von gewählten Verbindungsleuten und Betriebsausschuss-Mitgliedern entlassen[645].

Die Repressionen der Jahre 1967 und 1968 konnten zwar die erstarkte Gewerkschaftsbewegung noch einmal verheerend schwächen. Letztendlich ließ sich aber eine immer deutlichere funktionale Außerkraftsetzung des vertikalen Syndikalismus feststellen, dem schließlich jede Legitimität fehlte[646]. Aufgrund zunehmender Proteste auf verschiedenen gesellschaftlichen Ebenen wurde in oppositionellen Kreisen im In- und Ausland bereits offen über den Nach-Franquismus nachgedacht und die damals illegalen Gewerkschaften forderten die Bildung einer einheitlichen Gewerkschaftsorganisation, die nach dem Ableben des Diktators die Interessen der Arbeiterschaft vertreten sollte[647].

Dem Regime war es somit nicht gelungen, den spektakulären Aufschwung der spanischen Wirtschaft in eine wirtschaftliche Legitimierung des politischen Systems umzusetzen, da die erstaunlichen ökonomischen Fortschritte eine enorme Zunahme des Krisen- und Konfliktpotentials quer durch alle sozialen Schichten und Gruppierungen mit sich brachten[648]. Vor allem die Arbeiter lehnten sich massiv auf, während die spanische Wirtschaft völlig vom internationalen Kapital abhing. So werden bereits die Jahre ab 1969 als „Vorphase des Übergangs" bezeichnet[649], bevor der Tod Franco`s am 20. November 1975 endgültig den politischen Systemwechsel einleitete. Die politischen Vorstellungen des Fuero del

644 Bastida, Jueces y Franquismo, S. 185f.
645 Bernecker, Gewerkschaftsbewegung und Staatssyndikalismus, S. 128.
646 Bernecker, Spanien nach Franco, S. 47.
647 Bernecker, Spanien nach Franco, S. 47.
648 Bernecker, Geschichte Spaniens, S. 111.
649 Bernecker, Geschichte Spaniens, S. 112.

Trabajo waren endgültig gescheitert und der friedliche Übergang vom autoritären Franco-Regime in eine liberal-parlamentarische Demokratie begann.

5. Kapitel: Ergebnis der Untersuchung

Auf dem Weg zur Machtergreifung machte sich Franco zunächst die soziale Relevanz des Arbeitsrechts zu nutze. Neben militärischem Terror waren die gegen Regimegegner ausgesprochenen Kündigungen bedeutsames Mittel, die Bevölkerung in den eroberten Gebieten nach den Vorstellungen der Falange neu zu ordnen. Mittels dieser Kündigungen konnten Regimegegner aus der Gesellschaft durch die Entziehung ihrer Lebensgrundlage eliminiert werden, während Anhängern der neuen Bewegung ein Arbeitsplatz und damit eine Position innerhalb der Gesellschaft verschafft wurde. Kündigungen verhalfen dem Franquismus also zu einer neuen sozialen Ordnung, sollten eine dem Regime genehme soziale Realität schaffen. Damit dienten sie dazu, die politischen Ziele des Fuero del Trabajo zu verwirklichen.

Im Zusammenhang mit der politischen Neuordnung des Staates wurde erkennbar, welche politische Relevanz das Arbeitsrecht und insbesondere der Kündigungsschutz im Franquismus hatten. Zunächst wurde mit dem Fuero del Trabajo eine neue Wirtschaftsordnung postuliert. Wie die vorher gescheiterten Staatsformen stand das Franco-Regime dabei zu Beginn seiner Herrschaft vor der Aufgabe, sich politische Legitimation verschaffen zu müssen. Hierzu bediente man sich der faschistischen Ideen der F.E.T y de las J.O.N.S. von einem neuen Mittelweg zwischen Marxismus und Kapitalismus unter der Kontrolle des Staates. Waren vorangegangene Regierungen unter anderem an ihrer fehlenden politischen Legitimität und an der Polarisierung der Gesellschaft gescheitert, so sollten die Ideen des Fuero del Trabajo vorhandene Klassengegensätze in der Bevölkerung, welche sogar geleugnet wurden, überwinden. Eine neue gesellschaftliche Wirklichkeit sollte dabei durch Mischung verschiedener politischer Strömungen im Fuero del Trabajo herbeigeführt werden.

Politisch gab die neue Arbeitsverfassung somit einen Weg vor, der auf der neuen Ideologie basierte. Ausgangspunkt jeglichen Handelns war demnach der Staat, berechtigt zur Steuerung der Produktion als wirtschaftlicher Grundlage. Dieser Produktion sollten sich Arbeitgeber und Arbeitnehmer als dem gemeinsamen Ziel verpflichtet fühlen. Als Mischung aus verschiedenen spanischen und internationalen Einflüssen stellte die neue Arbeitsverfassung den Versuch dar, das neue Staatssystem politisch zu legitimieren, indem die Austragung von Interessengegensätzen zwischen Arbeitgeber und Arbeitnehmer verboten wurde. Im Fuero del Trabajo wurden wirtschafts- und sozialpolitische Instrumente in die

Hände des Staates gegeben, mit denen er die Wirtschaft leiten und lenken konnte. Dies galt damals als eine Folge aus der vermeintlich gemachten Erfahrung, dass ein Staat ohne politische Legitimität und Instrumente zur Kontrolle der Wirtschaft, vor allem der Arbeitswelt, handlungs- und reaktionsunfähig sei. Auf diese Weise wurde der wirtschaftliche Erfolg in den Mittelpunkt staatlichen Handelns gestellt.

Mit dem Neuaufbau des Staates auch anhand der ideologischen Vorgaben des Fuero del Trabajo began die Umgestaltung des Kündigungsschutzes. Mittels der Reglamentaciónes bediente sich der totalitäre Staat des Kündigungsschutzes, um seine wirtschaftlichen Vorgaben, Beschäftigungsstabilität und Kontrolle der Wirtschaft zu erreichen. Auch wenn das gesetzliche System des Kündigungsschutzes nicht verändert wurde, sorgten die Reglamentaciónes der Exekutive und das Schlichtungsdekret für eine totale Überwachung von Kündigungen und damit für eine totale Kontrolle und Steuerung der Wirtschaft. Arbeitnehmer und Arbeitgeber schlossen damit nicht etwa den gewünschten kollektiven Pakt, sondern wurden unter die Überwachung der Einheitsgewerkschaft gestellt und in ihrer wirtschaftlichen Handlungsfreiheit durch Steuerung von Lohnhöhe und Beschäftigung eingeschränkt. Gerade zu Beginn der Franco-Diktatur diente damit das enge Zusammenspiel von staatlichen Eingriffen in die Löhne und dem starken Schutz des Arbeitnehmers vor wirtschaftlich bedingten Kündigungen zur Etablierung des Regimes.

Neben der Wirtschaftskontrolle verschaffte sich der Staat auch die gesellschaftliche Kontrolle über den Arbeitnehmer, indem er sich als Dritter im Arbeitsverhältnis präsentierte, der privates Handeln durch Reglamentaciónes auf das Arbeitsleben übertug und dieses durch Kündigungen steuern und sanktionieren konnte. Die Stellung des Arbeitgebers war der Stellung des Arbeitnehmers weiter übergeordnet, da er die neue disziplinarische Ordnung des Staates durch Ausübung einer Art von Arbeitsstrafrecht vertrat. Das Kündigungsrecht war somit nicht nur ein Wirtschaftsinstrument, sondern wirkte durch Einbeziehung des Privatlebens in den Arbeitszusammenhang auch als politisches Repressionsinstrument.

Erste Widersprüche arbeitsrechtlicher Folgeregelungen zum Fuero del Trabajo belegten aber bereits zu dieser Zeit, dass der Staat sein ideologisches Gerüst verließ, wenn damit eine effektivere Kontrolle der Gesellschaft oder der Wirtschaft erreicht werden konnte. Der Fuero del Trabajo stellte daher lediglich eines von verschiedenen Hilfsmitteln für die Erhaltung des politischen Machtapparates dar. Auch am Kündigungsschutz zeigte sich, dass zwar das System grundsätzlich an den ideologischen Leitlinien ausgerichtet wurde, die Franco von der politischen Bewegung übernommen hatte. Jedoch wurden schon ansatzweise pragmatische Änderungen vorgenommen, die vor allem der Kontrolle der Staatsbürger durch das Regime dienten.

Als sich das Regime bis zum Ende des Zweiten Weltkriegs politisch weitgehend etabliert hatte, setzten es danach wirtschaftliche Zwänge unter Handlungsdruck, die aus der allmählichen Aufgabe der wirtschaftlichen Autarkiepolitik folgten. Die notwendige wirtschaftliche Flexibilisierung führte zu Veränderungen des Arbeitsrechts, die der Ideologie des Fuero del Trabajo widersprachen. Das Prinzip der Beschäftigungsstabilität wurde faktisch aufgegeben und durch das Prinzip des Gewinnstrebens in der Wirtschaft ersetzt. Von dem Interessenausgleich zwischen Kapital und Arbeit entsprechend den Vorstellungen des Fuero del Trabajo blieb wenig übrig. Die Ideologie der Falange trat mehr und mehr in den Hintergrund und wich den liberalen, kapitalistisch beeinflussten Vorstellungen der neuen Regierung. Der Staat versuchte dabei soviel Einflussnahme wie möglich zu behalten.

Das Minus an wirtschaftlicher Kontrolle und Eingriffsmöglichkeiten der Behörden führte auch zu gesellschaftlichen Veränderungen. Die Arbeiterschaft begann sich zu organisieren und gegen das Regime aufzulehnen. Im Gegensatz zu der ersten Phase des Franquismus war die Kündigung kein Machtinstrument mehr, um die Wirtschaft des Staates entsprechend seiner Ideologie durch die Behörden zu steuern, vielmehr sollte durch Kündigungen den neuen gesellschaftlichen Veränderungen entgegengetreten werden. Die Rechtsprechung des TOP bereitete dabei die rechtliche Grundlage vor, um diejenigen Arbeitnehmer, die nicht im Sinne des Staates handelten, aus dem Arbeitsverhältnis unter Billigung der Arbeitsgerichtsbarkeit zu entfernen. Diese Rolle hatten in früheren Phasen des Franco Staates die Behörden selbst übernommen. Dabei ging es allerdings nicht mehr darum, eine Ideologie durchzusetzen, als vielmehr darum, den politischen Protest gegen das Regime zu unterdrücken. Der Kündigungsschutz und die Kündigungen waren somit nicht mehr Mittel, um politische Vorstellungen zu etablieren. Sie dienten vielmehr unter Verwendung anderer staatlicher Unterdrückungselemente wie dem TOP gegen Ende des Franquismus der Machterhaltung der Herrschaftselite.

RECHTSHISTORISCHE REIHE

Band 1 Studien zu den germanischen Volksrechten. Gedächtnisschrift für Wilhelm Ebel. Vorträge gehalten auf dem Fest-Symposion anläßlich des 70. Geburtstages von Wilhelm Ebel am 16. Juni 1978 in Göttingen. Götz Landwehr (Hrsg.) 1982.

Band 2 Hans Poeschel: Die Statuten der Banken, Sparkassen und Kreditgenossenschaften in Hamburg und Altona von 1710 bis 1889. 1978.

Band 3 Thomas Kolbeck: Juristenschwemmen, Untersuchungen über den juristischen Arbeitsmarkt im 19. und 20. Jahrhundert. 1978.

Band 4 Norbert Hempel: Richterleitbilder in der Weimarer Republik. 1978.

Band 5 Rolf Stratmann: Die Scheinbußen im mittelalterlichen Recht. 1978.

Band 6 Martin C. Lockert: Die niedersächsischen Stadtrechte zwischen Aller und Weser. Vorkommen und Verflechtungen. Eine Bestandsaufnahme. 1979.

Band 7 Joachim Rückert/Wolfgang Friedrich: Betriebliche Arbeiterausschüsse in Deutschland, Großbritannien und Frankreich im späten 19. und frühen 20. Jahrhundert. Eine vergleichende Studie zur Entwicklung des kollektiven Arbeitsrechts. 1979.

Band 8 Peter Bender: Die Rezeption des römischen Rechts im Urteil der deutschen Rechtswissenschaft. 1979.

Band 9 Friedrich Karl Alsdorf: Untersuchungen zur Rechtsgestalt und Teilung deutscher Ganerbenburgen. 1980.

Band 10 Dietmar Willoweit/Winfried Schich (Hrsg.): Studien zur Geschichte des sächsisch-magdeburgischen Rechts in Deutschland und Polen (Sammelband). 1980.

Band 11 Brigitte Hempel: Der Entwurf einer Polizeiordnung für das Herzogtum Sachsen-Lauenburg aus dem Jahre 1591. 1980.

Band 12 Klaus-Detlev Godau-Schüttke: Rechtsverwalter des Reiches. Staatssekretär Dr. Curt Joël. 1981.

Band 13 Rainer Polley: Anton Friedrich Justus Thibaut (AD 1772-1840) in seinen Selbstzeugnissen und Briefen. Teil 1: Abhandlung. Teil 2: Briefwechsel. Teil 3: Register zum Briefwechsel. 1982.

Band 14 Michael Wettengel: Der Streit um die Vogtei Kelkheim 1275-1276. Ein kanonischer Prozeß.1981.

Band 15 Otto Wilhelm Krause: Naturrechtler des sechzehnten Jahrhunderts. Ihre Bedeutung für die Entwicklung eines natürlichen Privatrechts. 1982.

Band 16 Helga Spindler: Von der Genossenschaft zur Betriebsgemeinschaft. Kritische Darstellung der Sozialrechtslehre Otto von Gierkes. 1982.

Band 17 Holger Otte: Gustav Radbruchs Kieler Jahre 1919 - 1926. 1982.

Band 18 Rüdiger Teuner: Die fuldische Ritterschaft 1510 - 1656. 1982.

Band 19 Gerhard Dilcher/Rudolf Hoke/Gian Savino Pene Vidari/Hans Winterberg (Hrsg.): Grundrechte im 19. Jahrhundert. 1982.

Band 20 Karl-Hans Schloßstein: Die westfälischen Fabrikengerichtsdeputationen - Vorbilder, Werdegang und Scheitern. 1982.

Band 21 Birger Schulz: Der Republikanische Richterbund (1921-1933). 1982.

Band 22 Engelbert Krause: Die gegenseitigen Unterhaltsansprüche zwischen Eltern und Kindern in der deutschen Privatrechtsgeschichte. 1982.

Band 23 Meent W. Francksen: Staatsrat und Gesetzgebung im Großherzogtum Berg (1806-1813). 1982.

Band 24 Gerd von Sonnleithner: Bearbeitung des Handelsrechts durch Ignaz von Sonnleithner in seinem "Leitfaden über das österreichische Handels- und Wechselrecht". 1982.

Band 25 Rudolf Palme: Rechts-, Wirtschafts- und Sozialgeschichte der inneralpinen Salzwerke bis zu deren Monopolisierung. 1983.

Band 26 Helen Bosshard: Pestalozzis Staats- und Rechtsverständnis und seine Stellung in der Aufklärung. 1983.

Band 27 Jens Jessen: Die Selbstzeugnisse der deutschen Juristen. Erinnerungen, Tagebücher und Briefe. Eine Bibliographie. 1983.

Band 28 Günter Martin Jensen: Das Domanium Waldeck. Die rechtliche Zuordnung eines Fürstenvermögens. 1984.

Band 29 Johann Heinrich Kumpf: Petitionsrecht und öffentliche Meinung im Entstehungsprozeß der Paulskirchenverfassung 1848/49. 1983.

Band 30 Sabine Frey: Rechtsschutz der Juden gegen Ausweisungen im 16. Jahrhundert. 1983.

Band 31 Dietrich Joswig: Die germanische Grundstücksübertragung. 1984.

Band 32 Andreas Baryli: Konzessionssystem contra Gewerbefreiheit. Zur Diskussion der österreichischen Gewerberechtsreform 1835 bis 1860. 1984.

Band 33 Gerhard Oberkofler: Studien zur Geschichte der österreichischen Rechtswissenschaft. 1984.

Band 34 Rudolf Lauda: Kaufmännische Gewohnheit und Burgrecht bei Notker dem Deutschen. Zum Verhältnis von literarischer Tradition und zeitgenössischer Realität in der frühmittelalterlichen Rhetorik. 1984.

Band 35 Jens Jensen: Die Ehescheidung des Bischofs Hans von Lübeck von Prinzessin Julia Felicitas von Württemberg-Weiltingen AD 1648-1653. Ein Beitrag zum protestantischen Ehescheidungsrecht im Zeitalter des beginnenden Absolutismus. 1984.

Band 36 Horst Schröder: Friedrich Karl von Savigny. Geschichte und Rechtsdenken beim Übergang vom Feudalismus zum Kapitalismus in Deutschland. 1984.

Band 37 Andreas Hatzung: Dogmengeschichtliche Grundlagen und Entstehung des zivilrechtlichen Notstands. 1984.

Band 38 Matthias Klasen: Das Billwerder Landrecht. Landrecht und Landgericht in den Hamburger Elbmarschen. 1985.

Band 39 Rainer Jamin: Aufbau, Tätigkeit und Verfahren der Auseinandersetzungsbehörden bei der Durchführung der preußischen Agrarreformen. 1985.

Band 40 Henry Winter: Teilschuld, Gesamtschuld und unechte Gesamtschuld. Zur Konzeption der §§ 420 ff. BGB - Ein Beitrag zur Entstehungsgeschichte des BGB. 1985.

Band 41 Hermann Eichler: Verfassungsbewegung in Amerika und Europa. 1985.

Band 42 Dagmar Bandemer: Heinrich Albert Zachariae. Rechtsdenken zwischen Restauration und Reformation. 1985.

Band 43 Eva-Christine Frentz: Das Hamburgische Admiralitätsgericht (1623-1811). Prozeß und Rechtsprechung. 1985.

Band 44 Karl Lillig: Rechtsetzung im Herzogtum Pfalz-Zweibrücken während des 18. Jahrhunderts. Ein Beitrag zur Geschichte der territorialen Rechtsbildung. 1985.

Band 45 Walter Weber: Die Entwicklung der Sparkassen zu selbständigen Anstalten des öffentlichen Rechts. Ein Beitrag zur Entwicklung des Anstaltsbegriffs im 19. Jahrhundert. 1985.

Band 46 Bärbel Baum: Der Stabreim im Recht. Vorkommen und Bedeutung des Stabreims in Antike und Mittelalter. 1986.

Band 47 Hans Popp: Die nationalsozialistische Sicht einiger Institute des Zivilprozeß- und Gerichtsverfassungsrechts. 1986.

Band 48 John Karl-Heinz Montag: Die Lehrdarstellung des Handelsrechts von Georg Friedrich von Martens bis Meno Pöhls. Die Wissenschaft des Handelsrechts im ersten Drittel des 19. Jahrhunderts. 1986.

Band 49 Volker D. Anhäusser: Das internationale Obligationenrecht in der höchstrichterlichen Rechtsprechung des 19. Jahrhunderts. 1986.

Band 50 Udo Beer: Die Juden, das Recht und die Republik. Verbandswesen und Rechtsschutz 1919-1933. 1986.

Band 51 Herbert Grziwotz: Der moderne Verfassungsbegriff und die "Römische Verfassung" in der deutschen Forschung des 19. und 20. Jahrhunderts. 1986.

Band 52 Ralf Conradi: Karl Friedrich Eichhorn als Staatsrechtslehrer. Seine Göttinger Vorlesung über "Das Staatsrecht der deutschen Bundesstaaten" nach einer Kollegmitschrift aus dem Wintersemester 1821/22. 1987.

Band 53 Dieter Dannreuther: Der Zivilprozeß als Gegenstand der Rechtspolitik im Deutschen Reich 1871 - 1945. Ein Beitrag zur Geschichte des Zivilprozeßrechts in Deutschland. 1987.

Band 54 Stephan Felix Pauly: Organisation, Geschichte und Praxis der Gesetzesauslegung des (Königlich) Preußischen Oberverwaltungsgerichtes 1875 - 1933. 1987.

Band 55 Rüdiger Schulz: Die Entstehung des Seerechts des Allgemeinen Deutschen Handelsgesetzbuches unter besonderer Berücksichtigung der Bestimmungen über die Reederei, den Schiffer und die Schiffsmannschaft. 1987.

Band 56 Reinhold Reis: Deutsches Privatrecht in den Weistümern der Zenten Schriesheim und Kirchheim. 1987.

Band 57 Jürgen Christoph: Die politischen Reichsamnestien 1918 - 1933. 1987.

Band 58 Gerhard Oberkofler/Eduard Rabofsky: Hans Kelsen im Kriegseinsatz der k.u.k.-Wehrmacht. Eine kritische Würdigung seiner militärtheoretischen Angebote. 1988.

Band 59 Arne Wulff: Staatssekretär Prof. Dr. Dr. h.c. Franz Schlegelberger. 1876-1970. 1991.

Band 60 Gerhard Köbler (Hrsg.): Wege europäischer Rechtsgeschichte. Karl Kroeschell zum 60. Geburtstag. 1987.

Band 61 Rüdiger Hütte: Der Gemeinschaftsgedanke in den Erbrechtsreformen des Dritten Reichs. 1988.

Band 62 Markus Göldner: Politische Symbole der europäischen Integration. Fahne, Hymne, Hauptstadt, Paß, Briefmarke, Auszeichnungen. 1988.

Band 63 Wolfgang Kröner: Freiheitsstrafe und Strafvollzug in den Herzogtümern Schleswig, Holstein und Lauenburg von 1700 bis 1864. 1988.

Band 64 Werner Gaile: Die Norder Theelacht. 1988.

Band 65 Karl v. Kempis: Andreas Gaill (1526 - 1587). Zum Leben und Werk eines Juristen der frühen Neuzeit. 1988.

Band 66 Wolf-Rüdiger Osburg: Die Verwaltung Hamburgs in der Franzosenzeit. 1811-1814. 1988.

Band 67 Christian Schudnagies: Hans Frank. Aufstieg und Fall des NS-Juristen und Generalgouverneurs. 1988.

Band 68 Otmar Jung: Senatspräsident Freymuth. Richter, Sozialdemokrat und Pazifist in der Weimarer Republik. Eine politische Biographie. 1989.

Band 69 Joachim Lohner: Das landeshauptmannschaftliche Gericht in Oberösterreich zu Beginn der Neuzeit. Eine Darstellung des oberösterreichischen Prozeßrechts am obersten Territorialgericht des Landes anhand der oberösterreichischen Landtafel.1989.

Band 70 Bernd Klemann: Rudolf von Jhering und die Historische Rechtsschule. 1989.

Band 71 Adalbert Langer: Männer um die österreichische Zivilprozeßordnung 1895. Zusammenspiel / Soziales Ziel. 1990.

Band 72 Robert-Dieter Klee: Die Landessuperintendentur Lauenburg. Ursprung und Entwicklung sowie Ende der Sonderstellung des Kirchenkreises Herzogtum Lauenburg durch die nordelbische Kirchenvereinigung. 1989.

Band 73 Heinrich Herrmann: Die Gehöferschaften im Bezirk Trier. 1989.

Band 74 Wilhelm Brauneder, Franz Baltzarek (Hrsg.): Modell einer neuen Wirtschaftsordnung. Wirtschaftsverwaltung in Österreich 1914 - 1918. 1991.

Band 75 Thomas Dreyer: Die "Assecuranz- und Haverey-Ordnung" der Freien und Hansestadt Hamburg von 1731. 1990.

Band 76 Bernhard Sendler: Die Rechtssprache in den süddeutschen Stadtrechtsreformationen. 1990.

Band 77 Brigitte Lehmann: Ehevereinbarungen im 19. und 20. Jahrhundert. 1990.

Band 78 Michael Sunnus: Der NS-Rechtswahrerbund (1928-1945). Zur Geschichte der nationalsozialistischen Juristenorganisation. 1990.

Band 79 Stefan Schulz: Die historische Entwicklung des Rechts an Bienen. (§§ 961 - 964 BGB). 1990.

Band 80 Gerhard Lingelbach, Heiner Lück (Hrsg.): Deutsches Recht zwischen Sachsenspiegel und Aufklärung. Rolf Lieberwirth zum 70. Geburtstag dargebracht von Schülern, Freunden und Kollegen, herausgegeben von Gerhard Lingelbach und Heiner Lück. 1991.

Band 81 Manfred Krohn: Die deutsche Justiz im Urteil der Nationalsozialisten 1920 - 1933. 1991.

Band 82 Angelika Kühn: Privilegierung nationaler Minderheiten im Wahlrecht der Bundesrepublik Deutschland und Schleswig-Holsteins. 1991.

Band 83 Georg Brun: Leben und Werk des Rechtshistorikers Heinrich Mitteis unter besonderer Berücksichtigung seines Verhältnisses zum Nationalsozialismus. 1991.

Band 84 Wolfgang Simon: Claudius Freiherr von Schwerin. Rechtshistoriker während dreier Epochen deutscher Geschichte. 1991.

Band 85 Friedrich-Carl Wachs: Das Verordnungswerk des Reichsdemobilmachungsamtes. Stabilisierender Faktor zu Beginn der Weimarer Republik. 1991.

Band 86 Jens-Uwe Petersen: Die Vorgeschichte und die Entstehung des Mieterschutzgesetzes von 1923 nebst der Anordnung für das Verfahren vor dem Mieteinigungsamt und der Beschwerdestelle. 1991.

Band 87 Ulrike Haibach: Familienrecht in der Rechtssprache. Die historische Entwicklung zentraler Ausdrücke des geltenden Familienrechts. 1991.

Band 88 Joern Christian Nissen: Die Beratungen des Seeversicherungsausschusses der Akademie für Deutsches Recht zu einem neuen Seeversicherungsgesetz (1934-1939). Ein Beitrag zur Entwicklung der allgemeinen Lehren des Seeversicherungsrechts unter besonderer Berücksichtigung des Handelsgesetzbuchs und der Allgemeinen Deutschen Seeversicherungs-Bedingungen 1919. 1991.

Band 89 Diethard Bühler: Die Entstehung der allgemeinen Vertragsschluß-Vorschriften im Allgemeinen Deutschen Handelsgesetzbuch (ADHGB) von 1861. Ein Beitrag zur Kodifikationsgeschichte des Privatrechts im 19. Jahrhundert. 1991.

Band 90 Gerhard Oberkofler: Die Vertreter des Römischen Rechts mit deutscher Unterrichtssprache an der Karls-Universität in Prag. Vom Vormärz bis 1945. 1991.

Band 91 Ulrich Andermann: Ritterliche Gewalt und bürgerliche Selbstbehauptung. Untersuchungen zur Kriminalisierung und Bekämpfung des spätmittelalterlichen Raubrittertums am Beispiel norddeutscher Hansestädte. 1991.

Band 92 Heinz Marcus Hanke: Luftkrieg und Zivilbevölkerung. Der kriegsvölkerrechtliche Schutz der Zivilbevölkerung gegen Luftbombardements von den Anfängen bis zum Ausbruch des Zweiten Weltkrieges. 1991.

Band 93 Kirsten Kraglund: Familien- und Erbrecht. Materielles Recht und Methoden der Rechtsanwendung in der Rechtsprechung des Oberappellationsgerichts der vier Freien Städte Deutschlands zu Lübeck. 1991.

Band 94 Reinhard Lorenz: Die politische und rechtliche Stellung des Proletariats in Preußen in der Zeit zwischen den Reformen und der Revolution 1848/49. 1991.

Band 95 Eric Hilgendorf: Die Entwicklungsgeschichte der parlamentarischen Redefreiheit in Deutschland. 1991.

Band 96 Hans J. Reiter: Die Handelsgesellschaft Villeroy & Boch von der Gründung 1836 bis zum Jahr 1878. 1992.

Band 97 Martin Johannes Heller: Reform der deutschen Rechtssprache im 18. Jahrhundert. 1992.

Band 98 Michael Kotulla: Die Tragweite der Grundrechte der revidierten preußischen Verfassung vom 31.01.1850. 1992.

Band 99 Michael Siefener: Hexerei im Spiegel der Rechtstheorie. Das crimen magiae in der Literatur von 1574 bis 1608. 1992.

Band 100 Andreas Ebert-Weidenfeller: Hamburgisches Kaufmannsrecht im 17. und 18. Jahrhundert. Die Rechtsprechung des Rates und des Reichskammergerichtes. 1992.

Band 101 Enno Bommel: Die Entstehung der Verwirkungslehre in der Krise des Positivismus. 1992.

Band 102 Ralph Steppacher: Die Berücksichtigung der bäuerlichen Postulate bei der Entstehung des ZGB und der Revision des OR. Ein Beitrag zur schweizerischen Kodifikationsgeschichte (1893 - 1912). 1992.

Band 103 Martin Fleckenstein: Die Todesstrafe im Werk Carl Joseph Anton Mittermaiers (1787 - 1867). Zur Entwicklungsgeschichte eines Werkbereichs und seiner Bedeutung für Theorie- und Methodenbildung. 1992.

Band 104 Jörn Eckert: Der Kampf um die Familienfideikommisse in Deutschland. Studien zum Absterben eines Rechtsinstitutes. 1992.

Band 105 Jörg Grotkopp: Beamtentum und Staatsformwechsel. Die Auswirkungen der Staatsformwechsel von 1918, 1933 und 1945 auf das Beamtenrecht und die personelle Zusammensetzung der deutschen Beamtenschaft. 1992.

Band 106 Andreas Rohde: Die Garantiehaftung des Vermieters und ihr Verhältnis zum Unmöglichkeitsrecht in dogmengeschichtlicher und modernrechtlicher Sicht. 1992.

Band 107 Tjark Siefke Kunstreich: Gesamtvertretung. Eine historisch-systematische Darstellung. 1992.

Band 108 Jürgen Krüger: Blindheit und Königtum. Die Blindheit des Königs Georg V. von Hannover als verfassungsrechtliches Problem. 1992.

Band 109 Wolfgang Putschek: Ständische Verfassung und autoritäre Verfassungspraxis in Österreich 1933-1938 mit Dokumentenanhang. Verfassung und Verfassungswirklichkeit. Mit einem Anhang: Denkschriften von Rechtsanwalt Dr. Erich Führer 1936/37. 1993.

Band 110 Klaus Hofmann: Die Verdrängung der Juden aus öffentlichem Dienst und selbständigen Berufen in Regensburg 1933-1939. 1993.

Band 111 Franz Kilger: Die Entwicklung des Telegraphenrechts im 19. Jahrhundert mit besonderer Berücksichtigung der technischen Entwicklung. Telegraphenrecht im 19. Jahrhundert. 1993.

Band 112 Wilhelm Brauneder (Hrsg.): Heiliges Römisches Reich und moderne Staatlichkeit. 1993.

Band 113 Thomas Heinrich: Das preußische Nichtehelichenrecht: Von der Aufklärung zur Reaktion. 1993.

Band 114 Gerald Kohl: Jagd und Revolution. Das Jagdrecht in den Jahren 1848 und 1849. 1993.

Band 115 Christian Schudnagies: Der Kriegs- oder Belagerungszustand im Deutschen Reich während des Ersten Weltkrieges. Eine Studie zur Entwicklung und Handhabung des deutschen Ausnahmezustandsrechts bis 1918. 1994.

Band 116 Elisabeth Bellmann: Die Internationale Kriminalistische Vereinigung (1889-1933). 1994.

Band 117 Julia Pfannkuch: Volksrichterausbildung in Sachsen 1945-1950. 1993.

Band 118 Jörg Offen: Von der Verwaltungsgemeinschaft des BGB von 1896 zur Zugewinngemeinschaft des Gleichberechtigungsgesetzes von 1957. 1994.

Band 119 Dorothee Kohlhas-Müller: Untersuchungen zur Rechtsstellung Theoderichs des Großen. 1995.

Band 120 Monika Rose: Das Gerichtswesen des Herzogtums Pfalz-Zweibrücken im 18. Jahrhundert. Ein Beitrag zur territorialen Gerichtsbarkeit im Alten Reich. 1994.

Band 121 Jörn Eckert / Hans Hattenhauer (Hrsg.): Bibel und Recht. Rechtshistorisches Kolloquium 9. - 13. Juni 1992 an der Christian-Albrechts-Universität zu Kiel. 1994.

Band 122 Robert Martin Mizia: Der Rechtsbegriff der Autonomie und die Begründung des Privatfürstenrechts in der deutschen Rechtswissenschaft des 19. Jahrhunderts. 1995.

Band 123 Walther Graf von Plettenberg: Das Fortleben des Liber Iudiciorum in Asturien/León (8. - 13. Jh.). 1994.

Band 124 Wolfgang Schulz: Das deutsche Börsengesetz. Die Entstehungsgeschichte und wirtschaftlichen Auswirkungen des Börsengesetzes von 1896. 1994.

Band 125 Frank Hagemann: Der Untersuchungsausschuß Freiheitlicher Juristen. 1949 – 1969. 1994.

Band 126 Andreas Rethmeier: "Nürnberger Rassegesetze" und Entrechtung der Juden im Zivilrecht. 1995.

Band 127 Edith Grether: Die Poesie der Throne. Die Juristen in der Fruchtbringenden Gesellschaft. 1995.

Band 128 Anna Bartels-Ishikawa: Der Lippische Thronfolgestreit. Eine Studie zu verfassungsrechtlichen Problemen des Deutschen Kaiserreiches im Spiegel der zeitgenössischen Staats. 1995.

Band 129 Jörg Schmidt: Otto Koellreutter 1883-1972. Sein Leben, sein Werk, seine Zeit. 1995.

Band 130 Christian Hattenhauer: Wahl und Krönung Franz II. AD 1792. Das Heilige Reich krönt seinen letzten Kaiser - Das Tagebuch des Reichsquartiermeisters Hieronymus Gottfried von Müller und Anlagen. 1995.

Band 131 Jutta v. der Decken: Das Seearbeitsrecht im Hamburger Stadtrecht von 1301 bis 1603. 1995.

Band 132 Detlev Schmidt: Die Reform des Rechts der Handelsvertreter von 1953. 1995.

Band 133 Gabi Roßdeutscher: Privatautonomie im Scheidungsrecht. Scheidungsbezogene Vereinbarungen in den letzten 200 Jahren. 1995.

Band 134 Harald Kahlenberg: Leben und Werk des Rechtshistorikers Walther Merk. Ein Beispiel für das Verhältnis von Rechtsgeschichte und Nationalsozialismus. 1995.

Band 135 Michael Steitz: Adelbert Düringer am Reichsgericht (1902-1915). Seine aktienrechtlichen Entscheidungen und sein Einfluß auf das Aktienrecht in Deutschland. 1995.

Band 136 Christian Becker: Beata Justorum Translatio. Juristen in schleswig-holsteinischen Leichenpredigten. 1996.

Band 137 Christoph Seiler: Vom Allgemeinen Landrecht zum Bürgerlichen Gesetzbuch. Dargestellt am Beispiel der höchstrichterlichen Judikatur zum kaufrechtlichen Sachmängelgewährleistungsrecht. 1996.

Band 138 Bernd Mayer: Die Vertrauensmännerausschüsse auf den preußischen Steinkohlegruben an der Saar. Entstehung und Wirken. Eine rechtshistorische Untersuchung. 1996.

Band 139 Rochus Scholl: Juden und Judenrecht im Herzogtum Pfalz-Zweibrücken. Ein Beitrag zur Rechtsgeschichte eines deutschen Kleinstaates am Ende des alten Reiches. 1996.

Band 140 Meike Bursch: Judentaufe und frühneuzeitliches Strafrecht. Die Verfahren gegen Christian Treu aus Weener/Ostfriesland 1720-1728. 1996.

Band 141 Markus Hillenbrand: Fürstliche Eheverträge. Gottorfer Hausrecht 1544 - 1773. 1996.

Band 142 Ulf Häder: Das gemeinschaftliche Oberappellationsgericht thüringischer Staaten in Jena. Ein Beitrag zur Geschichte des Gerichtswesens im 19. Jahrhundert. 1996.

Band 143 Andreas Bauer: Das Gnadenbitten in der Strafrechtspflege des 15. und 16. Jahrhunderts. Dargestellt unter besonderer Berücksichtigung von Quellen der Vorarlberger Gerichtsbezirke Feldkirch und des Hinteren Bregenzerwaldes. 1996.

Band 144 Christian Wirth: Der Jurist Johann Andreas Georg Friedrich Rebmann zwischen Revolution und Restauration. 1996.

Band 145 Stefanie Müller: Die Rechtsprechung des Hanseatischen Oberlandesgerichts zum persönlichen Eherecht in Hamburgischen Gerichtsfällen von 1879 -1900. 1996.

Band 146 Jean-Nicolas Morisset: Der Frachtvertrag in der *Ordonnance de la marine* von 1681. 1996.

Band 147 Dirk Lentfer: Die Glogauer Landesprivilegien des Andreas Gryphius von 1653. 1996.

Band 148 Wencke Mull: Die Haftung für Einsturzschäden nach den §§ 836-838 BGB in der Rechtsprechung des Reichsgerichts. 1996.

Band 149 Renate Zelger: Teufelsverträge. Märchen, Sage, Schwank, Legende im Spiegel der Rechtsgeschichte. 1996.

Band 150 Guido Kraß: Das Arrestverfahren in Frankfurt am Main im Spätmittelalter. 1996.

Band 151 F. Benedict Heyn: Die Entwicklung des Eisenbahnfrachtrechts von den Anfängen bis zur Einführung des Allgemeinen Deutschen Handelsgesetzbuches (ADHGB). 1996.

Band 152 Thomas Lang: Die Staats- und Verfassungslehre Carl Salomo Zachariaes. 1996.

Band 153 Michael Hebeis: Karl Anton von Martini (1726-1800). Leben und Werk. 1996.

Band 154 Gerald Hubert: Die Diskussion um die rechtliche Natur der Bizone in den Jahren 1947-1949. 1996.

Band 155 Christof Horn: Die Rechtsprechung des Reichsgerichts in Ehescheidungssachen der Jahre 1900 bis 1905. 1996.

Band 156 Hermann Nehlsen / Georg Brun (Hrsg.): Münchener rechtshistorische Studien zum Nationalsozialismus. 1996.

Band 157 Jan Otto Clemens Kehrberg: Die Entwicklung des Elektrizitätsrechts in Deutschland. Der Weg zum Energiewirtschaftsgesetz von 1935. 1997.

Band 158 Johannes Tradt: Der Religionsprozeß gegen den Zopfschulzen (1791-1799). Ein Beitrag zur protestantischen Lehrpflicht und Lehrzucht in Brandenburg-Preußen gegen Ende des 18. Jahrhunderts. 1997.

Band 159 Dietmar Olsen: Das kaufrechtliche Sachmängelgewährleistungsrecht des Code civil in der Rechtsprechung deutscher Gerichte im 19. Jahrhundert. Ein Beitrag zur Ablösung der Partikularrechte durch das BGB. 1997.

Band 160 Ulrich Bernhardt: Die Deutsche Akademie für Staats- und Rechtswissenschaft „Walter Ulbricht" 1948-1971. 1997.

Band 161 Claudia Susan Hoppe: Die Bürgschaft im Rechtsleben Hamburgs von 1600 bis 1900. 1997.

Band 162 Franz-Rudolf Ecker: Die Entwicklung des Bergrechts im Saarbrücker Steinkohlenrevier bis zum Ende des 18. Jahrhunderts. Ein Vergleich mit dem älteren deutschen Bergrecht. 1997.

Band 163 Anne Katrin Rückert: Politik und Privatrecht in der „konservativen Revolution". 1997.

Band 164 Gisbert Laube: Der Reichskunstwart. Geschichte einer Kulturbehörde 1919-1933. 1997.

Band 165 Nicolas Lührig: Die Diskussion über die Reform der Juristenausbildung von 1945 bis 1995. 1997.

Band 166 Regula Gerber Jenni: Die Emanzipation der mehrjährigen Frauenzimmer. Frauen im bernischen Privatrecht des 19. Jahrhunderts. 1997.

Band 167 Mischa A. Färber: Das gemeinschaftliche Testament in der höchstrichterlichen Rechtsprechung zum Allgemeinen Preußischen Landrecht und zum BGB. Ein Beitrag zur Ablösung der Partikularrechte durch das BGB. 1997.

Band 168 Catherine Antoinette Gasser: Philipp Lotmar 1850-1922. Professor der Universität Bern. Sein Engagement für das Schweizerische Arbeitsrecht. 1997.

Band 169 Lars Immisch: Der sozialistische Richter in der DDR und seine Unabhängigkeit. Der Versuch eines Rechtsvergleiches zum Unabhängigkeitsbegriff in der bundesdeutschen Rechtsordnung. 1997.

Band 170 Jessica Jacobi: Besitzschutz vor dem Reichskammergericht. Die friedenssichernde Funktion der Besitzschutzklagen am Reichskammergericht im 16. Jahrhundert, dargestellt anhand von Kameralisten. 1998.

Band 171 Ewald Hügemann: Die Geschichte des öffentlichen und privaten Mietpreisrechts vom Ersten Weltkrieg bis zum Gesetz zur Regelung der Miethöhe von 1974. 1998.

Band 172 Lutz Rentzow: Die Entstehungs- und Wirkungsgeschichte der Vernewerten Landesordnung für das Königreich Böhmen von 1627. 1998.

Band 173 Sabine Stürmer: Mühlenrecht im Herzogtum Pfalz-Zweibrücken während des 18. Jahrhunderts. Ein Beitrag zum Wirtschaftsrecht eines deutschen Kleinstaates im Alten Reich. 1998.

Band 174 Mario Bogisch: *Nemo testis in re sua*. Das Problem der Zeugnisfähigkeit bei der Anwendung der deutschen Zivilprozeßordnung von 1877. 1998.

Band 175 Rainer Oßwald: Pactane sunt servanda? Freiwilligkeit, Zwang und Unverbindlichkeitserklärungen im islamischen Vertragsrecht malikitischer Schule. 1998.

Band 176 Bettina Kern: Der preußische BGB-Entwurf von 1842. 1998.

Band 177 Inken Fuhrmann: Die Diskussion über die Einführung der fakultativen Zivilehe in Deutschland und Österreich seit Mitte des 19. Jahrhunderts. 1998.

Band 178 Annette Rieck: Der Heilige Ivo von Hélory (1247-1303). Advocatus pauperum und Patron der Juristen. 1998.

Band 179 Frank Bottenberg: Die Hamburgische Strafprozeßordnung von 1869. 1998.

Band 180 Matthias Krauß: Das kursächsische Postrecht von seinen Anfängen bis zum Ende des Alten Reichs. 1998.

Band 181 Torsten Schmidt: Die Entmündigung von den Anfängen des BGB bis zu ihrer Ablösung durch das Institut der Betreuung. 1998.

Band 182 Christian Nunn: Rudolf Müller-Erzbach. 1874-1959. Von der realen Methode über die Interessenjurisprudenz zum kausalen Rechtsdenken (Leben und Werk). 1998.

Band 183 Christian Ortloff: Das staatskirchenrechtliche System Wilhelm Traugott Krugs. Glaubens- und Gewissensfreiheit – eine Forderung der Vernunft. 1998.

Band 184 Christian Hattenhauer: Schuldenregulierung nach dem Westfälischen Frieden. Der sog. § *de indaganda* und seine Umsetzung im Jüngsten Reichsabschied (AD 1648 und 1654). 1998.

Band 185 Werner Schubert: Preußen im Vormärz. Die Verhandlungen der Provinziallandtage von Brandenburg, Pommern, Posen, Sachsen und Schlesien sowie – im Anhang – von Ostpreußen, Westfalen und der Rheinprovinz (1841-1845). 1998.

Band 186 Silvia Schumacher: Das Rechtsverhältnis zwischen Eltern und Kindern in der Privatrechtsgeschichte. 1999.

Band 187 Kai Sommer: Die Strafbarkeit der Homosexualität von der Kaiserzeit bis zum Nationalsozialismus. Eine Analyse der Straftatbestände im Strafgesetzbuch und in den Reformentwürfen (1871-1945). 1998.

Band 188 Jan Erik Backhaus: Volksrichterkarrieren in der DDR. 1999.

Band 189 Ralf Ruhnau: Die Fürstlich Thurn und Taxissche Privatgerichtsbarkeit in Regensburg. Ein Kuriosum der deutschen Rechtsgeschichte. 1999.

Band 190 Antonio Grilli: Die französische Justizorganisation am linken Rheinufer 1797-1803. 1999.

Band 191 Stephanie Kammerloher-Lis: Die Entstehung des Gesetzes über die religiöse Kindererziehung vom 15. Juli 1921. 1999.

Band 192 Jan Telp: Ausmerzung und Verrat. Zur Diskussion um Strafzwecke und Verbrechensbegriffe im Dritten Reich. 1999.

Band 193 Kurt von Pannwitz: Die Entstehung der Allgemeinen Deutschen Wechselordnung. Ein Beitrag zur Geschichte der Vereinheitlichung des deutschen Zivilrechts im 19. Jahrhundert. 1999.

Band 194 Sylvia Busch: Die Entstehung der Allgemeinen Gerichtsordnung für die Preussischen Staaten von 1793/95. Ein Beitrag zur Geschichte der Kodifikationsbewegung und der Reform des Zivilprozesses in Preußen im 18. Jahrhundert. 1999.

Band 195 Dirk Bieresborn: Klage und Klageerwiderung im deutschen und englischen Zivilprozeß. Eine rechtshistorische und rechtsvergleichende Untersuchung unter besonderer Berücksichtigung der Beeinflussung durch das römisch-kanonische Verfahren. 1999.

Band 196 Andreas Thier / Guido Pfeifer / Philipp Grzimek (Hrsg.): Kontinuitäten und Zäsuren in der Europäischen Rechtsgeschichte. Europäisches Forum Junger Rechtshistorikerinnen und Rechtshistoriker München 22.-24. Juli 1998. 1999.

Band 197 Franz Smola: Die Fürstlich Liechtenstein'sche Kunstsammlung. Rechtsfragen zur Verbringung der Sammlung von Wien nach Vaduz in den Jahren 1944/45. 1999.

Band 198 Frank Martin Krauss: Das geteilte Eigentum im 19. und 20. Jahrhundert. Eine Untersuchung zum Fortbestand des Teilungsgedankens. 1999.

Band 199 Matthias Frey: Die spanische Aktiengesellschaft im 18. Jahrhundert und unter dem Código de Comercio von 1829. 1999.

Band 200 Alexandra Gilde: Die Stellung der Frau im Reichsstrafgesetzbuch von 1870/71 und in den Reformentwürfen bis 1919 im Urteil der bürgerlichen Frauenbewegung. Eine Analyse ausgewählter Straftatbestände. 1999.

Band 201 Malte Dießelhorst / Arne Duncker: Hans Kohlhase. Die Geschichte einer Fehde in Sachsen und Brandenburg zur Zeit der Reformation. 1999.

Band 202 Jörg Hillmann: Territorialrechtliche Auseinandersetzungen der Herzöge von Sachsen-Lauenburg vor dem Reichskammergericht im 16. Jahrhundert. 1999.

Band 203 Carsten Engler: Die Kommanditgesellschaft (KG) und die stille Gesellschaft im Allgemeinen Deutschen Handelsgesetzbuch (ADHGB) von 1861. 1999.

Band 204 Vesta Hoffmann-Steudner: Die Rechtsprechung des Reichsgerichts zu dem Scheidungsgrund des § 49 EheG (EheG 1938) in den Jahren 1938-1945. 1999.

Band 205 Michaela Thiele: Die Auflösung von Arbeitsverhältnissen aufgrund Anfechtung und außerordentlicher Kündigung nach der Rechtsprechung des Reichsarbeitsgerichts (1927-1945). 2000.

Band 206 Peter Landau / Hermann Nehlsen / Mathias Schmoeckel (Hrsg.): Karl von Amira zum Gedächtnis. 1999.

Band 207 Marcus Flinder: Die Entstehungsgeschichte des Zivilgesetzbuches der DDR. 1999.

Band 208 Boris Franz Leo Bromm: Die Entstehungsgeschichte des Berufs des Handelsvertreters. Unter besonderer Berücksichtigung der Sozialgesetzgebung in den Jahren von 1871-1933. 2000.

Band 209 Winfried C. J. Eberstein: Das Tierschutzrecht in Deutschland bis zum Erlaß des Reichs-Tierschutzgesetzes vom 24. November 1933. Unter Berücksichtigung der Entwicklung in England. 1999.

Band 210 Patrick Deller: Der „nach dem Vertrage" vorausgesetzte Gebrauch (§ 459 Absatz 1 Satz 1 BGB). Eine kaufrechtliche Untersuchung unter Berücksichtigung rechtshistorischer wie rechtsvergleichender Grundlagen. 2000.

Band 211 Eckard Freiherr von Bodenhausen: Haftung des Geschäftsherrn für Verrichtungsgehilfen im Straßen- und Schienenverkehr. Eine Analyse der Entscheidungen des Reichsgerichts zu § 831 BGB (1900-1945). 2000.

Band 212 Birte Gast: Der Allgemeine Teil und das Schuldrecht des Bürgerlichen Gesetzbuchs im Urteil von Raymond Saleilles (1855-1912). 2000.

Band 213 Hansjörg Michael Huber: Koloniale Selbstverwaltung in Deutsch-Südwestafrika. Entstehung, Kodifizierung und Umsetzung. 2000.

Band 214 Ulf Björner: Die Verfassungsgerichtsbarkeit im Norddeutschen Bund und Deutschen Reich (1867-1918). Eine rechtshistorische Untersuchung über Gerichtsbarkeit im Spannungsfeld von Politik und Recht innerhalb der von Bismarck geschaffenen deutschen Bundesstaaten. 2000.

Band 215 Mathias Freiherr von Rosenberg: Friedrich Carl von Savigny (1779-1861) im Urteil seiner Zeit. 2000.

Band 216 Reinhard Binder-Kriegistein: Österreichisches Adelsrecht 1868-1918/19. Von der Ausgestaltung des Adelsrechts der cisleithanischen Reichshälfte bis zum Adelsaufhebungsgesetz der Republik unter besonderer Berücksichtigung des adeligen Namensrechts. 2000.

Band 217 Claudia-Regine Nerius: Johannes Lehmann-Hohenberg (1851-1925). Eine Studie zur völkischen Rechts- und Justizkritik im Deutschen Kaiserreich. 2000.

Band 218 Ludger Meuten: Die Erbfolgeordnung des Sachsenspiegels und des Magdeburger Rechts. Ein Beitrag zur Geschichte des sächsisch-magdeburgischen Rechts. 2000.

Band 219 Christoph Alexander von Wilcken: Die Reformbestrebungen zum Genossenschaftsgesetz in der Frühzeit der Bundesrepublik. Die Beratungen der Sachverständigenkommission zur Überprüfung des Genossenschaftsrechts 1954 bis 1958 und der Referentenentwurf von 1962. 2000.

Band 220 Verein Junger RechtshistorikerInnen Zürich (Hrsg.): ¿Rechtsgeschichte(n)? ¿Histoire(s) du droit? ¿Storia/storie del diritto? ¿Legal Histori(es)? Europäisches Forum Junger Rechtshistorikerinnen und Rechtshistoriker Zürich 28.-30. Mai 1999. 2000.

Band 221 Hans Christian Schüler: Die Entstehungsgeschichte der Bundesnotarordnung vom 24. Februar 1961. 2000.

Band 222 Nils-Eberhard Schramm: Die Vereinigung demokratischer Juristen (1949-1999). 2000.

Band 223 Silke Anke Torp: Das Rechtsverhältnis zwischen den Eltern und ihren Kindern. Dienstleistungspflicht, Aussteuer und Ausstattung. Eine Analyse der Rechtsprechung des Reichsgerichts und des Reichsarbeitsgerichts zu den Vorschriften der §§ 1616 bis 1625 des Bürgerlichen Gesetzbuches in der Zeit von 1900 bis 1945. 2000.

Band 224 Martin Jürgen Maaß: Die Geschichte des Eigentumsvorbehalts, insbesondere im 18. und 19. Jahrhundert. 2000.

Band 225 Stefanie Langer: Rechtswissenschaftliche Itinerarien. Lebenswege namhafter europäischer Juristen vom 11. bis zum 18. Jahrhundert. 2000.

Band 226 Ulrich Schmitz: Der Unterhaltsanspruch des nichtehelichen Kindes gegen seinen Erzeuger. Die rechtsgeschichtliche und dogmatische Entwicklung im deutschen Recht. 2000.

Band 227 Sebastian Günther: Friedrich Carl von Savigny als Grundherr. 2000.

Band 228 Henning Ibs: Hermann J. Held (1890-1963). Ein Kieler Gelehrtenleben in den Fängen der Zeitläufe. 2000.

Band 229 Matthias Rücker: Wirtschaftswerbung unter dem Nationalsozialismus. Rechtliche Ausgestaltung der Werbung und Tätigkeit des Werberats der deutschen Wirtschaft. 2000.

Band 230 Hendrik Sandmann: Die Entwicklung von Begriff und Inhalt des Wirtschaftchsrechts durch die Rechtswissenschaft in der Weimarer Republik. 2000.

Band 231 Sibylle Müller: Gibt es Menschenrechte bei Samuel Pufendorf? 2000.

Band 232 Karin Olechowski-Hrdlicka: Die gemeinsamen Angelegenheiten der Österreichisch-Ungarischen Monarchie. Vorgeschichte – Ausgleich 1867 – Staatsrechtliche Kontroversen. 2001.

Band 233 Johannes Mierau: Die juristischen Abschluß- und Diplomprüfungen in der SBZ/DDR. Ein Einblick in die Juristenausbildung im Sozialismus. 2001.

Band 234 Jörg Wolff (Hrsg.): Stillstand, Erneuerung und Kontinuität. Einsprüche zur Preußenforschung. 2001.

Band 235 Friedo Schröder: Die anwaltliche Tätigkeit während der nationalsozialistischen Herrschaft. Eine Analyse der anwaltlichen Argumentation in Zivilprozessen anhand der vorhandenen Prozeßakten der Landgerichte Frankenthal, Wiesbaden, Limburg und Frankfurt und der Handakten der *jüdischen Konsulenten* des OLG-Bezirks Frankfurt. 2001.

Band 236 Der Code pénal des Königreichs Westphalen von 1813 mit dem Code pénal von 1810 im Original und in deutscher Übersetzung. Herausgegeben und mit einer Einleitung versehen von Werner Schubert. 2001.

Band 237 Klaus Richter: Deutsches Kolonialrecht in Ostafrika 1885-1891. 2001.

Band 238 Kai von Lewinski: Deutschrechtliche Systembildung im 19. Jahrhundert. 2001.

Band 239 Alexander Herzog: Sittenwidrige Rechtsgeschäfte in der höchstrichterlichen Rechtsprechung aus den Jahren 1948-1965. 2001.

Band 240 Claudia Rönnau: Die Beratungen des Wasserrechtsausschusses der Akademie für Deutsches Recht zu einem Reichswassergesetz (1934-1941). Ein Beitrag zur Dogmatik der Begriffe *Gemeingebrauch* und *Sondergebrauch* in der Zeit des Nationalsozialismus. 2001.

Band 241 Momme Rohlack: Kriegsgesellschaften (1914-1918). Arten, Rechtsformen und Funktionen in der Kriegswirtschaft des Ersten Weltkrieges. 2001.

Band 242 Rolf Geyer: Der Gedanke des Verbraucherschutzes im Reichsrecht des Kaiserreichs und der Weimarer Republik (1871-1933). Eine Studie zur Geschichte des Verbraucherrechts in Deutschland. 2001.

Band 243 Felix Lorenz Benjamin Lehmann: Der Rote Adlerorden. Entstehung und rechtliche Grundlagen (1705-1918). 2002.

Band 244 Marc Ludwig: Der Pfändungsschutz für Lohneinkommen. Die Entstehungs- und Entwicklungsgeschichte der Vorschriften zum Schutz vor Lohnpfändung in Deutschland. 2001.

Band 245 Alexander Wachter: Dorfschule zwischen Pastor und Schulmeister. Zur Säkularisierung des niederhessischen Schulwesens im 19. Jahrhundert. 2001.

Band 246 Richard Scholz: Analyse der Entstehungsbedingungen der reichsgerichtlichen Aufwertungsrechtsprechung. Untersuchung unter besonderer Berücksichtigung der konservativen Geldpolitik der Reichsbank und der Inflationspolitik der Reichsregierung. 2001.

Band 247 Judith Laeverenz: Märchen und Recht. Eine Darstellung verschiedener Ansätze zur Erfassung des rechtlichen Gehalts der Märchen. 2001.

Band 248 Christina Schenk: Bestrebungen zur einheitlichen Regelung des Strafvollzugs in Deutschland von 1870 bis 1923. 2001.

Band 249 Nils Werner: Die Prozesse gegen die Landvolkbewegung in Schleswig-Holstein 1929/32. Ein Beitrag zur Justizkritik in der späten Weimarer Republik. 2001.

Band 250 Wolfgang Walter: Das Duell in Bayern. Ein Beitrag zur bayerischen Strafrechtsgeschichte. 2002.

Band 251 Jörn Eckert / Kjell Å. Modéer (Hrsg.): Geschichte und Perspektiven des Rechts im Ostseeraum. Erster Rechtshistorikertag im Ostseeraum 8.–12. März 2000. 2001.

Band 252 Jan Könighaus: Die Inauguration der Christian-Albrechts-Universität zu Kiel 1665. Symbolgehalt und rechtliche Bedeutung des Universitätszeremoniells. 2002.

Band 253 Andreas Görgen: Rechtssprache in der Frühen Neuzeit. Eine vergleichende Untersuchung der Fremdwortverwendung in Gesetzen des 16. und 17. Jahrhunderts. 2002.

Band 254 Ralf Schäfer: Die Rechtsstellung der Haigerlocher Juden im Fürstentum Hohenzollern-Sigmaringen von 1634-1850. Eine rechtsgeschichtliche Untersuchung. 2002.

Band 255 Regine Schmalhorst: Die Tierhalterhaftung im BGB von 1896. Die Entstehung und Änderung des § 833 BGB sowie eine Analyse der Rechtsprechung des Reichsgerichts bis 1908. 2002.

Band 256 Thomas Hense: Konrad Beyerle. Sein Wirken für Wissenschaft und Politik in Kaiserreich und Weimarer Republik. 2002.

Band 257 Christian Mahlmann: Die Strafrechtswissenschaft der DDR. Klassenkampftheorie und Verbrechenslehre. 2002.

Band 258 Henning Kahmann: Die Bankiers von Jacquier & Securius 1933–1945. Eine rechtshistorische Fallstudie zur "Arisierung" eines Berliner Bankhauses. Mit einem Geleitwort von John Kornblum. 2002.

Band 259 Volker Friedrich Drecktrah: Die Gerichtsbarkeit in den Herzogtümern Bremen und Verden und in der preußischen Landdrostei Stade von 1715 bis 1879. 2002.

Band 260 Andreas Klass: Standes- oder Leistungselite? Eine Untersuchung der Karrieren der Wetzlarer Anwälte des Reichskammergerichts (1693-1806). 2002.

Band 261 Wolfgang Eder: Das italienische Tribunale Speciale per la Difesa dello Stato und der deutsche Volksgerichtshof. Ein Vergleich zwischen zwei politischen Gerichtshöfen. 2002.

Band 262 Albrecht Cordes / Bernd Kannowski (Hrsg.): Rechtsbegriffe im Mittelalter. 2002.

Band 263 Thomas Hildebrandt: Die Brandenburgischen Provinziallandtage von 1841, 1843, und 1845 anhand ausgewählter Verhandlungsgegenstände. 2002.

Band 264 Jan Finzel: Georg Adam Struve (1619–1692) als Zivilrechtler. 2003.

Band 265 Björn Carsten Frenzel: Das Selbstverständis der Justiz nach 1945. Analyse der Rolle der Justiz unter Berücksichtigung der Reden zur *Wiedereröffnung* der Bundes- und Oberlandesgerichte. 2003.

Band 266 Nils Reichhelm: Die marxistisch-leninistische Staats- und Rechtstheorie Karl Polaks. 2003.

Band 267 Raik Schneider: Altrechtliche Personenzusammenschlüsse. Ihre Entwicklung unter besonderer Berücksichtigung des Rechts des Großherzogtums Sachsen-Weimar-Eisenach sowie der Herzogtümer Sachsen-Meiningen und Sachsen-Gotha. 2003.

Band 268 Anke Meier: Die Geschichte des deutschen Konkursrechts, insbesondere die Entstehung der Reichskonkursordnung von 1877. 2003.

Band 269 Stefan Jens Jordan: Leben und Werk des Tübinger Rechtsprofessors Wilhelm Gottlieb Tafinger 1760–1813. 2003.

Band 270 Stefanie Hubig: Die historische Entwicklung des § 23 ZPO. Zum Ursprung und Fortleben des Vermögensgerichtsstandes im deutschen Prozeßrecht des 19. Jahrhunderts. 2003.

Band 271 Michael G. Perband: Der Grundsatz der freien Beweiswürdigung im Zivilprozeß (§ 286 ZPO) in der Rechtsprechung des Reichsgerichts. 2003.

Band 272 Mathias Bouveret: Die Stellung des Staatsoberhauptes in der parlamentarischen Diskussion und Staatsrechtslehre von 1848 bis 1918. 2003.

Band 273 Barbara Széchényi: Rechtliche Grundlagen bayerischer Zensur im 19. Jahrhundert. 2003.

Band 274 Sylvia Scharfenberg: Die Entstehungsgeschichte des Beurkundungsgesetzes vom 28. August 1969. 2003.

Band 275 Urte Nesemann: Die schwedische Familiengesetzgebung von 1734 bis zu den Reformgesetzen von 1915 bis 1920 und deren Einfluss auf die Gesetzgebungsprojekte der Weimarer Republik. Unter besonderer Berücksichtigung der Rechtsstellung der Frau und des unehelichen Kindes. 2003.

Band 276 Alexandra Brück: Die Polizeiordnung Herzog Christians von Braunschweig-Lüneburg vom 6. Oktober 1618. 2003.

Band 277 Torsten Landwehr: Das Kommissionsgeschäft in Rechtswissenschaft, Gesetzgebung und Rechtspraxis vom 16. bis zum Ende des 18. Jahrhunderts. 2003.

Band 278 Tassilo Wilhelm Maria Englert: Deutsche und italienische Zivilrechtsgesetzgebung von 1933–1945. Parallelen in der Rechtsetzung und gegenseitige Beeinflussung unter besonderer Berücksichtigung des Familien- und Erbrechts. 2003.

Band 279 Tobias Prang: Der Schutz der Versicherungsnehmer bei der Auslegung von Versicherungsbedingungen durch das Reichsgericht. 2003.

Band 280 Thorsten Lieb: Privileg und Verwaltungsakt. Handlungsformen der öffentlichen Gewalt im 18. und 19. Jahrhundert. 2004.

Band 281 Michael Rühling: Das Ladenschlussgesetz vom 28. November 1956. Vorgeschichte, Entstehung des Gesetzes und weitere Entwicklung. 2004.

Band 282 Kathrin Nawotki: Die schleswigsche Deichstavengerechtigkeit. Vom 17. Jahrundert bis in die Gegenwart. Eine gewohnheitsrechtliche Superfizies an nordfriesischen Deichgrundstücken und ihre Entwicklung. 2004.

Band 283 Erik Nils Voigt: Die Gesetzgebungsgeschichte der militärischen Ehrenstrafen und der Offiziersehrengerichtsbarkeit im preußischen und deutschen Heer von 1806 bis 1918. 2004.

Band 284 Dorothea Riedi Hunold: Die Einführung der allgemeinen Wechselfähigkeit in der Schweiz in der zweiten Hälfte des 19. Jahrhunderts. Unter besonderer Berücksichtigung der politischen, wirtschaftlichen und sozialen Verhältnisse. 2004.

Band 285 Thomas Gergen: Pratique juridique de la paix et trêve de Dieu à partir du concile de Charroux (989–1250). Juristische Praxis der Pax und Treuga Dei ausgehend vom Konzil von Charroux (989–1250). 2004.

Band 286 Kathrin Bethkenhagen: Die Entwicklung des Luftrechts bis zum Luftverkehrsgesetz von 1922. 2004.

Band 287 Heiko Lüpkes: Die Verbrechen der Diener des Staats im Allgemeinen Landrecht für die Preußischen Staaten von 1794 und ihre Entwicklung zu den Vergehen und Verbrechen im Amte im Strafgesetzbuch für die Preußischen Staaten von 1851. 2004.

Band 288 Mirco Peter Hirsch: Von der Erbbescheinigung des Preußischen Rechts zum Erbschein des Bürgerlichen Gesetzbuchs. 2004.

Band 289 Bettina Günther: Die Behandlung der Sittlichkeitsdelikte in den Policeyordnungen und der Spruchpraxis der Reichsstädte Frankfurt am Main und Nürnberg im 15. bis 17. Jahrhundert. 2004.

Band 290 Seunghyeon Seong: Der Begriff der *nicht gehörigen Erfüllung* aus dogmengeschichtlicher und rechtsvergleichender Sicht. 2004.

Band 291 Steffen-Werner Meyer: Bemühungen um ein Reichsgesetz gegen den Büchernachdruck. Anläßlich der Wahlkapitulation Leopolds II. aus dem Jahre 1790. 2004.

Band 292 Ulrich Löffler: Instrumentalisierte Vergangenheit? Die nationalsozialistische Vergangenheit als Argumentationsfigur in der Rechtsprechung des Bundesverfassungsgerichts. 2004.

Band 293 Norbert Koch: Die Entwicklung des deutschen privaten Immissionsschutzrechts seit Beginn der Industrialisierung. Unter besonderer Berücksichtigung des Einflusses der höchstrichterlichen Rechtsprechung. 2004.

Band 294 Julius Ludwig Pfeiffer: Das Tierschutzgesetz vom 24. Juli 1972. Die Geschichte des deutschen Tierschutzrechts von 1950 bis 1972. 2004.

Band 295 Bert-Hagen Strodthoff: Die richterliche Frage- und Erörterungspflicht im deutschen Zivilprozeß in historischer Perspektive. 2004.

Band 296 Tim Kannewurf: Die Höfeordnung vom 24. April 1947. Entstehungsgeschichte und Einordnung in die Entwicklung des Anerbenrechts. 2004.

Band 297 Steffi Heine: Die Methodendiskussion nach Inkrafttreten des Bürgerlichen Gesetzbuches und die Gründung des Vereins *Recht und Wirtschaft*. 2004.

Band 298 Anne Marlene Simon-Holtorf: Geschichte des Familienwahlrechts in Frankreich (1871 bis 1945). 2004.

Band 299 Jürgen Busch: Das Germanenbild der deutschen Rechtsgeschichte. Zwischen Wissenschaft und Ideologie. Mit einem Vorwort von Herwig Wolfram. 2004.

Band 300 Jan Kohlmann: Der Marsch zu den Gräbern von Karl und Rosa. Geschichte eines Gedenktages. 2004.

Band 301 Christian Rainer Schlicht: Die kumulative Schuldübernahme in der Rechtsprechung des Reichsgerichts und in der zeitgenössischen Literatur. 2004.

Band 302 Hans Peter Glöckner: Positive Vertragsverletzung. Die Geburt eines Rechtsinstituts. 2006.

Band 303 João Manuel Azevedo Alexandrino Fernandes: Die Theorie der Interpretation des Gesetzes bei Francisco Suárez. 2005.

Band 304 René Funk: Die Wahlprüfung der volksgewählten Abgeordneten der Volksvertretungen im Frühkonstitutionalismus. Eine Untersuchung der Wahlprüfung in den Kammern der Abgeordneten des Großherzogtums Baden, des Königreichs Württemberg und des Großherzogtums Hessen. 2005.

Band 305 Carolin O'Sullivan. Die Ahndung von Rechtsbrüchen der Seeleute im mittelalterlichen hamburgischen und hansischen Seerecht (1301–1482). 2005.

Band 306 Martin Jürgens: Staat und Reich bei Ernst Rudolf Huber. Sein Leben und Werk bis 1945 aus rechtsgeschichtlicher Sicht. 2005.

Band 307 Florian G. Dürselen: Franz Beyerle (1885–1977). Leben, Ära und Werk eines Rechtshistorikers. 2005.

Band 308 Kai Bandilla: Urheberrecht im Kaiserreich. Der Weg zum Gesetz betreffend das Urheberrecht an Werken der Literatur und Tonkunst vom 19. Juni 1901. 2005.

Band 309 Stefan Mieth: Die Entwicklung des Denkmalrechts in Preußen 1701–1947. 2005.

Band 310 Catharina Lodemann: Die Geschichte des französischen *acte de gouvernement*. 2005.

Band 311 Christina Wicke: Kodifikationsbestrebungen und Wissenschaft in Hessen-Darmstadt im vorkonstitutionellen Zeitalter. Zu der Beteiligung der Gießener Rechtsprofessoren an den Gesetzgebungsarbeiten in Hessen-Darmstadt in der Zeit zwischen 1769 und 1820. 2005.

Band 312 Christiane Chlosta: Nur dem Gesetz unterworfen? Eine rechtsgeschichtliche Untersuchung zu Idee und Wirklichkeit richterlicher Gesetzestreue unter besonderer Berücksichtigung der Aufwertungsrechtsprechung und des richterlichen Prüfungsrechts. 2005.

Band 313 Kathrin Dirr: Hoheitsrechtliche Streitigkeiten zwischen den Kölner Erzbischöfen und der Stadt Köln auf Grundlage reichskammergerichtlicher Verfahren des 16. und 17. Jahrhunderts. 2005.

Band 314 Michael Racky: Die Diskussion über Gewaltenteilung und Gewaltentrennung im Vormärz. 2005.

Band 315 Petra Thiemrodt: Die Entstehung des Staatshaftungsgesetzes der DDR. Eine Untersuchung auf der Grundlage von Materialien der DDR-Gesetzgebungsorgane mit zeitgeschichtlichen Bezügen. 2005.

Band 316 Julius F. Reiter: Entstehung und staatsrechtliche Theorie der italienischen *Carta del Lavoro*. 2005.

Band 317 André Book: Die Justizreform in der Frühzeit der Bundesrepublik. Die Beratungen der Kommission zur Vorbereitung einer Reform der Zivilgerichtsbarkeit in den Jahren 1955 bis 1961. 2005.

Band 318 Frank Zentz: Das amerikanische Strafverfahren als Element der Besatzungspolitik in Deutschland. Erziehung zur Demokratie durch den *Court of Appeals* 1948–1955. 2005.

Band 319 Friederike Quaisser: Mietrecht im 19. Jahrhundert. Ein Vergleich der mietrechtlichen Konzeptionen im Allgemeinen Landrecht für die Preußischen Staaten von 1794 und dem gemeinen Recht. 2005.

Band 320 Stefan Burghard: Professor Dr. Wilhelm Kahl – Leben zwischen Wissenschaft und Politik. 2005.

Band 321 Günter Baranowski: Die *Russkaja Pravda* – ein mittelalterliches Rechtsdenkmal. 2005.

Band 322 Christina Schneider: Die SS und „das Recht". Eine Untersuchung anhand ausgewählter Beispiele. 2005.

Band 323 Werner Schubert (Hrsg.): Zivilprozessreform in der Weimarer Zeit. Quellen zur Emminger-Zivilprozessverordnung vom 13.2.1924 und zu den Arbeiten der Zivilprozesskommission des Reichsjustizministeriums (1922–1930). Eingeleitet und herausgegeben von Werner Schubert. 2005.

Band 324 Felix Gaul: Der Jurist Rudolf Isay (1886–1956). Ein verantwortungsbewusster Vermittler im Spannungsfeld zwischen dynamischer Rechtsschöpfung, ökonomischem Wandel und technischem Fortschritt. 2005.

Band 325 Konstanze Braun: Dr. Otto Georg Thierack (1889–1946). 2005.

Band 326 Eckart Klein / Stefan Chr. Saar / Carola Schulze (Hrsg.): Zwischen Rechtsstaat und Diktatur. Deutsche Juristen im 20. Jahrhundert. 2006.

Band 327 Stefan Botor: Das *Berliner Sühneverfahren* – Die letzte Phase der Entnazifizierung. 2006.

Band 328 Andreas Köhler: Die Sorgerechtsregelungen bei Ehescheidung seit 1945. Scheidungsstrafe und verordnete Gemeinsamkeit. 2006.

Band 329 Lars Düwel: Die Nichtigkeit und Anfechtbarkeit der Ehe in der Rechtsprechung des Reichsgerichts zwischen 1900 und 1945. 2006.

Band 330 Katalin Polgar: Das Oberappellationsgericht der vier freien Städte Deutschlands (1820–1879) und seine Richterpersönlichkeiten. 2007.

Band 331 Julia Schweitzer: Schiffer und Schiffsmann in den Rôles d'Oléron und im Llibre del Consolat de Mar. Ein Vergleich zweier mittelalterlicher Seerechtsquellen. 2007.

Band 332 Diana-Catharina Kurtz: Das Institut der Adoption im preußischen Allgemeinen Landrecht und im französischen Code civil zwischen Rezeption römisch-rechtlicher Prinzipien und verändertem Familienverständnis. 2006.

Band 333 Dino Joakim Duderstadt: Spiel, Wette und Differenzgeschäft (§§ 762–764 BGB) in der Rechtsprechung des Reichsgerichts und in der zeitgenössischen Literatur. 2007.

Band 334 Ronald Hoffmann: Die Domänenfrage in Thüringen. Über die vermögensrechtlichen Auseinandersetzungen mit den ehemaligen Landesherren in Thüringen nach dem Ersten Weltkrieg. 2006.

Band 335 Joachim Windmüller: *Ohne Zwang kann der Humanismus nicht existieren...* – „Asoziale" in der DDR. 2006.

Band 336 Sven Christian Gläser: Die Mediatisierung der Grafschaft Wertheim. Der juristische Kampf eines kleinen Reichsstandes gegen den Verlust der Landesherrschaft und seine Folgen. 2006.

Band 337 Benjamin Schleyer: Friedrich Wilhelm Bornemann (1798–1864). Eine Juristenkarriere im Preußen des 19. Jahrhunderts. 2006.

Band 338 Die Reform des Ehescheidungsrechts von 1976. Quellen zum Ersten Gesetz vom 14.6.1976 zur Reform des Ehe- und Familienrechts (Parlamentarische Ausschussprotokolle – Anglikanische Denkschrift von 1966 zur Scheidungsrechtsreform – Schlussabstimmung 1969 in der Eherechtskommission des Bundesministeriums der Justiz). Eingeleitet und herausgegeben von Werner Schubert. 2006.

www.peterlang.de

FSC
www.fsc.org
MIX
Papier | Fördert gute Waldnutzung
FSC® C083411

Kolibri 360 GmbH
Ferdinand-Jühlke-Straße 7
99095 Erfurt, Deutschland
produktsicherheit@kolibri360.de

Druck:
CPI Druckdienstleistungen GmbH
im Auftrag der
Kolibri 360 GmbH
Ferdinand-Jühlke-Str. 7
99095 Erfurt